◎ 北京社科基金重点课题《完善科技创新制度研究》（项目编号：20LLGLB041）阶段性成果

◎ 北京市科学技术研究院"北科学者"计划《北京高精尖产业评价与发展战略研究》（项目编号：PXM2020—178216—000008）研究成果

"北科学者"计划研究成果
北京市科学技术研究院首都高端智库研究报告

创新驱动高精尖产业研究

贾品荣 ◎著

中国财经出版传媒集团
经济科学出版社
Economic Science Press
·北京·

图书在版编目（CIP）数据

创新驱动高精尖产业研究/贾品荣著． －－北京：
经济科学出版社，2023.9
ISBN 978－7－5218－5177－9

Ⅰ．①创⋯　Ⅱ．①贾⋯　Ⅲ．①高技术产业－产业发展－研究－中国　Ⅳ．①F279.244.4

中国国家版本馆 CIP 数据核字（2023）第 183588 号

责任编辑：李　雪　袁　溦
责任校对：隗立娜
责任印制：邱　天

创新驱动高精尖产业研究

贾品荣　著

经济科学出版社出版、发行　新华书店经销
社址：北京市海淀区阜成路甲 28 号　邮编：100142
总编部电话：010 －88191217　发行部电话：010 －88191522
网址：www.esp.com.cn
电子邮箱：esp@esp.com.cn
天猫网店：经济科学出版社旗舰店
网址：http://jjkxcbs.tmall.com
北京时捷印刷有限公司印装
710×1000　16 开　21 印张　270000 字
2023 年 9 月第 1 版　2023 年 9 月第 1 次印刷
ISBN 978－7－5218－5177－9　定价：106.00 元
（图书出现印装问题，本社负责调换。电话：010 －88191545）
（版权所有　侵权必究　打击盗版　举报热线：010 －88191661
QQ：2242791300　营销中心电话：010 －88191537
电子邮箱：dbts@esp.com.cn）

PREFACE ▷ 前　言

习近平总书记在致2023中关村论坛贺信中指出："北京要在前沿技术创新、高精尖产业发展方面奋力走在前列。"[①] 高精尖产业是以技术密集型产业为引领，以效率效益领先型产业为重要支撑的产业集合。与高技术产业相比，高精尖产业不只强调"高"——全要素生产率高，除去所有土地资源、劳动力等有形要素以外的纯技术进步对生产率增长的贡献高，直接反映科技创新驱动水平；而且强调"精"——符合减量发展要求、产业低碳绿色；还要求"尖"——能够引领技术发展方向国际技术前沿。我们必须以创新驱动高精尖产业发展。

本书的选题源自北京市科学技术研究院"北科学者"计划。项目自2020年起通过三年的研究，从高精尖产业结构评价、企业评价与产业生态环境维度，对北京高精尖产业进行系统研究，探索北京高精尖产业创新发展的路径及产业培育对策。

全书共10章内容。第1章为导论。第2章为理论基础，主要包括：高技术产业理论、主导产业选择理论、产业升级理论、

---

① 习近平向2023中关村论坛致贺信［N］. 人民日报，2023-05-26.

比较优势理论、创新理论、系统理论及产业生态系统等。第3章为高精尖产业发展要义。"高精尖"产业的本质是一种创新驱动的产业。高精尖产业发展的三大战略目标为：高精尖产业体系是实现创新发展的产业体系；高精尖产业体系是实现融合发展的产业体系；高精尖产业体系是实现协调发展的产业体系。第4章为北京高精尖产业发展成效、问题及趋势策略。本章分析了北京高精尖产业发展成效、存在的问题。展望未来，提出高精尖产业发展需要把握高质量发展、国家战略科技力量、"双碳"目标、就业优先战略及健康中国战略"五大宏观趋势"，需要把握产业互动、产业升级、空间重构、产业生态、数字化驱动"五大中观力量"，需要把握技术引领、应用场景牵引、人才与企业的匹配、服务化创新及迭代进化"五大微观力量"。第5章为经济复杂度对高精尖产业的影响研究。本章分析了经济复杂度对高精尖产业的影响机制，构建了城市经济复杂度指标，对城市经济复杂度进行了测算；从生产要素、技术创新、市场环境和基础设施四个维度构建了影响城市经济复杂度的指标体系；实证检验了城市经济复杂度与高精尖产业发展之间的关系，从成本角度分析了其影响机制。第6章为政府创新补贴、绿色全要素生产率与高精尖产业发展研究。本章分析了政府创新补贴对企业高质量发展的作用机制，测算了2009~2021年北京高精尖企业的政府创新补贴、绿色全要素生产率和高精尖产业高质量发展指数，借助动态门槛模型、中介效应检验模型、调节效应检验模型，分析了政府创新补贴对北京高精尖企业高质量发展的影响机制，并通过构建DID模型，进一步讨论了政府创新补贴对高精尖企业和非高精尖企业影响的差异性。第7章为高精尖产业创新生态系统的特征与要素。本章给出了高精尖产业创新生态系统的定义，分析了高精尖产业创新生态系统的核心特征与要素。第8章为北京高精尖产业创新生态系统评价。本章构建了高精尖产业创新生态系统评价指标体系，包括多样性包容性、营养物质、新陈代谢、能量转换、主体要素间的关联、环境支撑六大关键要素，前四大要素描述高精尖产业创新生态系统所具有的基础条件。其中：多样性包容性指高精尖产业创新生态系统发展的创新主体多元化；营养物质指维持高精尖产业创新生态系统发展的必备条件；新陈代谢用来表征高精尖产业创新生态系统的生命周期特性；能量转换指高精尖企业的投入产出效率及区域技术创新能力等，表征高精尖产业创新生态系统能量的输入与输出；主体要素间的关联指基于需求导向的高精尖产业创新生态系统内部各主体之间的共生关系，用于描述主要物种结构、种群内协作能力、调节与平衡能力。运用构建的指标，评价分析了北京高精尖产业创新生态系统。第9章为北京智能装备产业创新生态系统评价及培育路径。智能装备产业是加快发展高端装备制造业的有力工具，对整个经济社会发展具有重要的作用。本章构建了智能装备产业创新生态系统评价模型，对北京智能装备产业创新生态系统进行综合评价。从北京智能装备产业发展现状和智能装备产业发展瓶颈入手，提出促进北京市培育和发展智能装备产业的路径。第10章为培育高精尖产业创新生态系统的战略对策。主要包括：创新平台提升战略、成果转化促进战略、区域产业链接与互动战略、可持续的产业能力培育战略。

在研究中，课题组就高精尖产业发展现状与对策赴上海、深圳、杭州、广州等地组织了多次专家座谈会，并对北京高技术企业展开深入调研。同时，积极挖潜研究的应用价值，撰写的决策咨询报告《北京高精尖产业发展水平及与上海、广东的比较》，被北京市政府办公厅以专报刊发；申报的北京社科基金重点项目《完善科技创新制度研究》立项，为高精尖产业发展提供更优的政策环境；研创的《北京高精尖产业发展指数报告》在2023年中国国际服务贸易交易会论坛及京台科技论坛发布，《北京高精尖产业发展策略趋势报告》被《科技日报》等主流媒体报道；刊发SCI一区论文 Electricity price and industrial green productivity（《电价与工业绿色生产力研究》），影响因子为5.537，管理学权威期刊《系统工程理论与实践》也刊发了该论文；理论文章《创新驱动高精尖产业》《找准产业高质量发展的着力点》刊发于《光明日报》理论版；出版了《高精尖产业发展研究》专著。第26届北京科技交流学术月期间，在北京市科学技术协会的大力支持下，专场举办"高精尖产业创新生态高峰论坛"，讨论高精尖产业发展创新生态，探索实践具有首都特色的产业转型升级之路。

我始终认为，智库研究人员一方面应积极联系政府，精准掌握政策脉络；另一方面应面向社会，及时发布研究成果，使成果被政府采纳、被社会应用，同时，也应接受社会的监督，这样才能与智库的作用相配，不能仅仅埋头于故纸堆中。希望本书得到产业研究和实践部门的指导，以便在后续的研究中日臻完善。

在本书撰写过程中，得到"北科学者"导师、著名经济学家、中国社会科学院学部委员吕政研究员的多次指导；北京市科学技术研究院党组书记方力研究员，院党组副书记、院长伍

前 言

建民研究员，怀柔实验室党委副书记王立研究员，院党组成员、副院长刘清珺研究员等给予了悉心指导与热情帮助！北科院办公室、科研处、高新技术发展处、人力资源处、计划财务处、科技智库中心、科学传播中心、数字经济创新研究所、创新发展战略研究所的同仁给予了大力支持。在此谨一并向他们表示衷心的谢忱！高质量发展研究中心李京栋博士对书稿进行了全面整理，并完成了"政府创新补贴、绿色全要素生产率与高精尖产业发展研究"部分的内容；团队成员马骆茹博士参与了多次讨论，合作完成了"经济复杂度对高精尖产业的影响研究"部分的内容；团队成员姜宛贝博士、王昕宇博士、窦晓铭博士、杨雨萌博士生、石子龙通过不间断的讨论，为书稿的顺利完成提供了许多有益的帮助。

在出版过程中，得到了经济科学出版社总编辑陈迈利、应用经济分社社长李雪编审的大力支持，特别感谢经济科学出版社搭建了作者与读者沟通的桥梁，其编辑表现出了最充分的协作精神与积极态度，在本书出版之际再次深表感谢！

本书对创新驱动高精尖产业发展做了一些初步探索，不妥之处在所难免，敬请读者批评指正！

贾品荣

2023 年 8 月 24 日

CONTENTS 目 录

第1章 导论 ·· 1

  1.1 高精尖产业的定义 ·· 1
  1.2 依靠创新驱动塑造我国高精尖发展新优势 ······················ 3
  1.3 研究价值 ·· 11
  1.4 研究内容 ·· 13
  1.5 研究方法 ·· 15
  1.6 全书创新点 ··· 17

第2章 理论基础 ·· 21

  2.1 高技术产业理论及其对高精尖产业的运用与启示 ············ 21
  2.2 主导产业选择理论及其对高精尖产业的运用与启示 ········ 25
  2.3 产业升级理论及其对高精尖产业的运用与启示 ·············· 28
  2.4 比较优势理论及其对高精尖产业的运用与启示 ·············· 32
  2.5 创新理论及其对高精尖产业的运用与启示 ···················· 35
  2.6 系统论及其对高精尖产业的运用与启示 ······················· 39
  2.7 产业生态系统及其对高精尖产业的运用与启示 ·············· 42
  2.8 本章小结 ·· 47

第3章　高精尖产业发展要义 …… 50

3.1　高精尖产业的概念 …… 50
3.2　高精尖产业发展面临的三个深刻变化 …… 54
3.3　高精尖产业的战略目标 …… 55
3.4　高精尖产业的特征 …… 66
3.5　本章小结 …… 69

第4章　北京高精尖产业发展成效、问题及趋势策略 …… 71

4.1　北京高精尖产业发展成效 …… 71
4.2　北京高精尖产业发展存在的问题 …… 81
4.3　宏观布局高精尖产业发展 …… 82
4.4　中观推进高精尖产业发展 …… 87
4.5　微观落实高精尖产业发展 …… 91
4.6　本章小结 …… 99

第5章　经济复杂度对高精尖产业的影响研究 …… 101

5.1　经济复杂度的理论背景 …… 101
5.2　经济复杂度对高精尖产业的影响机制 …… 104
5.3　北京经济复杂度的测算与结果分析 …… 105
5.4　城市经济复杂度的影响因素分析 …… 109
5.5　城市经济复杂度对高精尖产业的影响分析 …… 116
5.6　提升经济复杂度促进高精尖产业的对策建议 …… 119
5.7　本章小结 …… 121

第6章 政府创新补贴、绿色全要素生产率与高精尖产业发展研究 ·············· 123

- 6.1 政府创新补贴的理论背景 ·············· 123
- 6.2 政府创新补贴对高精尖企业发展的影响机制 ·············· 125
- 6.3 政府创新补贴、绿色全要素生产率与高精尖企业高质量发展测算 ·············· 131
- 6.4 政府创新补贴、绿色全要素生产率与高精尖企业高质量发展影响分析 ·············· 144
- 6.5 政府创新补贴效应的自然实验分析 ·············· 158
- 6.6 研究结论与政策建议 ·············· 166
- 6.7 本章小结 ·············· 168

第7章 高精尖产业创新生态系统的特征与要素 ·············· 170

- 7.1 高精尖产业创新生态系统的定义 ·············· 170
- 7.2 高精尖产业创新生态系统的特征 ·············· 180
- 7.3 本章小结 ·············· 183

第8章 北京高精尖产业创新生态系统评价 ·············· 185

- 8.1 构建高精尖产业创新生态系统评价体系 ·············· 185
- 8.2 北京高精尖产业创新生态系统评价分析 ·············· 197
- 8.3 研究结论与政策建议 ·············· 200
- 8.4 本章小结 ·············· 201

第9章 北京智能装备产业创新生态系统评价及培育路径 ·············· 203

- 9.1 智能装备产业创新生态系统评价模型构建 ·············· 203
- 9.2 北京智能装备产业发展现状及发展瓶颈分析 ·············· 209

  9.3 北京智能装备产业培育路径 ……………………………… 218

  9.4 本章小结 ………………………………………………… 221

第 10 章 培育高精尖产业创新生态系统的战略对策 …………… 223

  10.1 创新平台提升战略 ……………………………………… 223

  10.2 成果转化促进战略 ……………………………………… 226

  10.3 区域产业链接与互动战略 ……………………………… 228

  10.4 可持续的产业能力培育战略 …………………………… 231

  10.5 本章小结 ………………………………………………… 233

附录 1：《关于进一步推动首都高质量发展取得新突破的
    行动方案（2023—2025 年）》 ……………………………… 234

附录 2：北京市"十四五"时期高精尖产业发展规划 ………… 251

参考文献 ……………………………………………………………… 301

图 目 录

图 2-1　产业生态系统的构成 ……………………………… 43
图 5-1　2000~2020 年北京、上海、广州和深圳城市
　　　　经济复杂度 ………………………………………… 109
图 5-2　北京市人力资本与经济复杂度 …………………… 111
图 5-3　北京市物资资本与经济复杂度 …………………… 111
图 5-4　北京市创新投入与经济复杂度 …………………… 112
图 5-5　北京市创新产出与经济复杂度 …………………… 112
图 5-6　北京市开放水平与经济复杂度 …………………… 112
图 5-7　北京市金融环境与经济复杂度 …………………… 112
图 5-8　北京市私营经济与经济复杂度 …………………… 112
图 5-9　北京市邮电业务与经济复杂度 …………………… 112
图 5-10　北京市信息服务与经济复杂度 ………………… 113
图 5-11　岭迹图 …………………………………………… 114
图 6-1　各变量的三维脉冲响应结果 ……………………… 153
图 6-2　2009~2021 年北京市上市公司高质量发展指数
　　　　变化趋势 …………………………………………… 160
图 6-3　2009~2021 年北京市上市公司绿色全要素生产率
　　　　变化趋势 …………………………………………… 161

图 8-1　北京高精尖产业创新生态系统评价综合得分 ……… 198
图 8-2　北京高精尖产业创新生态系统评价综合得分
　　　　增加值 …………………………………………… 198
图 8-3　北京高精尖产业创新生态系统评价一级指标
　　　　得分分布 ………………………………………… 199
图 9-1　2016~2020 年北京智能装备产业创新生态
　　　　系统综合得分 …………………………………… 205
图 9-2　2016~2020 年北京智能装备产业创新生态
　　　　系统综合得分增加值 …………………………… 205
图 9-3　2016~2020 年北京智能装备产业创新生态
　　　　系统一级指标得分情况 ………………………… 206

表 目 录

表 5-1　2000~2020 年地级以上城市经济复杂度前十名 … 108
表 5-2　经济复杂度的影响因素 …………………………… 110
表 5-3　变量描述性统计 …………………………………… 113
表 5-4　岭回归结果 ………………………………………… 115
表 5-5　中介效应回归结果 ………………………………… 118
表 6-1　政府创新补贴项目关键词检索 …………………… 134
表 6-2　2020 年北京市神州高铁技术股份有限公司政府
　　　　补助变量构造实例 ………………………………… 135
表 6-3　2011~2021 年北京市神州高铁技术股份有限
　　　　公司碳排放组成和总量 …………………………… 140
表 6-4　北京市高精尖企业高质量发展评价指标体系 …… 142
表 6-5　北京市高精尖企业高质量发展评价指标权重值 … 143
表 6-6　控制变量说明 ……………………………………… 147
表 6-7　政府创新补贴对企业高质量发展的基础回归 …… 149
表 6-8　中介效应检验结果 ………………………………… 154
表 6-9　调节效应检验结果 ………………………………… 156
表 6-10　构建高精尖经济结构提出前后企业高质量发展
　　　　 指数和绿色全要素生产率均值变化 ……………… 162

表 6-11　企业高质量发展的 DID 估计结果 ………………… 163
表 6-12　企业绿色全要素生产率的 DID 估计结果 ………… 165
表 8-1　高精尖产业创新生态系统评价指标体系 …………… 188
表 8-2　高精尖产业投入产出效率评价指标体系 …………… 191
表 8-3　高精尖产业产学研合作绩效评价指标体系 ………… 193
表 8-4　2016~2020 年北京高精尖产业创新生态系统
　　　　二级评价指标在成分 1 中的系数 ………………… 200
表 9-1　基于 DNMTRE 模型障碍度测算结果 ……………… 207

第 1 章 导　　论

习近平总书记在致 2023 中关村论坛贺信中指出，"北京要在前沿技术创新、高精尖产业发展方面奋力走在前列。"高精尖产业是以技术密集型产业为引领，以效率效益领先型产业为重要支撑的产业集合。与高技术产业相比，高精尖产业不只强调"高"——全要素生产率高，除去所有土地资源、劳动力等有形要素以外的纯技术进步对生产率的增长的贡献高，直接反映科技创新驱动水平；而且强调"精"——符合减量发展要求、产业低碳绿色；还要求"尖"——能够引领技术发展方向国际技术前沿。我们必须以创新驱动高精尖产业发展。

1.1　高精尖产业的定义

高精尖产业这一概念，最早是技术经济学术语，指具有"高级、精密、尖端"特征的科技发明或产品工艺。后来，北京市政府将"高精尖"这一概念创造性地应用于产业领域，用来代表具有高精尖属性，能够满足新时代首都战略功能定位和现代化经济体系建设要求的产业。

2017 年，北京市统计局、北京市经济和信息化委员会发布了《关于印发北京"高精尖"产业活动类别（试行）的通知》，制定了

《北京"高精尖"产业活动类别》。明确提出北京高精尖产业的定义，即以技术密集型产业为引领，以效率效益领先型产业为重要支撑的产业集合。其中，技术密集型高精尖产业指具有高研发投入强度、自主知识产权和低资源消耗特征，对地区科技进步发挥重要引领作用的活动集合；效率效益领先型高精尖产业指具有高产出效益、高产出效率和低资源消耗特征，对地区经济发展质量提升和区域经济结构转型升级具有重要带动作用的活动集合。2017年，《中共北京市委、北京市人民政府关于印发加快科技创新构建"高精尖"经济结构系列文件的通知》提出高精尖产业包括新一代信息技术、集成电路、医药健康、智能装备、节能环保、新能源汽车、新材料、人工智能、软件和信息服务业和科技服务业10个行业。

国外对高精尖经济结构没有明确的界定，国内专家学者对于高精尖经济结构的研究主要有以下内容。王玉海等（2017）认为所谓高精尖经济结构，"高"指产业层次高、带动作用强，能起到高端引领作用；"精"指资源占用小、产值利润大，具有高效低耗特征；"尖"指科技品质优、创新特色足，可发挥创新驱动的作用。唐建国（2016）认为高精尖的概念涉及三个层面：在经济结构层面，一个内部优化而稳定发展的"321"经济结构是高精尖经济结构的重要标志；在产业层面，高精尖产业主要是以新兴的高端产业、传统产业的高端形态和一般产业的高端环节为核心，以配套产业集群为支撑、以部分产业链为补充的产业体系；在产品层面，创造高精尖产品是培育高精尖产业的主要抓手。唐建国认为高精尖产品主要是高级、精密、尖端的产品。田新民等（2016）认为高精尖产业结构，即通过知识创新与技术进步、产业结构及其空间结构调整与优化升级，产业结构整体质量和效率向高级化演进，即实现产业的高附加值、高技术化、高集约化与高加工度化，不断地将经济增长转换到新路径上。安邦（ANBOUND）研究人员唐黎明（2015）认为高精尖指具有"高级、尖端和精密特质"的科学技术、产品工艺和先进发明。北京市政府将其应用到产业领域,更多地反映的是一种产业发展的导向和形态。而高精尖产业自然就是指那些具有"高、精、尖"属性的产业或产业组合。许强等提出构建中关村示范区高精尖产业体系。高精尖产业是指具有"高、精、尖"属性的产业或产业组合。"高"指高科技、高附加值、高知识、高技术密集型的高端产业;"精"指应该有所选择地发展产业,选择在本区域内有比较优势且符合发展定位的高端产业;"尖"指在一定区域内、全国乃至国际上处于尖端,能够作为众多高技术产业的支撑与领头的产业。中关村示范区高精尖产业体系共14个产业类别,大致分为核心层(电子信息、生物制药、新材料、先进制造、航空航天、新能源、环境保护)、衍生层(互联网相关、软件和信息技术、专业技术、科技推广和应用、电信电视和卫星传输、商务应用)和拓展层(现代农业)三个系统层级。

本书采用北京市统计局、北京市经济和信息化委员会《关于印发北京"高精尖"产业活动类别(试行)的通知》给出的高精尖产业定义——即以技术密集型产业为引领,以效率效益领先型产业为重要支撑的产业集合。本书认为,高精尖的定义要在一个坐标体系里思考。"高"最重要的指标是研发强度;"精"是具有自主知识产权的原始创新;"尖"能够引领技术发展方向,处于国际技术前沿。高精尖产业的本质是一种创新驱动的产业。

1.2 依靠创新驱动塑造我国高精尖发展新优势

经过改革开放40多年的探索,我国在把握科技革命带来的范式转换过程中赶超机遇的优势日益显现,庞大的国内市场能够为技术进步提供充足的动力,强大的制度优势与宏观协调能力,能够保证研发与产业化的投入，我国部分高精尖产业的复杂产品系统领域已经进入领先国家行列。我国科技实力伴随着经济实力发展同步壮大，量子信息、人工智能技术、5G、超级计算机等一大批前沿科技成果竞相涌现。此外，数字经济是新一轮科技革命的主战场。这些产业的主导技术发展总体上处于探索期，为我国利用国内市场和需求规模，形成核心技术能力和技术路线优势提供了战略性机会。

依靠前沿技术创新，提高高精尖产业产品附加值。前沿技术创新改进生产要素，改变生产结构，提高生产效率，提升产品质量，从而提高产品附加价值。利用互联网、大数据、人工智能等前沿技术创新打破产品流通中的信息不对称现状，缩短信息从生产端到消费端的传递时间，实现信息的整合。利用工业互联网促进制造业数据、劳动力等全要素的互联互通，推动供应链、生产链、服务链等全产业链上、中、下游的高度协同，快速响应社会需求变化。依靠前沿技术创新，突破和超越现有产业中的生产可能性边界，提升了全要素生产率，促进了经济高质量发展。

高精尖产业的自主创新能力要求更高。作为推动创新创造的生力军，处于技术尖端的高精尖产业自主创新的要求更高，提升自主创新能力是高精尖产业发展的核心环节，只有形成自主创新能力，才能带动新技术、新产品、新业态蓬勃发展，这是高精尖产业创新发展的实现路径。

我国高精尖产业总体进入创新发展、提质增效新阶段。在产业规模上，北京已培育出新一代信息技术、科技服务2个万亿级产业集群以及医药健康、智能装备、人工智能、节能环保、集成电路5个千亿级产业集群。广东重点发展集成电路、新能源等高精尖产业，积极推动新型储能技术创新，促进新型储能与大数据中心、5G基站、数字电网等新型基础设施融合应用。上海加快形成以集成电路、生物医药、人工智能三大产业为核心的现代产业体系，制定实施三大高精尖

第1章 导　论

产业人才培育专项，着力推动三大产业能级跃升。

【专栏1-1】

北京：打造全球影响力开放生态

北京市科学技术委员会、中关村科技园区管理委员会发布《北京市打造具有全球影响力的开放创新生态推动科技企业孵化器升级发展的指导意见（征求意见稿）》（以下简称《征求意见稿》）。

《征求意见稿》指出，科技企业孵化器是产业创新生态中承上启下的枢纽环节，是布局高精尖产业和未来产业新领域新赛道的有效抓手，也是促进科技型中小微企业培育与城市高质量发展实现循环反哺、良性互动的重要"合伙人"。

《征求意见稿》显示，新一轮科技革命和产业变革加速演进，硬科技正在成为北京创新创业的主导方向，目的是进一步促进北京市科技企业孵化器高质量转型升级，提升硬科技企业孵化效能，加快促进高精尖产业发展和未来产业培育，更好支撑北京国际科技创新中心和中关村世界领先科技园区建设。

《征求意见稿》目标是到2025年，建成标杆孵化器20家以上，形成一批新的孵化范式，带动100家孵化器实现升级发展；孵化器配建高水平专业技术服务平台达到100个，新增早期孵化投资基金200亿元，新培育国家高新技术企业和中关村高新技术企业4000家、瞪羚企业1000家、未来"金种子"企业500家，独角兽和潜在独角兽企业30家；离岸孵化器对20个海外创新城市实现有效覆盖，带动300个海外创业项目在京落地发展，掀起硬科技创新创业新热潮，有力支撑高精尖产业和未来产业集群发展。

到2030年，全市孵化器专业化、价值化、国际化程度实现系统性跃升，孵化行业发生根本性变革，中关村形成具有全球影响力的一流开放创新生态，成为全球硬科技创新创业高地，高水平硬科技企业持续加速涌现，培育出一批世界级的高精尖产业集群和若干全球领先的未来产业集群，北京成为全球创新孵化之都和高质量发展的标杆之城。

（资料来源：北京市科学技术委员会、中关村科技园区管理委员会官网）

【专栏1-2】

上海：打造创新高地与世界级产业集群

2023年6月，上海市印发了《上海市推动制造业高质量发展三年行动计划（2023—2025年）》。

《行动计划》主要分为三个部分，包括主要目标、重点任务和保障措施，以下我们只讨论前两部分。

第一，明确主要目标。到2025年，现代化产业体系不断夯实，工业增加值超过1.3万亿元，占地区生产总值比重达到25%以上。同时，围绕高端制造引领功能、自主创新策源水平、数字化和绿色化转型、企业发展活力和竞争力等方面提出细分指标。

第二，提出重点任务，实施六大行动。

一是围绕重点产业，实施强链升级行动。推动三大先导产业打造世界级产业集群，加快先进制造业与生产性服务业融合发展，打造电子信息、生命健康、汽车、高端装备4个万亿级产业集群，先进材料、时尚消费品2个五千亿级产业集群，培育一批细分领域千亿级产业；加速布局"四大新赛道"和"五大未来产业"，推动先进制造业和现代服务业融合共进。

二是围绕关键技术，实施强基筑底行动。实施产业基础再造工程和重大技术装备攻关工程，每年实施攻关项目100个以上。加快建设制造业创新载体，布局一批国家级和市级创新平台；推动"链主"企业牵头组建开放型创新联合体，强化制造业质量品牌建设。

三是围绕产业升级，实施数字蝶变行动。加快传统制造业数字化改造，提高制造业数字竞争力。实施智能工厂领航计划，打造20家标杆性智能工厂、200家示范性智能工厂；实施"工赋上海"行动计划，打造30个行业性工业互联网平台，梯度培育40家"工赋链主"企业。用好"智评券""算力券"，支持企业数字化诊断、购买算力服务。

四是围绕节能降碳，实施绿色领跑行动。围绕绿色低碳新方向，推动低碳、零碳、负碳技术创新，开展产品碳足迹核算和碳效评价；实施一批重点行业节能降碳技术改造项目，建设绿色低碳示范园；每年淘汰落后产能500项左右；健全绿色制造体系，打造一批绿色工厂、绿色供应链、绿色园区等。

五是围绕引育并举，实施企业成长行动。加强领航企业、科技型企业、"专精特新"企业等梯队培育，壮大卓越制造企业群体。新增15家产值超过100亿元的制造业企业，动态培育50家左右龙头企业，加快引进制造业总部，滚动培育一批"独角兽""瞪羚"等科技型企业，市级"专精特新"企业达到10000家。更大力度推动中小企业"小升规"。

六是围绕产业项目，实施空间扩展行动。优化制造业空间布局，提高产业经济密度。发挥产业地图对投资促进的引导作用，建设一批重大产业项目；推动浦东、临港、五个新城、南北转型等地区加快制造业增长；高标准建设特色产业园区，向集群化、生态化、融合化发展；推进"工业上楼"，盘活低效工业用地。

（资料来源：上海市人民政府办公厅关于《上海市推动制造业高质量发展三年行动计划（2023—2025年）》的通知）

【专栏1-3】

广东：争创国家先进制造业集群

2023年5月29日，广东省正式公布《关于新时代广东高质量发展的若干意见》（以下简称《若干意见》），再一次明确高质量发展路线图。《若干意见》提出，着力发展先进制造业，打造梯次型产业格局，争创国家先进制造业集群。推动20个战略性产业集群发展，重点加快发展集成电路、新能源汽车、新型储能、海洋牧场等产业，新增若干个万亿级产业集群。瞄准人工智能、量子技术等领域抢占制高点，前瞻谋划打造一批未来产业集群。

数据显示，广东全省规模以上工业增加值从2018年的3.48万亿元增加到2022年的3.95万亿元，规模以上工业企业达6.7万家。

广东将坚持以实体经济为本、制造业当家，深入实施产业、平台、项目、企业、环境五大提升行动，加快建设制造强省，在新的高度挺起广东现代化建设的产业"脊梁"。提质壮大新一代电子信息、绿色石化、智能家电、汽车等8个万亿级产业集群，加快推动超高清视频显示、生物医药与健康、新能源等产业成为新的万亿级产业集群，大力发展新型储能、人工智能、绿色低碳、深海空天等战略性新兴产业和未来产业，加快打造若干个5000亿级产业集群。

广东始终坚持以制造业立省，更加重视发展实体经济，加快产业转型升级，推进产业基础高级化、产业链现代化，发展战略性新兴产业，建设更具国际竞争力的现代化产业体系。作为经济第一大省，广东"制造业当家"，将使中国制造业更加强有力地集聚全球资源，挺起产业"脊梁"。

（资料来源：根据《关于新时代广东高质量发展的若干意见》整理）

我国高精尖产业发展离全球前沿技术创新高地还有一定距离。一是自主创新能力与发达国家先进水平相比还存在一定差距。近年来我国高精尖产业产值不断增加，但自主创新能力亟须提升，研发创新还不足。二是一些高精尖产业发展仍处于全球价值链的中低端。在全球产业链中，我国高精尖产业积极往全球价值链中高端攀升，但一些产业仍处于价值链中低端。三是核心专利存在短板。专利问题是高精尖产业发展面临的长期问题。虽然高精尖企业专利数量可观，但大部分企业专利主要是外观专利，高技术专利较少。尤其是核心领域，如集成电路产业的专利明显不足。

针对这些问题，需要以创新驱动高精尖发展，提升我国高精尖产业发展在全球的竞争力。

【专栏1-4】

发展高精尖产业的五大策略

第一，努力吸引优质的生产要素。高端的技术、优良的设计、知名品牌和高精尖人才等优质生产要素是高精尖产业发展所必需的，除了自主研发和培育外，应不断吸引全球优质生产要素源源不断流入；同时，打造一批吸引全球产业链优质生产要素流入的开放新高地，建设一批高层次开放、高水平服务的现代化国际化产业园区，使其成为吸引全球优质生产要素的产业平台和载体。

第二，推动产业链上中下游融通创新。现代科学技术发展和工业化大生产的显著特点是科学技术的交叉与融合，任何企业都很难独立地完成技术创新、零部件制造和生产的全过程，因此需要依托社会化分工、协同与合作。根据产业链的特点，从设计、材料、设备、工艺、关键零部件、总成等各个环节，在全国范围内布局创新链，选择不同环节中具有优势的企业和科研院所，按照总体目标的要求，分别承担其中某一环节的研发、攻关和配套任务，最后由具有综合技术实力的高精尖龙头企业集成，推动产业链上中下游融通创新。

第三，进一步促进园区高质量发展。园区是培育高技术领军企业、硬科技企业、隐形冠军的主平台，推动园区高质量发展有利于培育更多的高精尖领军企业。促进园区高质量发展着力点有三：一是在园区发展中政府与市场的分工应明确，进一步强调市场对人才、技术、资金的配置作用，政府主要提供良好的营商环境，通过政策创新、机制创新、服务创新等方式，营造科技园区的"发展生态"；二是着力推动园区产业融合发展，推动园区数字经济与制造业、数字经济与服务业的融合，推动园区低碳绿色产业与制造业的融合，推动园区产业内部的融合创新；三是推动园区内大企业与专精特新中小企业的协同发展。大企业是园区产业链与创新链的龙头，专精特新中小企业则有助于保持园区供应链、产业链稳定，应积极促进园区大企业与专精特新中小企业协同发展，培育发展具有国际竞争力的高精尖企业。

第四，将产业升级与消费升级相对接。产业升级和消费升级是相辅相成、并驾齐驱的。产业升级满足消费升级需求，从必需品向便利品、质量高的产品转移，提升质量与标准化体系，全面提升产品服务品质；消费升级又能促进产业升级，能激活各领域的产业，有助于产业升级。要点有三：一是注意把握消费分层化、小众化、个性化以及快消品的市场特点，不断提升产品迭代能力，生产多样化的产品，应对消费群体变迁和消费需求升级；二是全面提高产品的内在质量，尽管我国不少企业生产的产品质量已有很大改观，特别是外观质量进步明显，但与世界先进制造水平相比，差距仍然较大，内在质量差距尤为明显，主要是材料、加工、装配等工艺环节还存在粗制现象，应全面提升产品内在质量；三是重视需求端拉动作用，提高居民对信息服务、新能源汽车等产品的消费意识，鼓励购买新兴产业消费品并将其作为扩大内需政策的重要内容，带动高精尖产业持续增长。

第五，全面优化产业创新的营商环境。与传统企业相比，高精尖企业培育发展是一个复杂系统，对营商环境的要求更高。一要全面加强知识产权管理，对高精尖企业专利申请和维持给予补贴，建立知识产权态势分析与发布平台；二要完善产业共性技术平台，组建由高精尖企业参与的国家实验室；三要把重点转向需求激励政策，用创新激励因素助力企业高质量发展。

（资料来源：贾品荣．努力以高精尖产业壮大实体经济［N］．经济参考报（理论版），2022-11-23）

1.3 研究价值

1.3.1 理论价值

本书提出创新驱动高精尖产业发展三维理论模型，从城市经济复杂度提升、全要素生产率引领、创新生态构建上着力，构成本书的基本分析框架。

1.3.1.1 城市经济复杂度提升

高精尖产业其生产活动是一项复杂的经济活动，其生产的产品具有复杂产品特质。复杂经济活动需要深入的知识和劳动分工，需要依靠在互补知识领域中拥有深厚专业知识的大型人员网络，而具有高经济复杂度的大型城市天然具备高精尖产业发展的土壤。因此，城市经济复杂度的提升能够直接促进高精尖企业发展。同时，与传统产业相比，高精尖产业需要更加多元化的企业间合作，需要依托大型组织协作开发完成。高精尖产业往往涉及较多种类的中间投入品，生产的完成需要与很多企业确立合作关系。高精尖产业发展所需知识更为多元化，往往需要置身于更多样性的产业网络中以获取丰富的产业间知识溢出。因此，城市经济复杂性越高，越能为高精尖产业提供充足的中间投入品、多元化的知识与技术，降低企业成本，有利于高精尖企业的发展。

1.3.1.2 全要素生产率引领

在增长驱动力上，资源的稀缺性意味着单纯靠要素投入的经济增长是难以持续的，只有全要素生产率的提高才是高精尖产业持续发展的动力源泉。在驱动方式转变的过程中，一方面，依靠技术创新带动全要素生产率提升；另一方面，制度与管理的创新有利于调动劳动者充分发挥积极性和创造性，合理配置生产要素，提高要素配置效率，进而促进全要素生产率增长。积极挖潜政府的创新补贴对全要素的提高具有重要作用。

1.3.1.3 创新生态构建

在创新生态上，高精尖产业的发展不仅依赖于科学技术的突破，包括营商环境、配套投入和互补性产品等在内的整个配套与支撑体系也至关重要。如同生物群落是一个有机的整体一样，产业的发展也依赖于健康的生态环境。只有健康的产业生态系统才能支撑新兴技术、新兴商业模式、新兴企业的成长与变革，进而推动高精尖产业的繁荣。我们要摆脱过去单纯的"引进—消化吸收—再创新"的发展模式，推动形成"完整产业链+开放生态"的产业发展模式——并不是所有的技术和产品都由自己完成，要在产业生态中形成"非对称的技术优势"，形成竞合关系的开放式创新生态。

1.3.2 应用价值

本书提出创新驱动高精尖产业发展的三维理论模型，从城市经济复杂度提升、全要素生产率引领、创新生态构建上着力，为培育和发展我国高精尖产业提供理论参考与政策建议。

1.4 研究内容

全书包括10章内容。

第1章为导论。介绍研究背景、研究现状、研究内容、研究方法及技术路线、创新点。

第2章为理论基础。主要理论基础包括高技术产业理论、主导产业选择理论、产业升级理论、比较优势理论、创新理论、系统论及产业生态系统理论等。

第3章为高精尖产业发展要义。"高精尖"的定义要在一个坐标体系里思考。"高"最重要的指标是研发强度；"精"是具有自主知识产权的原始创新；"尖"能够引领技术发展方向并处于国际技术前沿。高精尖产业的本质是一种创新驱动的产业。构建高精尖产业体系，从经济学角度来说，就是需要突破和超越现有产业中的生产可能性边界，依靠创新驱动发展，全面提升全要素生产率、劳动生产率、资源生产率、环境效率，从而带动高精尖产业发展，最终促进经济高质量发展。高精尖产业发展的三大战略目标是：高精尖产业体系是实现创新发展的产业体系；高精尖产业体系是实现融合发展的产业体系；高精尖产业体系是实现协调发展的产业体系。

第4章为北京高精尖产业发展成效、问题及趋势策略。本章分析了高精尖产业发展成效及存在的问题。展望未来，本章提出，高精尖产业发展需要把握高质量发展、国家战略科技力量、双碳目标、就业优先战略及健康中国战略"五大宏观力量"，需要把握产业互动、产业升级、空间重构、产业生态、数字化驱动"五大中观力量"，需要把握技术引领、应用场景牵引、人才与企业的匹配、服务化创新及迭代进化"五大微观力量"。

第5章为经济复杂度对高精尖产业的影响研究。本章分析了经济复杂度对高精尖产业的影响机制，构建了城市经济复杂度指标，使用2000~2020年地级市专利授权数据对城市经济复杂度进行了测算；从生产要素、技术创新、市场环境和基础设施四个维度构建了影响城市经济复杂度的指标体系；实证检验了城市经济复杂度与高精尖产业发展之间的关系，从成本角度分析了其影响机制，为提升城市经济复杂度促进高精尖产业发展提供了经验证据。

第6章为政府创新补贴、绿色全要素生产率与高精尖产业发展研究。本章分析了政府创新补贴对企业高质量发展的作用机制；基于上市公司数据，测算了2009~2021年北京高精尖企业的政府创新补贴、绿色全要素生产率和高精尖产业高质量发展指数；借助动态门槛模型、中介效应检验模型、调节效应检验模型，分析了政府创新补贴对北京高精尖企业高质量发展的影响机制；通过构建DID模型，进一步讨论了政府创新补贴对高精尖企业和非高精尖企业影响的差异性。

第7章为高精尖产业创新生态系统的特征与要素。本章分析了高精尖产业创新生态系统的定义，高精尖产业创新生态系统除具有创新生态系统共有的相互依赖、复杂链接、自我修复、共同演化外，还具有多样性包容性、营养物质、新陈代谢、能量转换、主体要素间的关联、环境支撑六大关键要素。

第8章为北京高精尖产业创新生态系统评价。本章构建了高精尖产业创新生态系统评价指标体系，包括多样性包容性、营养物质、新陈代谢、能量转换、主体要素间的关联、环境支撑六大关键要素，前四大要素描述高精尖产业创新生态系统所具有的基础条件。其中，多样性包容性指高精尖产业创新生态系统发展的创新主体多元化；营养物质指维持高精尖产业创新生态系统的必备条件；新陈代谢用来表征高精尖产业创新生态系统的生命周期特性；能量转换指高精尖企业的投入产出效率及区域技术创新能力等，表征高精尖产业创新生态系统能量的输入与输出；主体要素间的关联是指基于需求导向的高精尖产业创新生态系统内部各主体之间的共生关系，用于描述主要物种结构、种群内协作能力、调节与平衡能力。运用构建的指标，评价分析了北京高精尖产业创新生态系统。

第9章为北京智能装备产业创新生态系统评价及培育路径。智能装备产业是加快发展高端装备制造业的有力工具，对整个经济社会发展具有重要的作用。本章构建了智能装备产业创新生态系统评价模型，对北京智能装备产业创新生态系统发展进行综合评价。从北京智能装备产业发展现状和智能装备产业发展瓶颈入手，提出促进北京市培育和发展智能装备产业的路径。

第10章为培育高精尖产业创新生态系统的战略对策。本章提出，培育高精尖产业创新生态系统的战略对策包括创新平台提升战略、成果转化促进战略、区域产业链接与互动战略、可持续的产业能力培育战略。

1.5 研究方法

本书的研究方法主要有系统分析法、统计分析法、指标分析法、模型分析法、深度访谈法等。

1.5.1　系统分析法

按照系统论的观点，当经济增长系统的基础条件优良、各构成要素相互耦合、各利益主体之间与自然生态系统之间的关系协调均衡时，整体的经济社会系统呈现有序的高质量发展。本书运用系统分析法，提出创新驱动高精尖发展的三维理论模型，从城市经济复杂度提升、全要素生产率引领、创新生态构建上着力，为培育和发展我国高精尖产业提供理论参考与政策建议。

1.5.2　统计分析法

调研北京高精尖产业发展相关数据，包括产业布局、各产业领域总量（近五年数据）、企业数量、专利数量、新产品数量、市场占有率，为分析北京高精尖产业结构奠定基础。本书构建了城市经济复杂度指标，使用2000~2020年地级市专利授权数据对城市经济复杂度进行了测算；从生产要素、技术创新、市场环境和基础设施四个维度构建了影响城市经济复杂度的指标体系。

1.5.3　指标分析法

从高精尖产业内涵与发展要义出发，构建高精尖产业创新生态系统评价指标体系，包括多样性包容性、营养物质、新陈代谢、能量转换、主体要素间的关联、环境支撑六大关键要素。高精尖产业创新生态系统发展评价指标体系是一个复合概念，涉及多个方面。本书采用复合指标来度量。

1.5.4 模型分析法

本书借助动态门槛模型、中介效应检验模型、调节效应检验模型，分析政府创新补贴对北京高精尖企业高质量发展的影响机制；通过构建 DID 模型，补充讨论了政府创新补贴对高精尖企业和非高精尖企业影响的差异性。

1.5.5 深度访谈法

深入到高精尖产业进行座谈、访谈，通过与高精尖领域企业家、管理者、研发人员的座谈、访谈，把握北京高精尖产业发展脉络，了解深层次问题，为分析评价结果和对策奠定基础。

1.6 全书创新点

1.6.1 创新点之一：提出创新驱动高精尖产业发展的三维理论模型

本书提出创新驱动高精尖发展三维理论模型，从城市经济复杂度提升、全要素生产率引领、创新生态构建上着力，构成本书的基本分析框架。

1.6.2　创新点之二：构建高精尖产业创新生态系统评价指标体系

本书构建高精尖产业创新生态系统评价指标体系，包括多样性包容性、营养物质、新陈代谢、能量转换、主体要素间的关联、环境支撑六大关键要素，前四大要素描述高精尖产业创新生态系统所具有的基础条件。其中，多样性包容性指高精尖产业创新生态系统发展的创新主体多元化；营养物质指维持高精尖产业创新生态系统发展的必备条件；新陈代谢用来表征高精尖产业创新生态系统的生命周期特性；能量转换是指高精尖企业的投入产出效率及区域技术创新能力等，表征高精尖产业生态系统能量的输入与输出；主体要素间的关联是指基于需求导向的高精尖产业创新生态系统内部各主体之间的共生关系，用于描述主要物种结构、种群内协作能力、调节与平衡能力。运用构建的指标，评价分析了北京高精尖产业创新生态系统。

1.6.3　创新点之三：分析城市经济复杂度对高精尖产业的影响

本书基于2000~2020年中国发明专利授权数据构建了经济复杂度指数，并计算了城市经济复杂度，结果显示：我国各大城市经济复杂度呈现稳步上升趋势，其中，北京、上海、广州和深圳经济复杂度一直位于全国前四名。总结了城市经济复杂度的影响因素，基于2000~2020年EPS数据库城市层面的相关数据对各大影响因素进行了指标计算，并通过岭回归模型进行了实证分析，结果显示：高质量的人力资本、进一步扩大开放、引进外资、营造良好的金融环境、鼓励技术创新、加强邮电服务、信息服务等配套基础设施建设均有助于城市经济复杂度的提升。使用 2000~2020 年北京市高新技术上市公司数据实证分析了城市经济复杂度对高精尖产业的影响机制，结果显示：城市经济复杂度的提升能够促进高精尖企业发展壮大，可以通过降低企业成本这一中介效应发挥作用。

1.6.4 创新点之四：研究政府创新补贴、绿色全要素生产率对高精尖产业发展的影响机制

本书分析了政府创新补贴对企业高质量发展的机制研究，测算了 2009~2021 年北京市高精尖企业的政府创新补贴、绿色全要素生产率和高精尖产业高质量发展指数，借助动态门槛模型、中介效应检验模型、调节效应检验模型，分析政府创新补贴对北京高精尖企业高质量发展的影响机制。通过构建 DID 模型，进一步讨论了政府创新补贴对高精尖企业和非高精尖企业影响的差异性。研究得出：政府创新补贴对北京高精尖企业高质量发展的影响具有动态、非线性效应，即政府创新补贴的影响具有门槛效应，当政府创新补贴迈过门槛值后才能对企业高质量发展形成显著正效应，政府应持续提升对高精尖企业的创新补贴才能高效推动其发展。绿色全要素生产率在政府创新补贴对高精尖企业高质量发展的影响中具有完全中介效应，且政府创新补贴更多从绿色技术进步途径来影响高精尖企业的高质量发展，因此，北京市政府在实施企业的创新补贴时，在保障技术转化和应用的补助支出的同时，应更加注重新技术研发方面的补助支出。企业的产权性质、公司规模、融资约束和数字化转型水平都能影响政府创新补贴的政策效应，进而根据企业的类别和特征细化补贴资助方案能有效提升其政策效应。值得注意的是，北京市提出构建高精尖产业政策有力促进了高质量发展。分析显示：北京市提出构建高精尖经济结构政策后，高

精尖企业高质量发展和绿色全要素生产率提高幅度明显高于非高精尖企业，且政府创新补贴对高精尖企业发展水平及绿色全要素生产率的提升效应明显高于非高精尖企业。

1.6.5 创新点之五：提出高精尖产业发展需要把握"五大宏观力量""五大中观力量"及"五大微观力量"

本书提出，高精尖产业发展需要把握高质量发展、国家战略科技力量、"双碳"目标、就业优先战略及健康中国战略"五大宏观趋势"，需要把握产业互动、产业升级、空间重构、产业生态、数字化驱动"五大中观力量"，需要把握技术引领、应用场景牵引、人才与企业的匹配、服务化创新及迭代进化"五大微观力量"。

1.6.6 创新点之六：提出以四大战略培育高精尖产业创新生态系统

本书提出培育高精尖产业创新生态系统的四大战略：创新平台提升战略、成果转化促进战略、区域产业链接与互动战略、可持续的产业能力培育战略。

第 2 章 理 论 基 础

高精尖产业的理论基础主要有高技术产业理论、主导产业选择理论、产业升级理论、比较优势理论、创新理论、系统理论、产业生态系统等。

2.1 高技术产业理论及其对高精尖产业的运用与启示

2.1.1 高技术产业理论

"高技术"一词最早出现在美国,是由美国国家科学院发表的《技术与国家贸易》一书中提出。此书中针对技术进行解释和界定时,率先提出了"高技术"这一新型词语。高技术主要指的是拥有高渗透效果,且附加值非常高等特性。自此,"高技术"一词正式引起了国内外诸多研究者和社会各界的广泛关注与重视(Zysman J. Trade, 1992)。在科学技术的快速发展中,高技术无论是对于国家发展,还是对于社会发展均贡献出了非常大的力量。自此,世界各国开始重视高技术的发展,旨在运用高技术产业带动国民经济的发展和国家综合实力的提高。基于高技术产业角度而言,具有明显的动态性特性,属于一种相对概念。国家不同，地区不同，则高技术的发展情况也有着一定的差异，而这种差异也影响到了高技术的具体定义和解释。著名研究者尼尔森（Nelson，1995）在研究后表示，高技术产业主要指科技投入和技术含量较高且风险较大的产业。"高技术"一词在我国首次出现是在1986年。在这之后，国内研究界的诸多学者开展了深入的研究与分析。譬如，苏东水（2000）在研究后表示，高技术产业应当满足四项标准：一是产品拥有的技术含量非常高；二是相比普通职工，科技人员占比非常高；三是在设备或生产方式上采用的技术处于尖端水平；四是能够促进工业发展，带动劳动生产率的提高。

【专栏2-1】

高精尖产业与高技术产业的区别和联系

高技术产业是研究开发投入高、创新率高、收益高、风险高，在产业生命周期中处于初创期和成长期的产业。具体包括医药制造，航空、航天器及设备制造，电子及通信设备制造，计算机及办公设备制造，医疗仪器设备及仪器仪表制造，信息化学品制造六大类。

1. 高技术产业的特征

特征之一：知识技术密集。该特征是高技术产业与传统产业的最大区别。高技术产业通过知识和技术的投入来生产高附加值产品，同时，由于知识技术更新速度较快，导致产品更新换代速度快，对产业参与者的文化知识要求也较高，因此，高技术产业的知识密集程度和技术密集程度都较高。

特征之二：资金投入巨大。由于新知识、新技术研发投入巨大，研发成果转移转化前，高技术产业需要大量的资金来维持技术试验和产品研发以开发新产品；在研发成果转移转化过程中，高技术产业也需要耗费大量资金进行高标准的固定资产投入；在研发成果转化后，高技术产业新产品由于新颖性较强，市场接受需要过程等原因，还需要大量资金进行营销推广（闫丽平、孙文博，2019）。

特征之三：高风险高收益。高技术产业的高风险主要有技术不确定性或开发失败的技术风险；市场可能暂时不能接受新产品的市场风险；技术开发过程中资金短缺的资金风险；市场更新的产品出现，人才流失的竞争风险等。但伴随着高风险的高技术产业总是带来高收益，由于高技术产业的附加值高，技术优势将形成一定的市场垄断性或排他性，一般得到市场认可后，高技术产业将产生大量的收益。

特征之四：高成长短周期。高技术产业凭借独特的技术优势，短期内产业能够集聚扩张，很快成长为行业翘楚，这是产业的成长性。但现代产业更新换代速度快，新产品周期越来越短，这使得高技术产业变化加快，与传统产业相比，高技术产业的"创业—成长—扩张—成熟"生命周期更短。

特征之五：高创新高集群。高技术产业创新过程依赖于新技术，新技术不停地更新换代，使得高技术产业风险加剧。为了规避风险，高技术产业不断进行技术创新，以开发出适应市场需求的产品，获取高额收益；同时，为了规避风险，高技术产业内企业往往以技术合作为基础，与相关企业集聚在同一地域内，降低研发、生产成本，从而形成高技术产业集群。

2. 高精尖产业与高技术产业的区别

高精尖产业强调"高""精""尖"，而高技术产业基本上侧重"高"。高精尖产业是根据某种产业是否可以实现高速增长并带来强劲后劲，是否拥有核心竞争力和重要知识产权，是否符合国家重大战略并具有国际水平前沿科学技术来划分的；而高技术产业是根据技术密集度来划分产业的。

从高精尖产业和高技术产业的划分范围看，高技术产业与高精尖产业所包含的子行业差异较大。高技术产业与高精尖产业有许多交叉的子行业，但即使名称相同的子行业，在高精尖产业里和高技术产业里也不一样。

3. 高精尖产业与高技术产业的联系

首先，技术和市场是高精尖产业和高技术产业的重要推动力。高精尖产业和高技术产业都需要高研发的投入和产出；两种产业都是建立在当代最新、最先进的科学基础和技术水平上；两种产业都拥有市场需求这一重要牵引力；两种产业都面对国际竞争这一重要压力，国际竞争迫使各国集中一切力量抢夺技术制高点，以在竞争中占据有利地位。

其次，高精尖产业和高技术产业形成和发展的动力源泉都是远离平衡。首要条件是都要保持产业化系统的开放性；都会针对市场需求和经济效益来提高技术成果的实用性，把工业性实验、产业化和市场预测放在重要位置；两种产业形成和发展的动力源泉都是远离平衡，远离平衡的条件存在分工、分配、投资的显著差异，通过充分调动科技人员的积极性和首创精神，使微小涨落产生建设性作用，形成新的经济增长点；加大技术创新投入、加快技术创新步伐，不断开发出新的技术成果，从而保持旺盛创新活力。

再次，高精尖产业和高技术产业的形成和发展都应当遵守协同作用规律。两种产业从创新主体看，在各自的产业领域都拥有大企业和小企业，其中：大企业自主研发力强，但是创新动力不足，创新机制不活；而小企业创先机制灵活，创新效率高，但是抵抗风险能力差。因此，大企业和小企业应实现密切合作、产业关联、协同发展。

最后，高精尖产业和高技术产业都应具有产业共生的产业生态系统，其中包括高质量的基础设施框架，对知识工作者有吸引力的氛围以及利于学习和知识交换的相互联系网络系统等。

（资料来源：贾品荣. 高精尖产业发展研究［M］. 北京：经济科学出版社，2022）

2.1.2 高技术产业理论对高精尖产业的运用与启示

高精尖产业与高技术产业都是创新驱动发展的产业，具有高研发投入、高创新性的特点。高技术产业与传统产业的显著区别在于，高技术产业具有知识、技术、资本、人才高度密集性，以及高附加值、高风险、高投入性、高聚集性、高渗透性。因此，高技术产业是高智力密集型、高投入、高风险、高创新性、高渗透性的产业。在高精尖产业发展中，要特别重视加大研发投入，鼓励企业自主创新，注意借鉴高技术产业的发展规律。

2.2 主导产业选择理论及其对高精尖产业的运用与启示

2.2.1 主导产业选择理论

主导产业选择理论探讨的是一个地区应该以何基准来选择相应产业作为主导产业，以促进地区经济发展。北京致力于构建高精尖经济结构，重点发展十大高精尖产业，就是要突破传统支柱产业的制约。主导产业不同于支柱产业：支柱产业是一个地区经济占比最大、具有稳定而广泛资源和产品市场的产业，决定地区结构在演变过程中所处的阶段；而主导产业是一个地区产业体系中处于技术领先地位的产业，代表产业结构演变的方向，是支柱产业发展的前期形态。经济学家罗斯托指出，主导产业是能够有效吸收新技术、自身具有高增长率而且具有扩散性的产业（马骆茹，2021）。

经济学家从不同的角度确定了主导产业的选择标准。经济学家赫希曼（1958）依据投入产出的原理，指出应该依照工业部门后向联系水平的高低对主导产业进行排序。这意味着主导产业应以最终产品的制造部门为主，既可以保证自身发展，又具有强烈的中间产品需求，通过连锁反应带动经济增长。赫希曼认为，由于人才、资本等资源的稀缺性，使得国家间平衡发展难以实现，因此，应鼓励发展中国家大力扶持主导产业发展，集中主要生产要素投入部分主导的优势产业中，让其充分发挥联动效应，拉动其他产业协同发展。

经济学家罗斯托（1996）在其著作《经济成长阶段论》中阐述了著名的经济起飞理论，他发现当一国处于某个经济增长阶段时，国内多个经济部门中总存在某个部门率先实现经济增长，而该部门不仅具有高增长率的成长特性，还通常在整体产业结构占比较高，以强大的高增长示范作用带动其他部门经济快速增长。罗斯托将该示范作用解释为一种由前瞻、旁侧、回顾三种作用力所组合的扩散效应，由此使得该部门具备了主导作用力。罗斯托总结了主导产业发展演变规律——每个经济增长的阶段，起主导作用的部门各不相同，但都存在于那些技术进步、生产效率高的产业部门，并都能拉动整体经济增长。因此，主导部门不是固定不变的，而是要依据经济发展阶段中生产力的变化匹配相应的产业部门，通过不断的产业更替推动经济蓄力前行，而更替过程中所释放的扩散效应能不断带动其他国民经济部门实现持续增长。

经济学家筱原三代平（1970）在《产业结构论》中提出了主导产业两个重要的选择基准——生产率上升基准与需求收入弹性基准。首先，生产率上升基准指导主导产业选择投入产出率高的、技术密集型的产业，基于全要素生产效率比较法，通常在一定经济时期内，某个产业的所有生产要素（如劳动力、资本等）的生产率比其他产业生产率高，且生产率上升幅度明显高于其他生产部门。该部门此时通常处于生产成本下降的过程，同时，这种高生产率离不开技术进步与创新起到的显著作用，让该产业处于高速增长期，经济增长将从一个部门向其他经济实体传导，从而全面提升整体经济增长。其次，需求收入弹性基准指导主导产业选择需求弹性高的产业部门，收入基准是衡量国民收入增长与各产业需求变化的敏感性指标。假设在其他条件不变的情况下，用产业产出的最终需求增长率与人均收入增长率的比值来表示，当指标数值大于1时，表示需求的增加大于收入的增加。收入基准原则要求选择需求弹性大的产业，因为这代表着未来有更广阔的需求市场与利润前景。为促进经济与社会、环境和谐发展，日本产业结构审议会于1971年在筱原两基准上新增了环境标准和劳动内容基准，意在培育可为社会提供更多就业岗位，而更少造成环境污染的环保型产业。英国经济学家大卫·李嘉图提出比较优势论，它本来用来解释国际贸易的必要性和合理性，后来一些经济学家把它用作主导产业的选择标准。

2.2.2　主导产业选择理论对高精尖产业的运用与启示

通过主导产业选择理论可以看出，主导产业具有以下五个特征：一是产业关联性强，带动能力高；二是符合市场潜在需求，发展潜力巨大；三是技术吸收能力强，生产率水平高；四是能够利用现有资源条件，发挥自身优势；五是污染程度低，福利水平高。

北京着力发展十大高精尖产业，就是要突破传统支柱产业的制约，把高精尖产业作为北京新时期的主导产业，为首都经济高质量发展带来新的增长动力。因此，通过梳理主导产业理论，明确主导产业选择的标准及主导产业应具有的特征，可以为北京发展高精尖产业提供决策参考。

2.3 产业升级理论及其对高精尖产业的运用与启示

2.3.1 产业升级理论

2.3.1.1 产业升级的内涵

配第-克拉克定理认为,随着经济的发展,第一产业就业人口比重会不断减少,第二和第三产业就业人口比重将增加。库兹涅茨认为第二产业的相对国民收入上升是一种普遍现象,第三产业的相对国民收入一般为下降趋势,但是,劳动力的相对比重是上升的。库兹涅茨(1985)分析了农业部门、工业部门和服务业部门产值和劳动力比重随着经济增长的变化规律。伴随价值链理论的产生,学者们开始从产业链角度关注产业升级。格里菲等(Gereffi et al.,1999)首次提出"全球商品价值链"概念,认为产业升级过程伴随价值链内部增加值活动从低到高的转变,格里菲等的研究思想开启了基于价值链理论研究产业升级的篇章。潘(Poon,2004)认为产业升级是生产制造商从低价值产品(生产劳动密集型)向高价值产品(资本或技术密集型等)转换的过程。综上,国外学者对产业升级的研究呈现出从宏观向微观过渡的特征,从注重产业结构转变为将"企业生产能力和竞争的提高"视为产业升级本质,认为企业向资本和技术密集型行业的转变推动了产业升级。

国内关于产业升级的研究最早由吴崇伯(1988)提出,他认为产业升级是"产业结构调整",即"制造业升级换代的普遍趋势"。此后,国内产业升级理论在20世纪90年代初引起了广泛关注,且主要研究聚焦在产业结构升级上。在产业升级理论研究逐渐受到重视的同时，国内学者在如何界定产业升级方面也展开了研究。邵洁笙（2006）、丁晓强（2015）基于微观、中观和宏观视角分析了产业升级内涵；蒋兴明（2014）从产业链、价值链、创新链和生产要素组合视角阐述了产业转型的内涵；姜泽华（2006）、潘冬青（2013）梳理了产业升级以及产业结构升级的内涵；朱卫平（2011）、付珊娜（2017）从技术进步、产业结构、价值链等角度阐述了产业升级内涵。

2.3.1.2 产业升级的类型

一般认为，产业升级一方面代表产业结构的优化，另一方面代表产业自身的深化。前者意味着产业结构中各产业的地位和关系向更高级方向协调演进，后者意味着产业内部生产要素的优化组合及产品质量的提高。

产业内升级又具体分为要素间升级、需求升级、功能升级和链接升级。要素间升级是指在生产要素层级中，从"禀赋资产"向"创造资产"移动，从先天拥有的要素资产向后天创造积累的要素资产移动；需求升级是指消费层级的不断提升，对产品的需求从必需品向便利品再向奢侈品移动；功能升级是指价值链环节的移动，从销售、分配向最终的组装、测试、零部件、产品开发和系统整合移动；链接升级是指企业从有形的商品生产投入转向知识密集型的支持性服务。

随着产业升级理论的不断深入，近年来已经深入到产品内部。产品空间理论从产品空间的视角出发，将比较优势的动态演化与产品升级结合，探讨了产业转型升级的路径。产品空间是对不同国家或地区产品网络结构的描述，其中的网络节点代表各种产品，节点间的连线代表各产品之间的关系。不同国家或地区在产品空间中的位置决定了其产业升级的方向。当现有产品与周围产品的技术距离合适时，便能够实现现有产品向潜在产品的"跳跃";若现有产品与周边产品的技术距离过大,转型升级的成本过高,就会出现升级断档。

国内学者对产业升级的研究始于20世纪80年代,主要从"宏观视角"研究产业升级,围绕产业升级和产业结构升级产生两种观点。其一为"内涵同一"论,认为产业升级不仅包括产值增长,同时包括产业结构高度化——产业结构升级;其二为"内涵不同"论,认为产业升级的层次比产业结构升级更高,提出产业升级应该包括产业结构升级和产业链升级。总体上来看,国内学者主要从产值结构、资产结构、技术结构等角度分析产业升级类型,关注点集中在产业结构的高级化发展。

2.3.1.3 产业升级的驱动因素

产业升级是在技术创新、社会需求、资源供给、制度安排、空间溢出以及进入壁垒等因素的作用下实现的。

(1)技术创新因素。

傅家骥(1998)提出技术创新是影响产业升级和结构转换的主要路径。拉奥尔格和库尼亚(Lahorgue and Cunha,2004)、阿尔滕堡等(Altenburg et al.,2008)、吴丰华和刘瑞明(2013)等学者也从不同角度肯定了技术创新对产业升级的激励作用。朱榕榕(2012)、辛娜(2014)等具体分析了技术创新促进产业升级的机理。还有部分学者认为技术创新对产业升级的作用并非呈线性关系,如冯等(Feng et al.,2021)指出技术进步与产业升级之间存在倒U型关系。

(2)资源供给因素。

克拉克(Clark,1940)指出,产业结构转化的本质是劳动力和人力资本、物质资源等生产要素重新配置的动态过程。尼尔森和菲尔普斯(Nelson and Phelps,1966)、罗默(Romer,1990)认为人力资本通过促进技术进步和提高收入水平对产业结构升级产生重要影响,冉茂盛等和毛战宾（2008）、张国强等（2011）证实了该观点。杜传忠和郭树龙（2011）的实证分析表明资本对产业结构升级的影响显著，但劳动力对产业升级的影响不显著。李强和丁春林（2019）指出人力资本对产业升级具有明显的促进作用，资源禀赋则会抑制产业升级。

（3）社会需求因素。

阿西莫格鲁和林恩（Acemoglu and Linn，2003）、德斯梅特和帕伦特（Desmet and Parente，2010）等指出，可以从本土市场规模的视角来研究产业升级，并且认为由需求（主要指市场需求）引致的产业升级驱动力更具有引导性和持久性。马尔齐诺托（Marzinotto，2011）通过实证研究指出投资结构的不合理带来了产业结构调整的失败。潘冬青和尹忠明（2013）认为消费需求的不断更新是引导产业升级的主要力量。张翠菊和张宗益（2015）将消费需求划分为居民消费和政府消费，认为居民消费对产业结构升级有积极推动作用。刘深和黄毅菲（2020）的研究结果表明，固定资产投资结构优化与产业升级之间存在辛普森悖论。可见，社会需求因素主要从消费需求和投资需求两个方面影响产业升级。

（4）制度安排因素。

金特里和哈巴德（Gentry and Hubbard，2000）的研究表明，累进税制对投资和创新行为具有消极影响，不利于产业结构升级。杜传忠和郭树龙（2011）认为政府的政策和干预对产业结构升级的影响具有不确定性。尽管如此，多数研究证实制度因素对产业升级具有促进激励作用：波特尔斯贝格（Pottelsberghe et al.，2003）的实证研究发现税收优惠政策能明显提高企业的技术软实力。德梅利和奎里安（Demailly and Quirion，2008）、易等（Yi et al.，2015）、胡欢欢和刘传明（2021）的实证研究证明，碳排放权交易制度可以推动企业增加技术创新投资、提高生产率，从而引起产业结构的变化和升级。

(5) 进入壁垒。

布雷恩（Brain，1956）将进入壁垒分为规模经济形成的进入壁垒、产品差异形成的进入壁垒以及绝对成本优势形成的进入壁垒。基于布雷恩（1956）的观点，王劲松等（2005）、梅国平和龚海林（2013）认为进入壁垒是影响产业升级的主要因素之一。杜宇玮（2011）通过实证研究表明，发达国家跨国公司的品牌壁垒可能是中国本土产业升级最难逾越的进入壁垒。穆朗峰（2019）从政府政策和厂商行为两方面提出了中国制造业产业升级的进入壁垒。

2.3.2 产业升级理论对高精尖产业的运用与启示

总结产业升级理论可以看出，北京发展高精尖产业是符合产业升级理论的，原因有六：其一，发展高精尖产业有利于实现产业间升级，实现从附加值低向附加值高的产业转型；其二，发展高精尖产业有利于人力、技术等后天资本的积累，实现生产要素层级的提升；其三，发展高精尖产业有利于需求结构的转变，促进消费升级；其四，发展高精尖产业有利于企业价值链的攀升，实现从低附加值环节向高附加值环节移动；其五，发展高精尖产业有利于企业经营方式的转变，实现从关注有形的生产要素到关注无形的支持性服务的转变；其六，发展高精尖产业有利于缩短与潜在产品之间的技术距离，实现产品的成功"跳跃"。

2.4 比较优势理论及其对高精尖产业的运用与启示

北京要想在未来实现高精尖产业的长足发展，需要仔细分析自身的优势和劣势，才能发扬长处，补齐短板，将高精尖产业培育成为地区的优势产业。对此，比较优势理论可以为北京高精尖产业提供理论指导。

2.4.1 比较优势理论

比较优势理论起源于对国际贸易产生原因及模式的解释，后来被应用于区域经济发展。经济学家从不同角度解释了比较优势的可能来源。大卫·李嘉图认为，比较优势源自各国相对的劳动生产率差异，劳动生产率差异源自生产技术水平的不同。李嘉图从静态视角分析比较优势，后续研究拓展了他的视角，发现从动态角度看，生产技术的差异可以通过"干中学"逐渐缩小，生产技术的优势可以后天培育。1919 年赫克歇尔（Heckscher）在《对外贸易对收入分配的影响》一书中讨论了要素禀赋差异在确定比较优势和国际贸易中的重要作用。他的学生俄林（Ohlin）在《区域贸易和国际贸易》一书中，继承和发展了他的要素禀赋思想。他们认为：各国要素禀赋不同是产生国际贸易的基本原因，一国应该出口密集使用本国相对充裕要素的产品，进口密集使用本国相对稀缺要素的产品。同样地，赫克歇尔和俄林也从静态的视角进行分析，假设要素禀赋量固定不变，而之后的研究在此基础上进行了拓展，探讨了动态情形的要素积累或要素流动对贸易模式的影响。

此外，经济学家还从规模经济的角度解释比较优势。哈伯勒（Haberler，1973）用固定的机会成本代替了劳动生产率，引入机会成本的概念，认为生产的成本取决于生产这一单位产品所花费的其他产品的数量，并运用向外凸出的生产可能性边界描述成本递增。其后，托尔（Tower，1947）等学者对其假定进行了改进，从生产不同产品所耗费的要素不同质的角度分别分析了成本的递增和递减的情形。认为：生产不同产品时不同生产要素之间是否可以相互替代决定了生产的边际收益的递增（递减）；随着生产规模的扩大，边际收益的递增或递减使得规模报酬递增（递减），机会成本因而递增（递减）。迪克特和斯蒂格利茨（Dixit and Stiglitz,1977）也引入规模经济来分析比较优势。他们认为：即使两国的初始条件完全相同，没有李嘉图所说的外生比较优势，但如果存在规模经济，则两国可以选择不同的专业，从而产生内生的绝对优势。规模经济可以分为内部规模经济和外部规模经济，内部规模经济是企业自身规模的扩大带来的成本降低，外部规模经济是整个行业规模的扩大带来的成本降低。两者都可以降低企业的平均生产成本，形成一国或地区的比较优势。由此可以看出：国内市场规模可以在一定程度上影响比较优势的形成。和规模经济一样，产业集聚也可以成为比较优势的来源。产业集聚可以通过信息交流、劳动力市场共享及知识外溢等渠道降低企业成本、促进企业创新，比如硅谷的高技术产业集聚。

如今，经济学家也普遍认为制度是塑造比较优势的重要因素。良好的制度环境才能创造比较优势，拥有完善制度安排的国家在契约依赖性比较高的产品生产和贸易上有比较优势。阿西莫格鲁更是指出，开放经济的增长绩效取决于国家制度质量。

随着经济全球化和跨国公司的兴起，产业间的分工格局逐渐转向产业内。传统的比较优势主要分析产业间的相对优势，对产业内优势的形成缺乏解释力。迈克尔·波特提出竞争优势理论，开创了新的分析视角。他认为，企业竞争优势源自低成本和产品差异。为了维持企业的竞争优势，拥有激励企业投资和创新的环境尤为重要。波特将这些因素总结为"钻石模型"，具体包括资源要素、需求条件、辅助行业、企业战略四个要素以及政府功能和主要机遇两个变数。竞争优势和比较优势既有区别又有联系。比较优势是潜在的竞争力，竞争优势是现实的竞争力。比较优势可以转化为竞争优势。

2.4.2　比较优势理论对高精尖产业的运用与启示

通过总结比较优势理论，可以为北京发展高精尖产业提供以下借鉴：第一，发展高精尖产业应努力吸引优质的生产要素，打造新型比较优势；第二，发展高精尖产业应进一步利用园区经济，发挥集聚效应助力技术创新；第三，发展高精尖产业应充分利用庞大的国内市场，将产业升级与消费升级相对接；第四，发展高精尖产业应鼓励产业创新的政策环境，促进比较优势向竞争优势转变。

2.5　创新理论及其对高精尖产业的运用与启示

2.5.1　创新理论

创新不是单个要素的孤立行为，而是不同创新主体之间的交互行为。北京发展高精尖产业不仅是为了发展十大产业，更重要的是通过发展高精尖产业形成带动地区经济发展的新型动力，构建国际科技创新中心，因此，从创新角度分析十分必要。

创新理论是由哈佛大学教授熊彼特（Scheter）提出的。他认为，创新就是指生产过程中对生产要素和条件的重新组合。创新有五种形式，即引进新产品、引入新技术、开辟新市场、获取原材料的新的供应源、实现新的工业组织。熊彼特认为创新是经济增长的动力源泉，是经济发展的真正主题。后来，经过不断地研究与补充，创新理论逐步演变和发展起来，并以其为基础建立起了创新经济学理论体系。与本书相关的是区域创新理论。

1987年，英国经济学家弗里曼（Freeman）通过对日本创新系统的研究，提出国家创新系统的概念。弗里曼发现，日本在技术落后的情况下，只用了几十年的时间，便成为工业大国，这不仅是技术创新的结果，而且还有许多制度、组织的创新，是一种国家创新系统演变的结果。经济合作与发展组织在1997年的《国家创新系统报告》中指出："创新是不同行为者和科研机构间复杂的相互作用的结果。技术变革并不完全遵循线性顺序，而是系统内部各要素之间的相互作用和反馈的结果。这一系统的核心是企业，是其组织生产、创新的方式和其获取外部知识来源的途径。外部知识的主要来源则是其他企业、公共或私有的研究机构、高校和中介组织。通过产、学、研合作计划及网络计划，建立创新中介机构，以纠正创新的系统失效。"国家创新系统的政策思想是加强整个创新系统内相互作用和联系的网络，包括加强企业与企业间的创新合作联系，企业与科研机构和高校的创新合作联系，中介机构在各创新主体间的重要桥梁作用；政府在创新发展中起战略与政策引导作用，以及协调各部门的工作的职能。

国家创新系统主要包括政府、企业、高校、科研机构、中介组织等，它们在国家创新系统中具有各自的角色和地位。企业是国家创新系统的核心，是技术创新的主要承担者。由于创新是一项与市场密切相关的活动，企业会在市场机制的激励下从事创新，其他组织和个人无法替代。

——企业具有创新的动力，是最有创新主动性的主体，是研究开发的主体，是创新投入、产出及其收益的主体。

——科研机构和高校都是重要的技术创新源。由于科学知识属于公共品，为了使科学知识产生最大的公共利益，政府承担着大部分的科学知识研究与开发的投入，由大学和科研机构执行。

——政府部门在整个创新体系中发挥着组织功能，起着系统整合的作用，主要通过制度安排、政策的引导、资金和税收支持、优化资源配置等宏观调控手段，为创新活动营造良好的创新环境，提供良好的政策和法律支持，发挥各行为主体的最大效率，从而提高国家创新系统的整合效率。

——科技中介是创新主体间的桥梁和纽带，在国家创新体系中的地位是极其重要的。国家创新系统强调创新系统内部各要素之间的协同作用，科技中介恰恰成为各创新主体沟通和联系的通道，它通过为各创新主体提供专业化的中介服务，保障国家创新体系建设的顺利进行。科技中介是科研部门与中小企业间知识流动的重要环节，科技中介的建设是政府推动知识和技术扩散的重要途径。科技中介既包括提供各类中介服务活动的专门中介机构，也包括从事一定中介服务活动的高校、科研院所、企业、社团及政府部门。

对区域创新系统进行较早和较全面的理论及实证研究的是英国经济学家库克（Cooke）。他认为，区域创新系统主要是由在地理上相互分工与关联的生产企业、研究机构和高等教育机构等构成的区域性组织体系支持并产生创新（Cooke，1995）。国内学者盖文启（2000）把区域创新网络定义为"一定地域范围内，各个行为主体（企业、大学、研究机构、地方政府等组织及其个人）在交互作用与协同创新过程中，彼此建立起各种相对稳定的、能够促进创新的、正式或非正式的关系总和"。并认为完整的区域创新网络的基本组成要素，主要包括组成网络的主要节点，网络中各个节点之间联接而成的关系链条，网络中流动的生产要素（劳动力、资本、知识和技术等）及其他创新资源。区域创新网络中的节点主要包括企业、大学或研究机构、政府等公共组织机构、中介服务组织以及区域金融机构五个方面。

区域创新系统至少应包括以下特征：

（1）区域性——区域技术创新体系具有一定地域边界，都是对一定地理空间范围内的产业现象进行研究；

（2）多元性——区域创新体系是由若干要素组成的，参与创新的主体是多元的，以企业、科研机构和高等院校、地方政府机构和中介机构为创新主要单元，这些主体及其相互关系影响区域创新体系的效率；

（3）网络性——创新是一个集体性的社会协作过程，系统要素之间的相互作用是区域创新体系的关键因素，区域政策、制度及环境对技术创新具有重要影响，通过与环境的作用和系统自组织作用维护创新的运行和实施创新的可持续发展，并对区域社会、经济、生态产生影响；

（4）政策性——政府的创新政策在区域创新体系中发挥着重要作用，区域政策通过促进本地化学习、加强网络结构和深化制度安排来发挥竞争优势。

近年来，随着创新系统对自然界系统及演化规律的借鉴，学界开始运用生态学和生态系统理论分析区域创新系统，从而衍生出区域创新生态系统这一概念。区域创新生态系统超越了传统的区域集群的内涵，强调非线性、复杂、自适应性，是具有生态系统特征的网络化创新系统，并非个体行为的简单叠加。

2.5.2　创新理论对高精尖产业的运用与启示

创新理论带给高精尖产业的启示有四：一是发展高精尖产业要重视协同创新，要发挥政府、企业、高校、科研院所、科技中介的作用；二是发展高精尖产业需要营造公开透明的营商环境，营商环境的不断优化对于高精尖产业发展至关重要；三是发展高精尖产业需要机制设计，设计有效的风险防范和利益分配机制，保障创新系统的有效运转；四是发展高精尖产业要重视区域、城市之间的协同。

2.6 系统论及其对高精尖产业的运用与启示

2.6.1 系统论

系统这个词,起源于古希腊语"$\sigma\nu\delta\tau\eta\mu\alpha$",是由两个希腊单词组成的,语义是"站在一起"(stand together)或"放置在一起"(place together)的意思。由此可见,所谓系统并不是偶然的堆积,而是按一定的关系结合起来的一个整体。系统理论是研究系统的模式、性能、行为和规律的一门科学。"系统"一词常用来表示复杂的具有一定结构的整体。近代比较完整地提出系统理论的是奥地利学者贝塔朗菲(Bertalanffy)。他在1952年发表《抗体系统论》,提出了系统论的思想,1973年提出了一般系统论原理,从而奠定了这门科学的理论基础。

系统是由相互作用和相互依赖的若干组成要素结合而成的(贝塔朗菲,1987)。钱学森指出,系统是指由相互作用和相互依赖的若干组成部分相结合的具有特定功能的有机整体。系统必须满足以下三个条件:其一,必须由两个或以上系统要素所组成;其二,系统各要素相互作用和相互依存;其三,系统受环境影响和干扰,和环境相互发生作用。系统论强调系统的整体性和开放性,追求系统利益的最大化和结构优化。

系统论认为,整体性、相关性、目的性和功能性、环境适应性、动态性、有序性等是系统的共同基本特征。

——整体性:系统是由相互依赖的若干部分组成,各部分之间存在着有机的联系,构成一个综合的整体。因此,系统不是各部分的简单组合，而要有整体性，要充分注意各组成部分或各层次的协调和连接，提高系统整体的运行效果。

——相关性：系统中相互关联的部分或部件形成"部件集"，"集"中各部分的特性和行为相互制约和相互影响，这种相关性确定了系统的性质和形态。

——目的性和功能性：大多数系统的活动或行为可以完成一定的功能，但不一定所有系统都有目的，例如太阳系或某些生物系统。人造系统或复合系统都是根据系统的目的来设定其功能的，这类系统也是系统工程研究的主要对象。譬如，经营管理系统要按最佳经济效益来优化配置各种资源。

——环境适应性：一个系统和包围该系统的环境之间通常都有物质、能量和信息的交换，外界环境的变化会引起系统特性的改变，相应地引起系统内各部分相互关系和功能的变化。为了保持和恢复系统原有特性，系统必须具有对环境的适应能力，例如反馈系统、自适应系统和自学习系统等。

——动态性：物质和运动是密不可分的，各种物质的特性、形态、结构、功能及其规律性，都是通过运动表现出来的，要认识物质首先要研究物质的运动，系统的动态性使其具有生命周期。开放系统与外界环境有物质、能量和信息的交换，系统内部结构也可以随时间变化。一般来讲，系统的发展是一个有方向性的动态过程。

——有序性：由于系统的结构、功能和层次的动态演变有某种方向性，因而使系统具有有序性的特点。系统论的一个重要成果是把生物和生命现象的有序性和目的性同系统的结构稳定性联系起来，也就是说，有序能使系统趋于稳定，有目的才能使系统走向期望的稳定系统结构。

从广义上说，系统论还包括信息论与控制论。信息论研究了系统中信息传输、变换和处理问题，认为信息具有可传输性、不守恒性和时效性，因此信息论也是一种系统理论。控制论是研究各类系统的调节和控制规律，它的基本概念就是信息、反馈和控制。

协同学是系统理论的重要分支理论。德国著名物理学家赫尔曼·哈肯（Herman Hawking）于1971年提出协同的概念，1976年创立了协同学。"协同学"源于希腊文，意思是"协同作用的科学"，是研究不同事物、不同领域的共同特征以及相互之间协同机理的科学。根据哈肯的观点，协同学从统一的观点处理一个系统的各部分之间的、导致宏观水平上的结构和功能的协作，鼓励不同学科之间的协作。协同学的目的就是建立一种用统一的观点去处理复杂系统的概念和方法，主要研究远离平衡态的开放系统在与外界有物质或能量交换的情况下，如何通过内部的协同作用，自发地出现时间、空间和功能上的有序结构。根据相关学者的研究，协同是一种内涵丰富的拥有价值创造的动态过程，从系统角度进行描述，意指为实现系统总体发展目标，各子系统、各要素之间通过有效的协作、科学的协调，达到整体和谐的一个动态过程，是各个子系统、子要素从无序到有序、从低级到高级的运作发展过程。

2.6.2 系统论对高精尖产业的运用与启示

系统论要求我们在研究经济事物时要把所研究的对象当作一个系统，将系统论、信息论和控制论渗入经济系统，分析该系统的结构和功能，研究系统、要素与环境三者的相互关系和变动的规律。

从系统论出发，高精尖产业发展涉及众多要素，包括自然、社会、经济等诸多方面的内容，是一个科技—社会—生态的复合系统。该系统是由不同属性的子系统相互作用构成的、具有特定结构和特定功能的开放复杂系统。从高精尖产业的自主创新来看，就是一个系统。

以系统论作为高精尖产业的理论基础，高精尖产业的发展不是单个要素的孤立行为，而是不同主体之间的交互行为。北京发展高精尖产业不仅是为了发展十大产业，更重要的是通过发展高精尖产业形成带动北京产业高质量发展的新动能。因此，从系统分析角度分析十分必要。高精尖产业与低技术产业的区别在于高精尖产业是复杂系统，对创新主体的协同要求很高，复杂系统思维是分析资源链、创新链、产业链的融合关系的要点所在。

2.7 产业生态系统及其对高精尖产业的运用与启示

2.7.1 产业生态系统

产业生态系统最早是产业生态学家或环境经济学家采用的概念，由弗罗什和加洛普洛斯（Frosch and Gallopoulos，1989）提出。这一派理论将经济视为一种类似于自然生态系统的循环体系，包含相互依赖的生产者、消费者和规制机构，它们相互之间及其与环境之间交换物质、能量和信息。持这种观点的学者关注于在地理空间上相连或靠近的产业网络中的物质和能量流动，其目标在于充分利用生产过程中产生的各种副产品，实现产业与环境的和谐（Ruth and Davidsdottir，2009）。

产业生态系统定义为，由能够对某一产业的发展产生重要影响的各种要素组成的集合及其相互作用关系，是由与产品的研发、生产与应用有关的大学、科研机构、原材料供应商、核心生产者、互补投入生产者、互补品生产者、中介组织、消费者等产业的各类参与者，以及产业发展的支撑因素与外部环境等构成的产业赖以生存和发展的有机系统。马克伦德等（Marklund et al, 2009）在对国家创新战略进行分析时认为，创新和竞争政策应该聚焦于经济中不同关键过程的动态效率而不是单一的政策领域。在经济系统的动态变化中有四类主要的形成机制，需要同时和综合地考虑：市场形成、企业形成、技术形成、科学形成。与此相类似，从产业链的视角出发，产品价值的实现也要经过创新（科学、技术）、生产（企业）和应用（市场）三个产业链过程。因此，产业生态系统可划分为创新生态系统、生产生态系统与应用生态系统三个子系统，它们构成了产业生态系统的核心层。此外，产业生态系统还包括生产与应用的要素供给、基础设施、社会文化环境、国际环境、政策体系等辅助因素（见图2-1）。

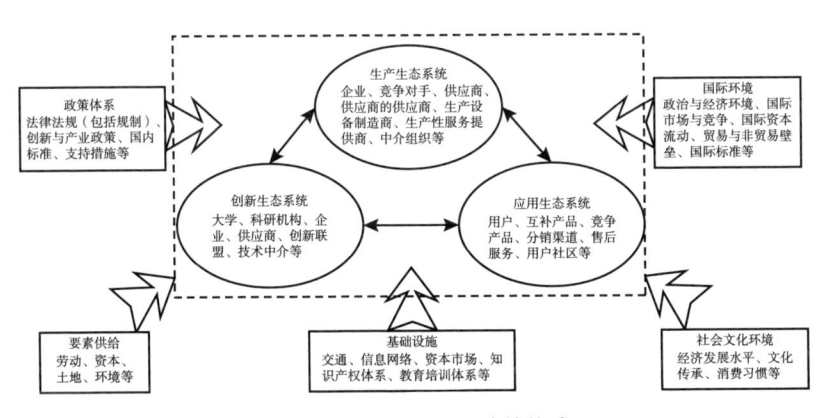

图2-1 产业生态系统的构成

2.7.1.1 创新生态系统

在创新活动中，大学和科研机构主要承担着基础性、前沿性和产业共性科学与技术的研究任务，面向市场化的创新活动主要应由企业来实现。但是由于企业存在知识、能力的有限性和异质性，一个企业只在少数领域的创新活动中具有优势，或者核心企业为了更有效率地利用自身的资源，会将一些不那么重要的研发活动外包出去。例如，新药研发合同外包服务已经成为跨国医药巨头常用的研发模式，它们通过将一些非核心开发工作外包给专业、高效的中小企业，能够降低成本、缩短药物的开发时间。所以，整个产业的创新活动必须依赖由众多企业组成的创新网络。随着信息技术使协调成本显著降低，创新生态系统在广泛的产业领域中成为企业成长战略的核心元素（Adner，2006）。创新生态系统既包括企业自身的研发中心、检测中心、设计中心、中试基地等研发机构，还包括大学、科研机构、供应商和技术中介等组织。在许多产业中，由于新技术的研发投入巨大、所需知识复杂、具有很大的不确定性，为了降低创新风险、加快主导设计的确立，很多企业还会采取建立创新联盟的方式合作研发。

2.7.1.2 生产生态系统

生产生态系统包括生产最终产品的企业、供应商、供应商的供应商、生产设备制造商、生产性服务提供商以及相关中介组织。这些参与者不是仅局限于某一特定的产业，而是分布于广泛的相关产业领域之中。由于许多产品的复杂性高、生产的迂回程度高，几乎没有一家企业——即使是卓越的公司——能够完全实现自给自足而不依赖于原材料和零部件供应商、设备供应商的支持。以一台当下最流行的苹果iPhone 15智能手机为例，其生产过程用到近十个国家和地区的数十家企业的零部件，这些主要零部件供应商的背后同样有数十家乃至上百家零部件供应商、设备供应商和服务供应商作为支撑。可见，一件产品的生产乃至一个产业的生产、制造活动是由众多企业共同协作的结果。只有这些为数众多的参与者构成一个有效协作的整体，最终产品才能够得以生产出来。反之，某一参与者的缺失或薄弱，则会给生产活动造成很大的困难和障碍。

2.7.1.3 应用生态系统

应用生态系统包括用户、互补产品、竞争产品、分销渠道、售后服务、用户社区等，这些要素共同决定了用户效用的实现和用户的满意度，并通过反馈机制促进或限制产业的发展。竞争产品的存在意味着用户有更多的选择；能够通过市场的繁荣带动互补品的发展，进而增加用户的价值；能够给企业以压力，驱动企业的持续创新。互补产品是产品价值实现和最大化的重要保障，特别是在网络效应市场中，互补产品的种类和质量在很大程度上决定了产品价值的大小。随着互联网技术的发展与新型商业模式的不断涌现，产品的用户能够通过网站购买评价、社交网络、博客、微博、论坛等多种形式表达对产品的感受，甚至一部分用户从消费者（consumer）转变为产消者（prosumer），对产品从使用（usage）转变为产用（produsage），直接参与产品的研发、设计和生产过程（Bruns，2008）。企业应该利用社会网络兴起的机会，同消费者保持密切的对话与合作，把消费者主动融入到企业经营活动中来。

2.7.1.4 辅助因素

产业生态系统还需要要素供给、基础设施、社会文化环境、政策体系、国际环境等辅助因素的支持。（1）要素供给：包括劳动、资本、土地、环境等生产要素，决定了一国的比较优势。要素供给一方面可能成为一国特定产业发展的约束条件，另一方面也会刺激新产业的产生。例如，高端劳动力的缺乏成为发展中国家高技术产业发展的瓶颈，严苛的环保标准迫使发达国家将高耗能、高排放产业转移到发展中国家，并率先发展低碳产业。（2）基础设施：包括交通网络、信息网络、资本市场、知识产权体系、教育培训体系等。基础设施是产业发展的必要条件，也是发展中国家经济起飞的基础。在高新技术产业领域，这些因素的重要性尤为突出。例如，互联网基础设施已经成为物联网、云计算、移动互联网等新一代信息技术产业发展的基本条件。(3) 社会文化环境：包括经济发展水平、文化传承、消费习惯等，这些环境因素在国家间、地区间存在着很大的差异，潜移默化地影响着创新、生产与消费活动，形成各个国家创新与产业优势、商业模式、技术路线与产品特征的差异。(4) 政策体系：包括法律法规、创新与产业政策、国内标准、支持措施等。法律、政策与产业的发展是否同步、政策支持的强度、产业管制的水平等在很大程度上会影响产业的发展速度。(5) 国际环境：包括政治与经济环境、国际市场与竞争、国际资本流动、贸易与非贸易壁垒、国际标准等。国际环境因素在生产与创新全球化的今天对产业发展的重要性日益凸显（李晓华、刘峰，2013）。

2.7.2　产业生态系统对高精尖产业的运用与启示

产业生态系统理论告诉我们，产业生态系统是由与产品的研发、生产与应用有关的大学、科研机构、原材料供应商、核心生产者、互补投入生产者、互补品生产者、中介组织、消费者等产业的各类参与者，以及产业发展的支撑因素与外部环境等构成的产业赖以生存和发展的有机系统。我们看到，一些地方发展高精尖产业虽然硬件设施基本完善，创新主体繁多，但其创新网络发展并不完善，没有密切的网络交流渠道，企业呈相对独立状态，业务联系不密切，创新创业生态环境有待优化。没有完善的创新生态，创新能力只能维持现在"1 + 1 = 2"的水平。如果积极构建创新网络，创新主体就可以相互合作，联合创新，实现共同进步，形成良性发展，不断提升高精尖产业的创新能力。

2.8 本章小结

高精尖产业发展的理论基础是多角度、多理论构成的"理论共同体",主要有高技术产业理论、主导产业选择理论、产业升级理论、比较优势理论、创新理论、系统论及产业生态系统等。本章分析了高技术产业理论及其对高精尖产业的运用与启示。高精尖产业与高技术产业都是创新驱动发展的产业,具有高研发投入、高创新性的特点。高技术产业与传统产业的显著区别在于,高技术产业具有知识、技术、资本、人才高度密集性,以及高附加值、高风险性、高投入性、高聚集性、高渗透性。因此,高技术产业是高智力密集型、高投入、高风险、高创新性、高渗透性的产业。在高精尖产业发展中,要特别重视加大研发投入,鼓励企业自主创新,注意借鉴高技术产业的发展规律。分析了主导产业选择理论及其对高精尖产业的运用与启示。通过主导产业选择理论可以看出,主导产业具有五个特征:一是产业关联性强,带动能力高;二是符合市场潜在需求,发展潜力巨大;三是技术吸收能力强,生产率水平高;四是能够利用现有资源条件,发挥自身优势;五是污染程度低,福利水平高。北京着力发展十大高精尖产业,就是要突破传统支柱产业的制约,把高精尖产业作为北京新时期的主导产业,为首都经济高质量发展带来新的增长动力。分析了产业升级理论及其对高精尖产业的运用与启示。通过总结产业升级理论可以看出,北京发展高精尖产业是符合产业升级理论的,原因有六:其一,发展高精尖产业有利于实现产业间升级,实现从附加值低向附加值高的产业转型;其二,发展高精尖产业有利于人力、技术等后天资本的积累,实现生产要素层级的提升;其三,发展高精尖产业有利于需求结构的转变,促进消费升级;其四,发展高精尖产业有利于企业价值链的攀升，实现从低附加值环节向高附加值环节移动；其五，发展高精尖产业有利于企业经营方式的转变，实现从关注有形的生产要素到关注无形的支持性服务的转变；其六，发展高精尖产业有利于缩短与潜在产品之间的技术距离，实现产品的成功"跳跃"。分析了比较优势理论及其对高精尖产业的运用与启示。通过总结比较优势理论，可以为北京发展高精尖产业提供以下借鉴：第一，发展高精尖产业应努力吸引优质的生产要素，打造新型比较优势；第二，发展高精尖产业应进一步利用园区经济，发挥集聚效应助力技术创新；第三，发展高精尖产业应充分利用庞大的国内市场，将产业升级与消费升级相对接；第四，发展高精尖产业应鼓励产业创新的政策环境，促进比较优势向竞争优势转变。分析了创新理论及其对高精尖产业的运用与启示。创新理论带给高精尖产业的启示有四：一是发展高精尖产业要重视协同创新，要发挥政府、企业、高校、科研院所、科技中介的作用；二是发展高精尖产业需要营造公开透明的营商环境，营商环境的不断优化对于高精尖产业发展至关重要；三是发展高精尖产业需要机制设计，设计有效的风险防范和利益分配机制，保障创新系统的有效运转；四是发展高精尖产业要重视区域、城市之间的协同。分析了系统论及其对高精尖产业的运用与启示。以系统论作为高精尖产业的理论基础，高精尖产业的发展不是单个要素的孤立行为，而是不同主体之间的交互行为。北京发展高精尖产业不仅是为了发展十大产业，更重要的是通过发展高精尖产业形成带动北京产业高质量发展的新动能。因此，从系统分析角度分析十分必要。高精尖产业与低技术产业的区别在于高精尖产业是复杂系统，对创新主体的协同要求很高，复杂系统思维是分析资源链、创新链、产业链的融合关系的要点所在。分析了产业生态系统理论及其对高精尖产业的运用与启示。产业生态系统理论告诉我们，产业生态系统是由与产品的研发、生产与应用有关的大学、科研机构、原材料供应商、核心生产者、互补投入生产者、互补品生产者、中介组织、消费者等产业的各类参与者，以及产业发展的支撑因素与外部环境等构成的产业赖以生存和发展的有机系统。一些地方发展高精尖产业虽然硬件设施基本完善，创新主体繁多，但其创新网络发展并不完善，没有密切的网络交流渠道，企业呈相对独立状态，业务联系不密切，创新创业生态环境有待优化。没有完善的创新生态，创新能力只能维持现在"1+1=2"的水平。如果积极构建创新网络，创新主体就可以相互合作，联合创新，实现共同进步，形成良性发展。

第 3 章　高精尖产业发展要义

当前我国经济已进入新发展阶段，实现高质量发展是未来发展阶段的首要任务。党的二十大报告指出，高质量发展要坚持以推进新型工业化为代表的实体经济发展为着力点，要建设现代化产业体系，推动制造业高端化、智能化、绿色化发展。习近平总书记指出，北京要进一步加快世界领先科技园区建设，在前沿技术创新、高精尖产业发展方面奋力走在前列[①]。新征程上，北京将保持发展高精尖产业的战略定力，加快以科技创新优化高精尖经济结构。经过前期的创新积累和产业孵育，北京高精尖产业发展进入了创新自主化的攻坚期、产业集群化的发力期和数字智能化的迸发期，这就要求聚焦产业创新的重点、难点问题，优化产业创新生态，持续激发创新创业主体活力，为高精尖产业发展注入前行动能。

3.1　高精尖产业的概念

"高精尖"一词，最早见于1960年的《人民日报》，指高级、精密、尖端的技术或产品。国外并没有明确提出"高精尖"经济结构，但在进行产业标准界定时，探讨产业层次高低的差异，有实践的标

---

① 习近平向2023中关村论坛致贺信［N］. 人民日报，2023-05-26.

准，如"OECD 的高技术产业划分标准""布鲁金斯学会的《美国高端产业：定义、布局及其重要性》""德国工业 4.0"等。

国内的探讨主要在 2014 年"京津冀协同发展"国家战略提出之后，尤其是以北京市对其经济结构的定位为代表，且以实证层面针对北京市的政策建议为主。在 2014 年《京津冀协同发展规划总体思路框架》提出北京市要加快构建"高精尖"经济结构之后，2015 年北京市发展改革委《关于首都功能定位与适当疏解相关工作情况的报告》中提出知识经济、服务经济、总部经济、绿色经济四种经济形态，是构建"高精尖"经济结构的重要内容。随后，北京市经济开发区提出了"4+4"高精尖产业体系，这是北京市在实践层面对"高精尖"产业体系的明确认定。2016 年北京市人民政府发布《关于进一步优化提升生产性服务业加快构建高精尖经济结构的意见》，强调了北京市构建"高精尖"产业，对外要提高国际化发展水平，对内要服务全国，重点服务好京津冀地区。《北京市"十四五"时期高精尖产业发展规划》提出的高精尖产业主要涉及先进制造业、软件和信息服务业、科技服务业，是对"十三五"时期十大高精尖产业内涵的拓展和提升。

可以说，实践远远走在理论前面，实践中"高精尖"产业的打造，至今还没有形成普遍认同的定义。2017 年，北京市发布了《北京市统计局、北京市经济和信息化委员会关于印发北京"高精尖"产业活动类别（试行）的通知》，制定了《北京"高精尖"产业活动类别》。明确提出北京"高精尖"产业的定义，即以技术密集型产业为引领，以效率效益领先型产业为重要支撑的产业集合。其中，技术密集型"高精尖"产业指具有高研发投入强度或自主知识产权，低资源消耗特征，对地区科技进步发挥重要引领作用的活动集合。效率效益领先型"高精尖"产业指具有高产出效益、高产出效率和低资源消耗特征，对地区经济发展质量提升和区域经济结构转型升级具有重要带动作用的活动集合。本书采用此定义。

本书认为,"高精尖"的定义要在一个坐标体系里思考。"高"最重要的指标是研发强度;"精"是具有自主知识产权的原始创新;"尖"是能够引领技术发展方向并处于国际技术前沿。"高精尖"产业的本质是一种创新驱动的产业。

【专栏3-1】

深圳：创新引领产业高质量发展

在创新型产业体系建设的引领下,2021年,深圳成为全国第3个GDP突破3万亿元的城市,全社会研发投入占GDP比重突破5%,专利授权量连续4年位居全国各城市首位,战略性新兴产业增加值占地区生产总值比重的39.6%。

深圳是国际知名的创新之都。改革开放40多年以来,深圳从先行先试的经济特区到如今的中国特色社会主义先行示范区,从"深圳速度"到"深圳质量",从"世界工厂"到"高科技之城",深圳不断以产业"新动能"推动经济"新发展"。深圳发展成就的取得,离不开创新型产业体系建设的引领。

作为我国最具创新活力的地区之一,深圳通过强化创新引领、谋划产业布局、优化营商环境等系列举措,逐步构建起高端高质高新的现代创新产业体系。

构建全过程创新生态链。2018年1月14日,深圳市委六届九次全会提出构建"基础研究+技术攻关+成果产业化+科技金融"的"全过程创新生态链",后又加入"人才支撑"。这与国内其他地区主要从"产、学、研"三个维度建设创新体系不同,深圳在推动建设创新型产业体系过程中着重强调了"官、产、学、研、资、介"六个维度的有机结合。通过发挥全过程创新生态链的整体效应，为建设具有全球影响力的科技和产业创新高地提供了持续稳定的动力源泉。

前瞻性布局新兴产业和未来产业。早在2013年，深圳就在全国率先提出"未来产业"的概念，谋划建设未来产业集聚区。2022年6月，深圳出台的《关于发展壮大战略性新兴产业集群和培育发展未来产业的意见》中明确提出，培育发展以先进制造业为主体的20个战略性新兴产业集群以及8大未来产业，彰显了深圳牢固树立战略性新兴产业先导地位、抢占未来发展先机和新赛道的前瞻性谋划。

推动重点产业链"全链条、矩阵式、集群化"发展。深圳先后出台《关于支持企业提升竞争力的若干措施》《关于促进人才优先发展的若干措施》《深圳市重点产业链"链长制"工作方案》等文件，着力推动深圳重点产业链"全链条、矩阵式、集群化"发展。在全链条发展上，通过绘制重点产业链发展路线图，实施重点产业链"链长制"，推动产业链上下游、产供销、大中小企业整体配套、协同发展。在"矩阵式"扶持政策上，从企业招引、项目培育、空间落地、人才支撑、惠企政策等多维度构建"矩阵式"产业扶持体系，为企业提供全方位、常态化服务。在集群式发展上，通过整合产业发展重点依托的空间载体，集中布局产业链上中下游企业，推动建立"头雁引领群雁飞""大手牵小手"产业生态，实现产业集群化发展。

不断健全创新服务体系。作为"科创中国"首批试点城市之一，深圳明确提出建立"科创中国资源共享平台+服务平台+创投大会+投资联合体"四位一体的创新服务体系，以促进科技经济深度融合为目标，培育创新创造新活力。深圳还出台系列政策推动科技与产业融合，在助推企业做大做强的同时，综合创新生态体系不断完善。此外，深圳对高新技术企业进行分类、分级培育服务，引导全社会各方面资源精准对接高新技术企业，促进深圳高新技术企业高质量发展。

持续优化营商环境。深圳始终坚持把优化营商环境作为"一号改革工程",近年来出台了《深圳经济特区优化营商环境条例》,迭代推出了营商环境1.0至4.0系列改革政策,从先行先试到全面落地,改革举措在全市"遍地开花"。最新发布的营商环境4.0改革政策,在此前3版方案先后推出500多项改革举措的基础上,围绕构建要素高效配置的市场体系、打造创新驱动的产业发展生态、营造更加公平公正的法治环境等5大方面,提出26个领域共计222项改革任务。

(资料来源:根据公开资料整理)

3.2 高精尖产业发展面临的三个深刻变化

在我国高精尖产业发展过程中,比较优势理论发挥过重要的指导作用。该理论认为,在经济全球化背景下,各个国家应立足于自身的比较优势参与国际分工与国际合作,做本国最有优势、最有竞争力的产业。理论上这一观点是对的,特别是在工业化起步和工业基础比较薄弱的阶段,依靠比较优势,做大本国的优势产业,在国际市场获得一席之地,既解决了本国劳动力就业问题,又为工业发展积累了资金,同时还吸引了外国资本的进入。但是,生产力在不断发展,科学技术在不断进步,国际政治经济格局在不断变化。我们必须与时俱进,调整发展战略,推进产业升级,增强竞争优势。

今天,我国高精尖产业发展环境面临深刻变化:

一是我国劳动力供求关系发生变化。根据有关部门的统计和预测,"十四五"期间,我国劳动力供给总量将逐年下降,制造业工资成本将逐年上升。通过产业升级,发展高附加值产业的高精尖产业,提高劳动生产率,是企业未来发展的必然选择。

二是发展技术密集型高精尖产业刻不容缓。从国际贸易角度看,在国内劳动密集型制造业成本不断上升的情况下，继续依靠出口劳动密集型产品参与国际分工实现贸易增长和贸易顺差已经难以为继，必须加快产业转型升级的步伐，加快发展技术密集型高精尖产业，以改善我国的贸易水平，以较少的生产要素投入实现更多的产出。

三是新时代新征程要求增强自主创新能力。党的二十大报告指出，要加快实施创新驱动发展战略，加快实现高水平科技自立自强，以国家战略需求为导向，积聚力量进行原创性引领性科技攻关，坚决打赢关键核心技术攻坚战，加快实施一批具有战略性全局性前瞻性的国家重大科技项目，增强自主创新能力。

3.3 高精尖产业的战略目标

本书认为，发展高精尖产业的战略性有三：高精尖产业体系是实现创新发展的产业体系；高精尖产业体系是实现融合发展的产业体系；高精尖产业体系是实现协调发展的产业体系。

3.3.1 高精尖产业体系是实现创新发展的产业体系

改革开放以来，我国形成和发展了电子信息、生物工程、新能源、现代交通运输设备制造业等技术密集型的产业。但是必须看到，我国制造业的效率、高新技术产业的产业链、关键与核心技术等方面，与国际发达国家相比还存在诸多差距。高端制造业比重低，而且在高端产业链中，关键性的技术、材料、元器件和设备受制于人，存在诸多"卡脖子"的环节。由于购买技术和进口关键产品的国际贸易条件恶化，严重阻碍高附加值的技术密集型产业的发展。科技部门筛选了在高端制造业中，与国外有较大差距并依赖进口的关键材料、设备、元器件和软件等,包括光刻机、高端芯片、人工智能传感器、手机射频器件、手机和电脑操作系统、燃料电池和关键材料、重型燃气轮机、高档汽车发动机等30多项"卡脖子"的关键技术,通过攻坚旨在解决我国高端制造业的"卡脖子"技术问题。克服高端制造业的技术短板,可以有效地缓解资源密集型产品供给不足的短板。发展高精尖产业有利于解决制造业的自主创新问题,通过发展高精尖产业,增强先进制造业的核心竞争力,增强高精尖产业持续发展的动能,真正掌握自主发展权,塑造北京、上海、广东等城市参与全球产业合作和竞争的新优势。

【专栏3-2】

北京市高精尖产业科技创新体系建设实施方案

为深入贯彻党的二十大精神,按照党中央、国务院关于强化实施创新驱动发展的决策部署,根据《北京市"十四五"时期高精尖产业发展规划》,进一步提升企业创新能力,优化产业发展结构,加强产业科技创新体系对北京国际科技创新中心建设和现代化产业体系构建的重要支撑作用,特制定本实施方案。

一、总体要求

(一)指导思想

以习近平新时代中国特色社会主义思想为指导,深入贯彻落实习近平总书记对北京系列重要讲话和指示批示精神,紧紧围绕"加快建设现代化产业体系,夯实新发展格局的产业基础"的重要指示,坚持以创新驱动发展为主线,以全面提升北京产业创新"体系化"能力为目标,加快建设以"应用牵引、企业出题、机制答题、标准引领、项目落地"为目标的创新体系,为北京国际科技创新中心建设提供坚强支撑。

(二) 基本原则

企业主体原则。尊重市场规律，发挥市场在产业创新资配置中的决定性作用，强化企业在技术创新决策、研发投入、科研组织和成果转化应用等方面的主体地位，促进各类创新要素向企业集聚。强化龙头企业产业创新引领带动作用，激发中小企业产业技术自主创新活力，健全企业主导产业创新的机制和模式。

应用牵引原则。建立从市场需求和产业发展实践凝练形成产业创新方向的项目形成机制，通过市场需求倒逼和驱动上游企业创新，增强应用场景转化为技术需求和创新成果的能力，实现技术方向企业决定、要素配置市场决定、创新成效用户评价、创新服务政府提供的动力链条。

揭榜挂帅原则。建立让能者脱颖而出的创新选拔制度。以能够解决问题为评价的出发点和落脚点，以更加开放的方式选拔有能力、有担当的创新承担者，对关键领域揭榜施行赛马机制，鼓励竞争。给予揭榜者充分的信任和授权，明确激励机制和奖励机制，建立服务于目标实现的管理方式和资金使用制度，强化问责考核，建立激励和约束并重的管理机制。

开放协同原则。结合产业特点和区域优势，在京津冀以及更大范围内打造产业创新体系，形成整体性规划布局，探索"供应链、产业链、创新链"三融合。以全球视野融入国际产业创新网络，建立健全开放式、生态型创新联合体，完善推动各类创新主体融通创新的市场化运作机制和模式。

(三) 发展目标

通过企业技术中心培优、产业筑基、机制创新搭台、中试验证加速、应用场景建设等五大工程，构建形成以"千优企业、百项筑基、十大领域重点平台"为核心的产业科技自主创新体系，在价值链高度、资源匹配精度和产品定位尖端上见成效。

——到2025年，创建500家高精尖产业优秀企业技术中心；实现 30 项关键卡点产品突破；在 10 个高精尖产业领域创建 5 家高精尖产业创新中心、10 个左右中试服务平台，培育形成市级链主企业 50 家左右。

——到 2030 年，创建 1000 家高精尖产业优秀企业技术中心；力争实现 100 项关键卡点产品突破；在 10 个高精尖产业领域创建 10 家高精尖产业创新中心、30 个左右中试服务平台，培育形成市级链主企业 100 家左右。

二、重点任务

（一）实施千家企业技术中心培优工程，筑牢企业主体

依托现有千家市级企业技术中心，实施企业技术中心培优工程。鼓励企业聚焦优势资源，提升中试制造、成果转化和产业化落地能力，引导企业在重大前沿产业领域加强技术研发、核心知识产权储备、标准创制等创新活动。

1. 加快高精尖产业企业技术中心建设。在企业技术中心创建过程中加大向高精尖产业倾斜，开辟高精尖产业企业技术中心创建专门批次，引导和支持传统企业向高精尖产业转型发展。

2. 加大对高精尖产业优秀企业技术中心支持力度。对创新能力建设成效显著、研发费用支出绝对值和相对比例高、知识产权、标准、质量等关键创新指标提升较快的企业技术中心予以奖励。

3. 支持企业技术中心人才梯队建设。围绕关键技术攻关，支持企业技术中心引进培养技术研发、检验检测、标准计量等领域国际化人才。聚焦企业技术中心产品中试验证和生产环节，选拔卓越工程师传帮带"导师"，培养卓越工程师传帮带"学徒"。聚焦企业技术中心成果产业化，培养引进具备提供成果挖掘、评价、孵化、熟化、交易转化等相关服务能力的产业经理人。支持优秀企业技术中心推荐的企业核心人员纳入人才引进计划。

4. 持续加强高精尖产业人才服务。以企业技术中心负责人为基

础，以人才链和产业链紧密衔接为主线，按照"紧扣高精尖产业链建强人才链，一个产业链配套一个人才链，一链一方案"的思路，分批次、分梯队建好产业领军人才、关键技术攻关人才、产业经理人、卓越工程师、高技能人才等重点队伍，夯实高精尖产业发展人才要素支撑。建立企业技术中心技术人才清单和管理人才清单，提升人才服务针对性。

5. 培育一批具有核心创新能力的一流企业。壮大一批具备自主创新能力的中小企业，催生若干以技术创新为引领、经济附加值高、带动作用强的高精尖产业，建设符合各区发展定位的、具有广泛辐射带动作用的区域创新高地。支持各区培育企业技术中心重点企业，优先推荐国家企业技术中心、国家技术创新示范企业、国家工业设计中心等国家级资质并承担国家重大任务。

(二) 实施百项产业筑基工程，夯实产业链

聚焦关键产业链卡点环节，实施高精尖产业筑基工程，鼓励市场主体创新组织模式开展卡点产品攻关，补齐优势产业中的发展短板。

6. 锻造链主企业。聚焦我市"2441"高精尖产业领域，确定产业链链主企业，在产业空间、工业投资、技术改造、金融服务、土地和人才保障等方面加强保障。定期梳理链主企业需求，一对一解决企业诉求。

7. 梳理重点领域卡点产品。聚焦单体价值较高的国内空白重大整机装备，成组连线缺乏的关键短板装备，"卡脖子"程度较高的关键零部件、材料及基础软件等产品，系统研究和梳理关键产业链卡点问题，组织开展卡点攻关。

8. 支持卡点产品攻关。支持链主企业制定卡点产品攻关路线图，凝练攻关产品参数、指标、产业化目标，以揭榜挂帅方式开展产品攻关。对存在多条攻关技术路线的产品，支持多家实施主体"赛马"攻关。以奖励、补贴等方式鼓励链主企业组织上下游企业开展联合攻

关，对解决北京链主企业需求并在京津冀范围内形成的联合攻关链条予以重点支持。

9. 鼓励创新产品应用。支持我市企业采购产业筑基工程创新产品，积极纳入供应配套体系并给予订单。聚焦国防、通信、信创、工控等关键领域，提升关键产品本地化生产配套能力。鼓励攻关过程中出现的创新团队新设公司进行成果转化和产业化。

（三）实施十大产业机制创新搭台工程，完善制度链

在十大高精尖领域建设若干重大创新载体，实施高精尖产业机制创新搭台工程。积极发挥集中力量办大事体制机制优势，探索引入项目经理人、建设新型研发机构等创新机制，在产业创新周期长、风险大、难度高、商业模式不清晰等需协调各方的关键技术攻关方面，实施跨领域、大协作的机制创新，构建重点产业创新机制的"四梁八柱"。

10. 支持重点领域"合纵"型创新联合体建设。在人形机器人、氢能装备、元宇宙等领域以龙头企业主导、纵向联合产业链上下游构建"合纵"型生态创新联合体，突破产业链整体卡点问题，加速技术研发和创新成果应用迭代，提升创新效率，做优壮大产业生态。

11. 支持"连横"型产业创新中心建设。对标国家战略、横向联合同一环节产业创新资源集中攻关构建"连横"型产业创新中心，支持国家级制造业创新中心、公共技术基础服务平台等持续探索并完善运行机制，支持开展中试服务、测试验证、标准认证等共性技术服务，对投资力度大、行业服务成效显著的予以支持。

12. 支持"贯通"型新型创新载体建设。融合不同领域产业创新技术、实现跨产业领域集成创新构建"贯通"型创新载体，在AI+医疗、AI+工业设计、AI+建筑、AI+能源等领域跨产业集成创新资源，支持企业突破关键零部件、元器件等交叉融合技术，建设一批产业公共基础设施，打造数字化、智能化、平台化行业大模型。

（四）实施中试验证加速工程，补齐生态链

鼓励和支持建设一批产研中试验证平台，聚焦产业需求，深度链接高精尖设计中心，提供创新成果"工程化""标准化""产业化"等公共服务，培育一批产业掌握专门知识，能解决关键技术和工艺操作难题的卓越工程师，补齐产业技术基础服务短板，营造良好产业创新环境。

13. 建设以面向产品试制为主的中试服务类中试平台。推动中试平台快速形成样品加工能力、零配件装配能力，解决产品投产可靠性、稳定性、批量化校准等问题，为产品定型提供保障。鼓励中试平台开展成果转化，对引进国内外先进适用技术在京内实施转化，并完成中试投产的中试平台给予补助。对发展前景好、经济附加值高的重大成果转化项目，适当提高奖励。

14. 建设创新产品持续迭代的技术优化类中试平台。支持中试平台开展工具工装、零部件、质控软硬件、标校技术等先进工艺技术开发、转化和应用，提升企业形成标准件的能力。支持中试平台技术引进和能力提升，对重大技术、设备、装置引进适度予以奖励。

15. 建设以提供检测、验证为主的验证定型类中试平台。支持在工业母机、医疗机器人、高端医学影像设备等领域建设一批优质中试平台，健全产品测量验证服务体系，提升新技术、新产品对各种环境条件的适应性，提高产品生产质量。支持中试平台为企业提供检测验证中试服务，对服务京津冀产业效果显著的中试平台视情给予补贴。

16. 支持中试平台加强知识产权运营能力。引导中试平台强化专利储备，围绕高精尖产业做好专利池建设构筑有利于产业自立自强的专利壁垒。支持中试平台完善知识产权服务体系建设，加强重点领域和重大技术专利分析预警和导航服务。

17. 支持中试平台加强标准能力建设。以创建国际标准组织为目标在数字经济、新材料等领域强化标准化工作。探索标准化体系建设，在数字经济领域聚焦产业数字化、数字产业化、数据资产化、城

市智能化及数字安全保障等方向，加快构建形成适宜我市数字经济标杆城市建设的标准体系。

18. 探索成立先进技术成果转化中心。建设全流程一站式服务平台，构建良性运转的成果转化体制机制，全面推动"政产学研金服用"各主体协同。服务在京央企释放丰富技术成果，鼓励民营企业与央企、国企加强合作。

（五）实施应用场景建设工程，强化推广应用

聚焦新技术新产品应用的痛点和难点问题，坚持需求驱动和技术驱动双引擎推动产业创新。以场景验证促进技术更新和产品迭代，推动成熟产品市场化应用。强化应用场景科学规划，分区、分领域设计应用场景清单，以场景建设赋能人才引育、产业提升，为培育高精尖产业科技创新体系提供有力支撑。

19. 强化技术驱动类场景设计。聚焦高精尖产业前沿技术和新产品迭代，识别一批能够解决痛点和难点问题的独特前瞻性技术和产品，制定技术能力清单。提供场景验证环境，开辟产业新赛道，催生新模式、新业态、新企业。

20. 加强业务驱动类场景建设。围绕成熟技术和产品推广应用需求，鼓励各行业、各区及国有大中型企业推出一批示范效应好、推广前景大、融合力度强的应用场景，支持企业拓展市场，加快企业新技术新产品推广应用，持续巩固技术和产品领先优势，培育新的经济增长点。

21. 支持集成应用类场景建设。围绕政府重大项目需求和行业主管部门制度创新催生的大量应用场景，梳理一批解决重大应用需求的创新联合体，支持参与重大活动、重大项目建设。以场景应用推动产业链上下游深度融合，推动技术迭代升级和推广应用。

三、保障措施

22. 强化区域协同。发挥京津冀协同发展机制作用，持续完善区

第3章 高精尖产业发展要义

域产业分工协作，保障产业发展空间需求，推动创新成果京津冀落地转化。重点支持十大领域重点平台卡脖子攻关成果在京转化落地，优先支持百项筑基工程在京津冀统筹实施，引导和鼓励千家优秀企业技术中心利用京津冀创新资源加速成长。

23. 加大资金支持。支持产业关键共性技术平台建设，在国家制造业创新中心、产业创新中心建设、运营和成果转化不同阶段，采取多种方式给予资金支持；支持中试平台建设，对中试平台服务能力提升予以资金支持，对服务京津冀地区产业关键领域成效突出的重大平台加大支持力度。支持开展产业筑基工程，按照产业筑基工程实施方案给予资金奖补。支持企业技术中心、高精尖设计中心创新能力提升，对创新投入大、创新成效显著、产业带动效果明显的视情予以奖励；对承担国家重大任务的，根据企业出资情况加大资金支持力度。鼓励各区制定支持支持优秀企业技术中心、高精尖设计中心创新发展的奖励政策。

24. 完善评估机制。将各区每千家企业中培育的国家级和市级创新平台数量（产业创新中心、企业技术中心）纳入各区重点产业发展成效评估体系，定期开展评估。组织专业评估机构、专家团队等对各区高精尖产业科技创新体系工作进行服务。强化考核结果运用，支持排名靠前的区进一步加大对区内企业奖励支持。进一步引导各区高精尖产业向既重产业又兼顾创新、质量、功能的方向发展。

25. 加快人才队伍建设。坚持以产聚才、以才兴产，多措并举加快高精尖产业人才聚集。结合实际落实国家及本市在人才落户、子女入学、保障住房、车辆上牌方面的政策，加大对重大创新平台高层次人才引进支持力度。加强百项筑基工程领军人才吸引能力，在人才落户、子女入学等方面争取绿色通道。发挥千家优秀企业技术中心人才载体作用，增强对人才的吸纳、集聚能力。

26. 深化场景开放。以利用技术创新能力解决痛点和难点问题为导向，紧密围绕技术能力清单和应用场景清单的匹配和互动，优化政策工具包设计，区分常态项目和应用场景，扭转以项目代替应用场景的倾向，加大应用场景支持力度，实现"给能力找场景，给场景找能力"的良性互动。对前瞻性技术应用场景，实施包容审慎监管，为新技术应用提供良好政策环境。

（资料来源：根据公开资料整理）

3.3.2 高精尖产业体系是实现融合发展的产业体系

"高精尖"产业加速发展的深刻背景是新一代产业革命的兴起与加速。一般认为，当前全球正处于第三次产业革命末期与新一代产业革命的孕育期。第四次产业革命继承了第三次产业革命中的信息技术，并在此基础上衍生了以物联网、云计算、大数据、3D打印技术为代表的数字技术创新。数字技术与其他技术领域的融合创新往往需要打破行业的边界，实现跨界与协同，产业的边界因此更加模糊。数字技术创新通过数字网络和智能算法将对未来的生产流程、生产模式、管理方式产生颠覆性影响。新一代信息技术与制造业的深度融合、软件和信息服务业与制造业的深度融合产生协同效益。制造业通过应用新一代信息技术、与信息服务融合互动，加速实现转型升级。龙头企业在实现智能化升级、打造智慧工厂的基础上，通过云平台向制造服务业企业转型。在融合发展中，信息技术产业得到更快发展。以北京软件和信息服务业为例，2012～2019年北京市软件和信息服务业增加值占GDP的比重逐年上升，特别是2017～2019年，在北京构建高精尖产业政策的推动下，北京软件和信息服务业发展得更快。2012年北京软件和信息技术服务业占GDP的比重为9.1%，到2019年北京软件和信息技术服务业增加值占GDP的比重已达13.5%。2021年，北京软件和信息服务业实现营业收入2.2万亿元，规模居全国首位。

3.3.3 高精尖产业体系是实现协调发展的产业体系

北京、上海、广东产业发展规划都强调加强京津冀、长三角、珠三角的区域协调发展。以北京为例，北京立足京津冀全局谋划产业布局，增强与天津、河北的全面深度联动，促进三地产业链共建、供应链共享、价值链共创，推动京津冀地区产业协同朝着更加均衡、更高层次、更高质量的方向迈进。北京在环京地区产业协同发展规划布局了三个圈层，在空间区位上合理匹配，形成互补错位、合理高效的产业格局，通过京津冀地区产业协同，助力北京高精尖经济结构有序，推动疏解首都非核心功能，优化产业结构。

【专栏 3-3】

长三角区域协同创新发展呈现三大趋势

2023 年 4 月，《长三角区域协同创新指数 2022》发布。长三角区域协同创新发展的三大趋势包括：

一是研发经费与人才集聚加速。2021 年，长三角地区研发投入强度达 3.01%，超过全国平均水平近三成，长三角地区财政科技拨款占政府支出的比重为 5.02%，高出全国平均水平两成。长三角地区每万人拥有研发人员 71.18 人年，是全国平均水平的近 2 倍。从人才流动的视角来看，"十三五"期间，科技人才在长三角三省一市跨区域流动达到 165 万人次。研发经费、人才、平台、设施等创新资源在长三角地区加速集聚，形成创新资源集聚高地，为长三角地区高质量发展提供要素支撑。

二是前沿科学与技术融合加深。2021 年，长三角区域国际科技论文合作数量达到 26481 篇，较 2011 年增长近 6 倍，41 个地级以上城市全部纳入了区域科研合作网络中。2021年长三角地区专利转移数量达到30968件，合作发明专利7835件，较2011年分别增长了86倍和7倍，呈现出突飞猛进的发展态势。国际科技论文合作的学科领域主要集中在化学、工程学、材料科学、肿瘤学、生物化学与分子生物学等STEM领域，基础科学研究不断突破，科学前沿布局匹配长三角区域产业发展所需。三省一市间专利转移的产业主要集中在新材料产业、节能环保产业、新一代信息技术产业、高端装备制造产业和生物产业等战略性新兴产业领域，学科与技术领域融合联通，为长三角地区高质量发展提供动力源泉。

三是科创资本与产业赋能加强。2021年，长三角地区高技术产业利润高达3594亿元，较2011年增长1.31倍，占全国高技术产业利润的近三成。截至2022年9月，从上市企业投资流向看，长三角地区1914家上市企业向区域内4381家企业异地投资；从投资机构投资流向看，长三角地区获融资企业数超过1.2万家。长三角地区上市企业和投资机构对区域内的投融资活动主要集中在科学研究与技术服务、软件和信息技术服务、专业技术服务等行业领域，体现了在科创产业与资本的加持下，长三角地区不断整合产业链并促进资本要素高效流动，为高质量发展提供创新活力。

（资料来源：根据公开资料整理）

3.4 高精尖产业的特征

3.4.1 特征之一：全要素生产率高

全要素生产率是高精尖产业发展的核心。除去所有土地资源、劳动力等有形要素以外的纯技术进步对生产率增长的贡献高，直接反映科技创新驱动水平。较高的全要素生产率有利于释放增长潜能，提升要素配置效率，培育经济增长的新动力。当前，我国经济正处于由高速增长阶段转向高质量发展阶段的关键时期，简单以GDP增长率论英雄的时代已渐成历史，党的十九大报告中首次提出了要提高全要素生产率的紧迫要求，即通过技术进步、资源配置优化、规模经济和管理改进等手段来提高生产效率，以更少的投入获得更多的产出，标志着国民经济发展有了新的理念和思路。

从发达国家的实践来看，全要素生产率是国民经济增长的主要推动力，而这也应该是我国未来经济发展的方向，各地方同样需要更加依靠全要素生产率的提升来推动经济增长。至于提升全要素生产率的途径，包括改善营商环境、增加研发投入、强化技术创新能力、加快市场化改革、提高教育质量等，这些也都是需要发力的地方。北京市经济增长最大的推动力从资本转向全要素生产率，全要素生产率的贡献率已经超过50%，全要素生产率的贡献呈现出稳步上升的趋势。

3.4.2 特征之二：劳动生产率高

劳动生产率是高精尖产业发展的源泉。劳动生产率即国内生产总值与全国从业人员的比率。它要求一定时期内一定劳动力投入形成的产出数量和价值要高。从业人员人均GDP增速高，说明劳动效率高，反映出劳动者素质提高、管理和科技等水平提升，我国产业链由中低端逐步向中高端发展，也有利于国内生产总值这一"大蛋糕"做大及其质量的提高。数据显示，2020年我国GDP增长2.3%，我国全员劳动生产率增长2.5%，这也显示出我国经济发展的质量在提高。如果从业人员人均GDP增速与GDP增速一样，则说明劳动效率未提高，国内生产总值"蛋糕"的做大主要靠从业人员数量的增加来实现。

当前，国际经济竞争日趋激烈，我国要继续优化经济结构、转型升级，力争在21世纪中叶建设成为社会主义现代化强国，这些都亟须通过提高全员劳动生产率来应对。提高劳动生产率主要靠加大知识产权产品的投资，促进信息技术革命和颠覆式创新。

3.4.3 特征之三：资源生产率高

资源生产率是高精尖产业发展的重要条件。也就是说单位投入的自然资源、能源和土地各类资源要素的产出附加值高。资源生产率是用于核算一个国家或地区单位自然资源投入或单位污染排放的经济产出的一种理论工具。提高资源生产率，是通过充分利用和提高人力资源素质，减少自然资源消耗，最大限度地减轻对生态的破坏和环境的污染，扩大劳动就业，实现经济持续协调健康发展的发展方式。高精尖产业是新兴产业，与高能耗产业相比，自然资源消耗少，是知识密集、技术密集的产业，应当具备较高的资源生产率。

3.4.4 特征之四：环境效率高

环境效率是高精尖产业发展的内在要求。单位环境负荷的经济价值要高。环境效率是指在既定技术水平条件下，普通投入（资本、劳动力、水资源）和产出保持不变，可以实现的最小化有害投入（有害投入指排放的污染物）与当前的有害投入之间的比率。环境效率高表示现有技术条件下污染物可减少的程度比较低，此时只有通过进一步提高技术水平才能更大幅度地减少污染物排放；环境效率低表示即使不提高技术水平，也可以通过充分利用现有技术而大幅度减少污染物的排放，从而改善环境质量。高精尖产业要成为绿色低碳发展的标杆，应充分考虑资源投入与效益产出、污染排放的相互关系，推进清洁生产，加大对回收物的利用。

3.5 本章小结

高精尖产业是指以技术密集型产业为引领，以效率效益领先型产业为重要支撑的产业集合。其中：技术密集型高精尖产业指具有高研发投入强度或自主知识产权、低资源消耗特征，对地区科技进步发挥重要引领作用的活动集合；效率效益领先型高精尖产业指具有高产出效益、高产出效率和低资源消耗特征，对地区经济发展质量提升和区域经济结构转型升级具有重要带动作用的活动集合。"高精尖"的定义要在一个坐标体系里思考。"高"最重要的指标是研发强度；"精"是具有自主知识产权的原始创新；"尖"是能够引领技术发展方向并处于国际技术前沿。高精尖产业的本质，是一种创新驱动的产业。

今天，我国高精尖产业发展环境面临深刻变化。一是我国劳动力供求关系发生变化。根据有关部门的统计和预测，"十四五"期间，我国劳动力供给总量将逐年下降，制造业工资成本将逐年上升。通过产业升级，发展高附加值产业的高精尖产业，提高劳动生产率是企业未来发展的必然选择。二是发展技术密集型高精尖产业刻不容缓。从国际贸易角度看，在国内劳动密集型制造业成本不断上升的情况下，继续依靠出口劳动密集型产品参与国际分工实现贸易增长和贸易顺差已经难以为继，必须加快产业转型升级的步伐，加快发展技术密集型高精尖产业，以提高我国的贸易水平，以较少的生产要素投入实现更多的产出。三是新时代新征程要求增强自主创新能力。党的二十大报告指出，要加快实施创新驱动发展战略，加快实现高水平科技自立自强，以国家战略需求为导向，积聚力量进行原创性引领性科技攻关，坚决打赢关键核心技术攻坚战，加快实施一批具有战略性全局性前瞻性的国家重大科技项目，增强自主创新能力。

发展高精尖产业的战略性有三：高精尖产业体系是实现创新发展的产业体系；高精尖产业体系是实现融合发展的产业体系；高精尖产业体系是实现协调发展的产业体系。

高精尖产业的特征有四：一是全要素生产率高，全要素生产率是高精尖产业发展的核心；二是劳动生产率高，劳动生产率是高精尖产业发展的源泉；三是资源生产率高，资源生产率是高精尖产业发展的重要条件；四是环境效率高，环境效率是高精尖产业发展的内在要求。按照系统创新理论，高精尖产业是辐射带动性强的产业集群，具有高水平创新驱动的属性，对经济具有极强的拉动作用，不仅能够实现中心城市的经济高质量发展，而且能够带动周边地区的产业联动转型。

第4章 北京高精尖产业发展成效、问题及趋势策略

本章分析了高精尖产业发展成效、存在的问题。高精尖产业发展需要把握高质量发展、国家战略科技力量、"双碳"目标、就业优先战略及健康中国战略"五大宏观趋势",需要把握产业互动、产业升级、空间重构、产业生态、数字化驱动"五大中观力量",需要把握技术引领、应用场景牵引、人才与企业的匹配、服务化创新及迭代进化"五大微观力量"。

4.1 北京高精尖产业发展成效

4.1.1 高精尖产业规模及发展能级

2021年北京十大高精尖产业增加值占地区GDP比重达30.1%,比2018年提高5个百分点。2021年,北京十大高精尖产业单位共10445家,实现营业收入46705.6亿元,同比增长22.0%;实现利润总额9165.3亿元,同比增长44.1%;从业人员共计215.9万人,同比增长2.4%。从区域分布来看,海淀区高精尖产业营业收入占全市的比重接近一半(48%);从内部结构来看,新一代信息技术产业、

软件和信息服务业、科技服务业三个产业营业收入占高精尖产业的比重分别为57.1%、48%、25.3%（新一代信息技术产业、软件和信息服务业在统计上存在较大比例重复的部分）。在产业集群打造方面，已培育形成新一代信息技术（含软件和信息服务业）、科技服务业两个万亿级产业集群，初步形成医药健康、智能装备、人工智能、节能环保、集成电路五个千亿级产业集群。

【专栏4-1】

北京高精尖产业的发展历程

在正式提出高精尖产业发展之前，北京市关于高精尖产业的发展已经经过了长期的探索和积累。改革开放以后，北京市一直积极探索适合首都特点的经济发展道路。

第一个阶段（1978~2002年），北京发展知识密集型的高新技术产业，着力发展中关村科技园区，带动北京产业结构不断优化

1983年7月，中共中央、国务院在对《北京市城市建设总体规划方案》的批复中强调，北京市不应再发展重工业，而应着重发展"高精尖"、技术密集型工业。1988年5月，经国务院批准，以中关村为中心的新技术产业开发试验区建立，北京市高新技术产业开始迅猛发展。伴随适合首都特点的经济探索和实践，北京市三次产业结构调整的力度不断加大，三次产业格局由1978年的5.2：71.1：23.7演变为1994年的5.9：45.2：48.9，第三年产业比重首次超过第二产业比重，产业结构不断优化升级。1999年，经国务院批复同意，北京市新技术产业开发试验区更名为中关村科技园区。以中关村科技园区发展为契机，北京市制定《关于加强技术创新，发展高科技，实现产业化的意见》，加快实施"首都二四八重大创新工程"，推进电子信息、

第4章 北京高精尖产业发展成效、问题及趋势策略

医药、生物工程等五大产业领域技术创新,大力促进高新技术产业化发展。这一阶段,北京市通过发展知识密集型的高新技术产业,转型得非常成功,紧紧地抓住了现代科技和产业变化的趋势,带动了整个北京市高新技术的发展,推动北京市产业结构不断优化。在首都经济发展战略推动下,北京市产业结构实现深度调整,三次产业格局演变为2002年的1.9:29:69.1。至此,北京市高精尖产业格局雏形初步形成。

第二阶段(2002~2012年),借助"入世"与奥运会契机,北京推动产业结构深度调整

北京市借助中国加入世界贸易组织(WTO)和北京市筹备奥运会的历史契机,推动产业结构深度调整。2005年1月,国务院批复《北京市城市总体规划(2004~2020年)》,对北京市"四个服务"职能进行明确。2010年11月,北京市委在《关于制定北京市国民经济和社会发展第十二个五年规划的建议》中提出,积极实施"科技北京"战略,努力打造"北京服务"和"北京创造"品牌,着力发展高端产业,推动产业转型升级。此外,北京市大力发展循环经济,完成对首钢等一批大型企业的搬迁,首都经济向节能降耗、优质高效的方向迈出坚实步伐;大力发展高技术产业和现代制造业,"中芯国际""京东方""北京奔驰"等一批重大高端项目落户北京市。2012年北京市三次产业结构演变为0.8:22.7:76.5,产业结构趋向于高端化,同时第三产业内部不断优化升级。

第三阶段(2012年以来),确立"四个中心"的城市战略定位,北京高精尖产业助力首都高质量发展

党的十八大后,北京发展进入新时代。习近平总书记多次视察北京并发表重要讲话,明确北京市"四个中心"城市战略定位。2015年11月,北京市委在《关于制定北京市国民经济和社会发展第十三个五年规划的建议》中提出,要深入实施创新驱动发展战略,着力提高发展质量和效益。2016年,国务院印发《北京市加强全国科技创

新中心建设总体方案》，明确北京市加强全国科技创新中心建设的总体思路和保障措施。2017年，北京市三次产业格局演变为0.4∶18.6∶81.0，首都经济综合实力、创新能力迈上新台阶，优势行业增长势头良好，高端产业带动作用明显，北京经济高质量发展迈出实质性步伐。2017年12月，北京市委、市政府正式发布《中共北京市委、北京市人民政府关于印发加快科技创新构建高精尖经济结构系列文件的通知》。至此，北京市正式迈入大力发展高精尖产业的新阶段。北京市2021年8月19日发布《北京市"十四五"时期高精尖产业发展规划》（以下简称《规划》），提出力争到2025年，高精尖产业占GDP比重达30%以上，培育形成4~5个万亿级产业集群，基本形成以智能制造、产业互联网、医药健康等为新支柱的现代产业体系。《规划》集中体现了"五个突出"：一是突出高端智能绿色方向；二是突出创新引领数智赋能；三是突出聚焦产业链发展新集群；四是突出跨区域深度协同；五是突出独立自主和开放合作相互促进。"十四五"时期北京将重点实施"八大工程"：一是万亿级产业集群培育"五个一"工程；二是产业"筑基"工程；三是创新成果转化"接棒"工程；四是企业"登峰"工程，建立企业梯次培育机制；五是产业链强链补链工程，选择10个产业链开展强链补链示范；六是"新智造100"工程；七是服务型制造领航工程；八是京津冀协同智造示范工程。

从北京高精尖产业发展历程可以看出：构建高精尖经济结构是北京实现高质量发展的重要组成部分。北京依靠科技创新引领，着力发展技术创新能力强、辐射带动能力强的产业，加快培育掌握核心竞争力和重要知识产权的高技术企业，主动布局国家重大战略项目和前沿技术，创新驱动北京高精尖经济结构不断升级，产业结构沿着合理化、高级化的路径持续迈进。

（资料来源：贾品荣. 高精尖产业发展研究［M］. 北京：经济科学出版社，2022）

4.1.2 高精尖产业科技创新成效

截至2021年，我国19个国家级制造业创新中心，北京占了3个。北京创建了92个企业技术中心和8个工业设计中心，布局人工智能、量子、脑科学等一批新型研发机构；拥有独角兽企业93家，数量居世界城市首位。涌现出柔性显示屏、国内首款通用CPU（中央处理器）、新冠灭活疫苗、5G+8K（第五代移动通信技术+8K超高清分辨率）超高清制作传输设备、新型靶向抗癌新药、手术机器人、高精密减速器等具有全球影响力的创新成果。以医药健康产业为例，北京已拥有亿元品种100余个，医药健康领域源头创新品种全国最多。北京医药健康产业在推进产业创新示范应用方面成果显著，北京启动建设5个示范性研究型病房，创新医疗器械申请和获批数量均居全国第一。

4.1.3 高精尖产业基础能力

北京围绕十大高精尖产业，大力推进产业基础建设，国家级专精特新"小巨人"、制造业单项冠军、智能制造示范项目和系统解决方案供应商数量全国领先。涌现出福田康明斯"灯塔工厂"、小米"黑灯工厂"等行业标杆；率先启动建设国家网络安全产业园，聚集全国半数以上网络安全和信创企业；落地工业互联网标识解析国家顶级节点、国家工业互联网大数据中心和安全态势感知平台等一批重大基础设施平台。

【专栏4-2】

北京高精尖产业在全国的地位

高精尖产业进入创新发展、提质增效新阶段。那么，北京高精尖产业在北京产业体系中的地位和在全国的地位如何？又该如何加快北京高精尖产业发展呢？

高精尖产业是以技术密集型产业为引领，以效率效益领先型产业为重要支撑的产业集合。高精尖产业有四个驱动因素：第一，全要素生产率高，除去所有土地资源、劳动力等有形要素以外的纯技术进步对生产率增长的贡献高；第二，劳动生产率高；第三，资源生产率高，单位投入的自然资源、能源和土地各类资源要素的产出附加值高；第四，环境效率高，单位环境负荷的经济价值高。

北京高精尖产业在北京产业体系中的地位和在全国的地位如何？本书构建了衡量高精尖产业发展水平的指标体系。该体系由7个核心指标组成，包括增加值比重、能耗强度、行业利润率、劳动生产率、研发人员比重、研发投入强度、专利授权数。其中：增加值比重指标表征高精尖产业的规模；能耗强度指标表征高精尖产业的资源利用水平；行业利润率指标表征高精尖产业的盈利能力；劳动生产率指标表征高精尖产业的价值创造效率；研发人员比重、研发投入强度指标表征高精尖产业的创新投入；专利授权数指标表征高精尖产业的研发创新成效。

经评估，北京高精尖产业发展水平综合评分为86.33，位居第一梯队，发展水平在全国居第二位。相比较而言，北京高精尖十大产业发展较为均衡，这为北京产业高质量发展奠定了坚实基础。

北京高精尖产业发展水平较高的原因有：北京市明确"四个中心"的城市战略定位，"有所为、有所不为"，推动高精尖产业进入创新发展、提质增效新阶段；北京拥有全国数量最多的高等院校及科研院所，发展高精尖产业具有先天优势；北京拥有代表全国领先水平的一批高技术企业和创新水平高的高科技园区，中关村科学城、怀柔科学城、未来科学城和北京市经济技术开发区在北京高精尖产业发展的过程中起到了持续投入研发、打造高精尖产品、引领市场需求的积极作用；北京总部经济特征明显，拥有世界500强企业60家，超过东京、纽约之和，实力强劲；北京营商环境水平全国最高，高技术企业创新活跃，创业氛围浓；重要的还在于，北京不断完善科技创新、产业创新政策，为产业高质量发展提供了重要保障。

（资料来源：贾品荣. 如何加快北京高精尖产业发展［N］. 北京日报（理论版），2022-02-28）

4.1.4 高精尖产业园区

中关村科学城持续推进信息业、医药健康、科技服务三大重点产业发展，形成以攻克底层技术为牵引、以科技服务业为基础、以信息产业为支柱、以健康产业为突破、以先进制造业为支撑的现代产业体系。2021年，中关村科学城高新技术企业总收入3.4万亿元，同比增长14%；软件和信息服务业收入1.4万亿元，约占北京市2/3；数字经济核心产业增加值占GDP比重超过50%。"十三五"时期，中关村科学城全社会研发投入强度达10%，全区发明专利授权量年均增长10%。北京经济技术开发区高精尖产业集群加速成型，新一代信息技术、高端汽车和新能源智能汽车、生物技术和大健康、机器人和智能制造四大主导产业实力大幅跃升，"十三五"时期北京经济技术开发区生产总值年均增速达9.3%。北京经济技术开发区制定《北京经济技术开发区支持高精尖产业人才创新创业实施办法》，完善产业联盟、研究院、专利池、公共技术服务平台、基金、特色产业园"六位一体"的创新生态体系，将"20+"技术创新中心打造成为创新策源地，持续提升"10+"中试基地产业化服务能力，推动并形成一批具有引领性、突破性的重大技术创新成果。北京经济技术开发区2022年1月14日发布《打造高精尖产业主阵地的若干意见》，培育创新引领、协同发展的高精尖产业体系。怀柔科学城聚焦综合性国家科学中心建设，积极构建科技创新生态、培育高精尖产业业态、完善新型城市形态、加快构建以科学城为统领的"1+3"融合发展新格局。未来科学城聚焦于高精尖协同创新发展，目前已经建立了氢能技术协同创新平台、中国氢能源及燃料电池产业创新战略联盟、核能材料产业发展联盟、海洋能源工程技术联合研究院、智能发电协同创新中心、直流输电协同创新研究中心6个协同创新平台。

4.1.5 京津冀高精尖产业区域协同

京津冀三地协同推进规划共编、项目共享、企业互动、园区共建，"2+4+N"产业合作格局［包括北京城市副中心和河北雄安新区两个集中承载地，曹妃甸协同发展示范区、北京新机场临空经济区、天津滨海新区、张承（张家口、承德）生态功能区四大战略合作功能区及46个专业化、特色化承接平台］初步形成；城市副中心产业"腾笼换鸟"全面推进，积极对接雄安新区规划建设；汽车、医药、装备、大数据和云计算等领域的产业合作和项目落地取得重大突破。

【专栏4-3】

北京市高精尖产业政策一览

（一）财税政策

1. 政府引导投资基金聚焦高精尖产业

高精尖企业属于技术密集型、创新驱动型企业，这类企业需要投入大量的研发资金，资金短缺会制约高精尖企业发展。北京市为中国政府引导基金设立最密集的直辖市，通过成立政府引导基金，引导政府和社会资金流向高精尖企业，缓解企业资金不足的困难。2015年，北京市使用工业发展资金，对重点产业给予资金支持；2016年市政府成立高精尖产业发展基金，引导和带动社会性投资；2018年和2019年，政府创立北京科创基金和北京市海淀区政府投资引导基金（有限合伙）等，聚焦高精尖重点产业和项目。截至2020年底，高精尖基金确认合作基金达27只，认缴总规模约220亿元，不断推动项目在京落地。

高精尖产业基金已在新一代信息技术、集成电路、医药健康等领域进行布局，并与区域投资平台和金融机构协同合作，打造"产业+金融"综合发展投融资服务模式，推动了构建各区域的特色优势行业。投资基金支持高精尖产业发展成效斐然，政府设立基金引导作用显著，多投向原始创新和成果转化，最终服务于全国科技创新中心建设。中芯国际、京东方等产业创新集群项目，带动社会投资超2000亿元，实现以科技创新为核心的发展路径；鑫精合金属3D打印、圣邦模拟芯片等一系列国家重点培育项目，在政府引导下增强了技术优势，在国际上处于领先水平。北京市还采用PPP模式投资建设北京市大数据研究平台，进一步探索其他市场化投入方式，促进科技成果转化和产业化。

2. 税收优惠政策

税收优惠政策重点聚焦支持尖端制造业的发展，有效降低企业税负，激发企业创新活力。国家和北京市都针对高精尖企业制定了税收优惠政策，主要包括集成电路和软件企业、中关村创投企业、中关村国家自主创新示范区特定区域技术转让企业的所得税优惠政策以及鼓励类外商投资进口设备免征关税政策等具体税收优惠政策。中关村为高精尖产业发展的重点区域，实施了更大力度的税收优惠政策。政府落实对高精尖产业各项税收优惠政策，有效发挥税收调控作用，降低企业投入成本，支持企业科技创新，促进高精尖产业发展。

3. 补贴政策

北京市通过对重点产业进行奖补，促进高精尖产业链优化升级，推动重点产业龙头企业发挥"压舱石"的作用。补贴政策包括贷款贴息、保险补贴、融资租赁补贴等。2022年北京市发布了《北京市高精尖产业发展资金实施指南》，重点支持高精尖产业智能绿色发展，提出12个方向，为高精尖企业创新和项目落地提供资金保障。北京市还补贴高精尖产业人才的线上、线下等培训项目，促进高端产业人才职业技能的提升。

（二）人才支持政策

人力资本是高精尖产业科技创新和发展的主要动力。北京市政府通过开辟人才"绿色通道"、以才荐才、高层次人才、人才成果评价、市场评价、综合评价和人才认定委员会认定7种方法引进人才；对重大项目的人才引进实行"一事一议"保障；放宽境外符合要求的专业人员来京的年龄限制至70岁；开展区域内医院与国际保险实时结算试点；建立首席专家特聘制度；加大创新型科技人才的引进培养力度；支持企业与职校联合建设高端制造人才实训基地。政府通过引进和强化人才项目培养和打造拔尖人才，为高精尖产业发展提供人力资本。

（三）融资支持政策

首先，北京市通过扩大优质金融信贷供给，缓解企业融资贵和融资难的问题。具体政策包括：成立高精尖产业融资服务对接平台，实现项目精准对接，缓解融资难、信息不对称等问题；政府建立投贷联动服务机制，金融机构加大信用贷款，缓解高精尖产业中长期贷款的压力；督促金融机构根据高精尖项目，优化融资服务产品；签订高精尖产品合作协议，提供优惠贷款利率的支持，促进中小微企业在智能、绿色制造等领域的创新。其次，扩大金融领域开放，设立外商投资企业境内上市服务平台，支持外资金融机构参加人民币国际投贷资金、准许外商独资企业可申请成为私募基金管理人、支持外资银行获得证券投资基金托管资格等，扩大企业融资渠道。

（四）土地政策

在土地政策方面，北京市重点保障高精尖产业用地，综合采用统筹平衡开发成本、出让土地和出租房屋并举等方式，降低其用地成本。北京市政府分级规划工业用地，要求新增工业用地不得建设非制造业项目，并定期检测评估产业项目运营情况，避免企业私自改变土地用途。政府鼓励国有企业积极收购盘活低效、闲置的工业用地，利用工业腾退空间和老旧厂房，优先发展先进制造业。土地支持政策是高精尖产业发展的重要保障之一。

（资料来源：根据公开资料整理）

4.2 北京高精尖产业发展存在的问题

北京高精尖产业发展在成就显著的同时，也存在一些不容忽视的问题。

问题之一：国际环境存在不确定因素。当前，美国反全球化倾向不断加剧，关税、贸易服务项目、技术采购等系列内容都将被重新定义，北京新兴产业贸易合作受到影响。

问题之二：自主创新能力与发达国家先进水平还存在一定差距。近年来北京高精尖产业产值不断增加，但自主创新能力亟须提升，研发创新还很不足。

问题之三：高端人才仍显不足。北京从事高精尖产业的人员数量较多，但掌握尖端技术的人才十分短缺。如集成电路产业，虽然北京市高校可以为其提供许多毕业生，但高级技术人员仍显不足。

问题之四：一些高精尖产业发展仍处于全球价值链的中低端。在全球产业链中，北京高精尖产业积极往全球价值链中高端攀升，但一些产业，如软件和信息服务业仍处于价值链中低端。

问题之五：核心专利存在短板。专利问题是高精尖产业发展面临的长期问题。虽然高精尖企业专利数量可观，但大部分企业专利主要是外观专利，高技术专利较少。尤其是核心领域，如集成电路产业的专利明显不足。

问题之六：挖掘市场潜力挖潜不够。在国家"双碳"目标战略的推进下，新能源智能汽车等产业不应依赖于政府补贴，而应大力挖掘市场潜力，使高精尖产业的技术先进性与市场成熟度相匹配。

问题之七：一部分科研成果落地性不强，产学研用结合不足。近年来高精尖产业的科研成果虽然增加，但质量不高。譬如新材料产业的一部分科研成果落地性不强，实用性低下，一定程度上阻碍了产业的高端化发展。

4.3　宏观布局高精尖产业发展

展望未来，本书提出，高精尖产业发展需要把握高质量发展、国家战略科技力量、"双碳"目标、就业优先战略及健康中国战略"五大宏观力量"。

4.3.1　宏观力量之一：高质量发展

高质量发展作为中国新发展战略将得到有力推进。实现高质量发展是我国实现第二个百年奋斗目标的根本路径。党的二十大报告提出，高质量发展是全面建设社会主义现代化国家的首要任务。加快构建新发展格局是推动高质量发展的战略步骤，深刻认识和把握这一重大论断的科学内涵，对于立足新发展阶段，贯彻新发展理念，加快构建新发展格局，努力实现高质量发展，具有十分重要的指导意义。推动高质量发展必须夯实微观基础，当前特别要在壮大发展实体经济上聚焦聚力，坚持把发展经济的着力点放在实体经济高质量发展上，强化企业创新的主体地位，大力提升企业技术自主创新能力，以更大力度尽快突破关键核心技术，着力解决"卡脖子"问题，促进产业链和创新链双向融合，增强产业链供应链自主可控能力，做实做强做优先进制造业。就高精尖产业发展而言，着力点有五：一要以全球化眼光和战略思维，建设一批科研创新人才队伍，促进科研成果转化，提升产业核心竞争力；二要协同发展三次产业，通过高精尖产业促进一二三产业协同发展，带动传统制造业和传统服务业转型升级，扩大产业链、生态链，提高产业价值链，建立数字化产业体系，驱动产业协调发展，迸发产业活力；三要继续加强产业绿色循环经济发展，巩固绿色发展成果，推进产业绿色循环经济发展是产业未来发展的重点；四要持续推动产业"走出去"，将产业跨国合作放在开放发展的首位，积极构建产业高质量开放体系；五要共享产业高质量发展成果。

【专栏4-4】

北京高质量发展的实现路径

北京作为我国的首都，具有全国政治中心、文化中心、国际交往中心、科技创新中心的城市战略定位，在推进城市经济高质量发展的进程中，积极探索从"合理利用资源适应经济发展到疏解城市功能促进高质量发展"的转型发展之路，已经取得十分显著的发展成效。

一是紧跟减量发展步伐，城市建设质量得到大幅度提升，向实现高质量发展目标更进一步。北京具有雄厚的优质资源，外加首都的区位优势，通过疏解城市功能，加大产业结构优化调整力度，整治淘汰了一大批低生产效能的企业，存量资源得以十分有效的释放，为创新提供更为广阔的发展空间；与此同时，北京积极转变以往"摊大饼"等低效益的土地利用模式，积极投身于城市建设用地优化与城市空间管理过程中，实现土地利用高质量发展，使得城市建设的质量和效益节节攀升。

二是在以实现产业结构优化的基础之上促进城市经济发展质量提升，致力于城市经济高质量发展目标的实现。在调整产业结构的进程中，北京摒弃了传统的粗放型工业体系，探索性构建出新一代信息技术、节能环保、人工智能、软件和信息服务以及科技服务业等高精尖经济结构，着重发展主导产业，积极推进战略性新兴产业发展进程，培育与孵化新的经济增长点，不断补充与完善现代化服务业体系，在资源得以充分配置的基础之上，形成优质供给和有效供给，进而加快城市经济高质量发展的实现进程。

三是以促进创新驱动发展方式为城市发展提供动力，进而实现城市经济的高质量发展。北京由以依赖资源消耗为核心的单一发展模式转向以创新驱动为主的增长模式，为教育、人才和科技优势全面释放搭建空间，通过政策、资金工具的科学及合理利用，积极搭建服务平台，在创新驱动中提升新旧动能转换率，提高城市发展质量。

四是在区域协调发展的同时提升区域发展质量。北京顺应国家三大发展战略之一的京津冀协同发展战略，不断积极推进北京城市的副中心与雄安新区"两翼"建设，不断提高城市以单中心空间结构为特征向多中心空间结构为特征的转变速度，不但缓解了北京市单中心空间结构所引致的城市低效率运行的问题，而且通过建设的新区域地带成功引导城市有序增长，为城市发展提供新的动力源和增长极，积极促进城市治理平衡的多中心网络化空间格局的形成。

以上四点的路径安排，积极推动北京向高质量发展阶段迈进，为首都实现经济高质量发展奠定了坚实基础。

（资料来源：方力，贾品荣．首都高质量发展研究［M］．北京：经济管理出版社，2021）

4.3.2　宏观力量之二：国家战略科技力量

国家战略科技力量将扎实落地。我国近期出台的科技政策文件中多次强调强化国家战略科技力量，这与我国当前科技创新和经济发展面临的国内外环境密切相关。我国科研力量还比较分散，在许多关键领域缺乏国家战略科技力量。由于过去企业研发机构协同创新不够，与重点实验室和科研机构对接不足，没有形成协同攻关的组织模式和能力，无法有效满足国家战略需求。习近平总书记指出，"要以国家实验室建设为抓手，强化国家战略科技力量，在明确国家目标和紧迫战略需求的重大领域，在有望引领未来发展的战略制高点，以重大科技任务攻关和国家大型科技基础设施为主线，依托最有优势的创新单元，整合全国创新资源，建立目标导向、绩效管理、协同攻关、开放共享的新型运行机制，建设突破型、引领型、平台型一体的国家实验室"。[①] 在国家战略科技力量推动下，我国加大关键核心技术攻坚力度，人工智能、量子信息、集成电路、生命健康、脑科学、空天科技、深地深海等前沿领域将加速推进，前沿科技促进产业升级，补齐产业链短板，以上举措将给高精尖产业带来新的增长点。

4.3.3　宏观力量之三："双碳"目标

"双碳"目标将有力推进实现。党的二十大报告提出，积极稳妥

[①] 习近平．论科技自立自强［M］．北京：中央文献出版社，2023．

推进碳达峰碳中和。实现碳达峰碳中和，是贯彻新发展理念、构建新发展格局、推动高质量发展的内在要求，是一场广泛而深刻的经济社会系统性变革，具有重大的现实意义和深远的历史意义。绿色是高质量发展的鲜明底色，推动经济社会发展绿色化、低碳化是实现高质量发展的关键环节。在"双碳"目标下，绿色转型产生规模庞大的绿色经济。"双碳"目标的实现，对高精尖产业发展的影响有五：一是战略转型减排加速，高精尖企业应注意把握碳中和所催生出的众多新兴产业机会，调整业务组合，探寻新的增长；二是结构减排加快，传统高能耗产业的节能减排有力推进，可再生能源和清洁能源运用提速，开发和应用高效清洁的生产模式和技术设备将提速；三是建筑减排加速推进，建筑能耗约占全社会总能耗的9%，是"双碳"目标实现的重点，提高建筑能源效率、推进建筑材料的绿色升级是重点；四是技术减排加强，碳捕获、碳封存、氢能和生物合成燃料等新兴减碳技术将得到进一步应用；五是管理减排有力推进，推动互联网、大数据、人工智能、第五代移动通信等新兴技术与绿色低碳产业深度融合。

4.3.4　宏观力量之四：就业优先战略

就业优先战略将深入实施。2021年8月，国务院印发《"十四五"就业促进规划》，提出要以实现更加充分更高质量就业为主要目标，深入实施就业优先战略。随着创新驱动发展战略的深入实施，以"互联网＋"、智能制造为代表的新经济将蓬勃发展，掀起了一轮创业创新的热潮，不仅成为拉动经济增长越来越重要的动力，而且可以创造大量新职业新岗位。截至2023年1月，我国市场主体达1.7亿户。亿万市场主体的磅礴力量推动了我国经济总量、国家财力和社会财富稳定增长。应积极支持专特精新企业发展，大量高校毕业生前往专特精新企业就业创业，既拓宽了毕业生就业渠道，又为专特精新企业注入发展新活力。同时，专特精新企业应适应高精尖企业的就业和用工特点，加快完善相关配套制度，让更多劳动者分享新经济的红利。

4.3.5 宏观力量之五：健康中国战略

健康中国战略将加速推进。党的二十大报告中指出："人民健康是民族昌盛和国家强盛的重要标志。把保障人民健康放在优先发展的战略位置，完善人民健康促进政策。"推进健康中国建设，健康产业将迎来重大发展机遇。在健康中国战略推进中，有三个重点：一要加强自主研发能力，我国每年对新药研究的投入成本较低，相较于国外投入成本占销售收入 15%～20% 的投入水平，份额非常少；二要重点突破"卡脖子"技术，着力突破技术装备瓶颈，加快补齐高端医疗装备短板；三要充分发挥市场机制作用，充分调动社会力量提供健康产品和服务，既有利于满足群众高质量多样化的健康需求，也有利于培育国民经济新的增长点，助力推动构建新发展格局。

4.4 中观推进高精尖产业发展

本书认为，高精尖产业发展需要把握产业互动、产业升级、空间重构、产业生态、数字化驱动"五大中观力量"。

4.4.1 中观力量之一：产业互动

产业互动是高精尖产业发展的重要方向和趋势。产业互动不仅包括三次产业之间的互动，而且包括三次产业各自内部互动，还包括区域产业、城乡产业之间的互动。从宏观层面看，产业互动推动产业结构从不协调到协同、从低度协调到高层次的协调发展，为产业结构互动升级准备条件；从微观层面看，产业互动加强同一区域相同产业之间的联系，加强不同区域之间不同产业的联系，加强同一区域相同产业之间的联系。因此，高精尖产业发展要更加重视三次产业的互动发展。目前，虽然我国在三次产业之间和三次产业内部、区域三次产业之间和区域三次产业内部互动取得了一定进步，第一产业和第二产业在大力扶持下所占的 GDP 比重逐渐降低，效率提高，第三产业发展势头十分强劲，但工业素质不高，高端服务业发展不足，需要积极推动三次产业互动。推动产业互动，应从四个方面着力：一是推动数字经济与制造业、数字经济与服务业的互动，促使数字技术与一二三产业深度融合，实施制造业数字化改造行动计划，推进重点企业智能化转型，加快制造业互联网建设，发展制造业电子商务、制造业大数据等新业态；二是推动低碳绿色产业与制造业的互动，加快低碳工业园区建设，通过深入实施智能制造、绿色制造等重大工程，推动制造业高端化、智能化、绿色化发展；三是推动产业内部的融合创新，围绕产业链、价值链、创新链进行融合，推进形成产业内部的发展合力；四是推动城乡产业之间的互动，积极挖潜传统文化、绿色等功能，留住乡愁记忆，激发美丽乡村建设创新活力。

4.4.2　中观力量之二：产业升级

产业升级从产业结构优化和产业深化方面加速，前者意味着产业结构中各产业的地位和关系向更高级方向协调演进，后者意味着产业内部生产要素的优化组合及产品质量的提高。高精尖产业升级的趋势有五：一是产业间升级，从价值链低端向价值链中高端攀升，巩固提升关键环节的核心竞争力，纳入关键环节领军企业供应链体系，加快全产业链优化升级；二是从"禀赋资产"或"自然资产"向"创造资产"升级,不断加强技术创新,集聚一批能够主持关键技术攻关、引领产业发展的领军人才队伍,围绕产业发展需求引入一批高水平的创新人才团队,培养一批基本功过硬、精益求精的工匠队伍;三是从必需品向便利品、质量高的产品升级,提升质量与标准化体系,全面提升产品服务品质;四是在价值链层级中,从销售和分配向组装、测试、零件制造、产品开发和系统整合升级,推动先进制造业企业向全要素、全流程、多领域智能协同运营转型,构建基于智能制造的竞争新优势;五是从有形的商品类生产投入向无形的、知识密集的支持型服务升级,促进服务型制造发展。

4.4.3 中观力量之三:空间重构

空间肩负着提供资源基础和场所支撑的作用。我国在发展高精尖产业中,还没有形成集聚化、联动化、差异化、生态化的高精尖产业协同发展格局,需要通过空间优化实现区域和产业协调发展。着力点有四:一是集聚化,推进高精尖产业向科技园区集聚发展,构建合理的高精尖产业空间格局体系和结构网络,优化集约高效的生产空间;二是联动化,统筹城市群与产业发展,关注点应从单一城市向实现城市群多要素转变,统筹城市群产业布局与空间优化;三是差异化,探索推进差异化的空间重构模式,根据城市不同地域的自然生态条件、地域生产模式、产业发展方向等,因地制宜地采取相应的重构路径和模式;四是生态化,基于实现可持续发展的目标定位,将高精尖产业培育、空间优化与生态价值保护有机结合。

4.4.4 中观力量之四:产业生态

高精尖产业生态持续优化。产业生态作为促进人、自然、社会和谐共生的一种产业发展模式，贯穿于减量化、再利用、高效化、再循环的行为准则，是提高资源利用率、实现低污染、低消耗、高效化的产业发展模式。无论是宏观层面的国家产业发展政策还是中观层面的区域产业园规划，或是微观层面的企业生产技术投资实践，产业生态的理念正在积极贯彻之中。产业生态的趋势有四：一是构建要素共生、互生的产业生态系统，推行"链长制"，畅通产业循环，打造具有国际竞争力的产业生态圈；二是推动产业技术基础公共服务平台建设，夯实产业基础能力；三是推广供应链协同、创新能力共享、数据协同开放和产业生态融通的发展模式；四是构建基于新原理、新技术的新业态新模式。

4.4.5 中观力量之五：数字化驱动

《中共中央关于制定国民经济和社会发展第十四个五年规划和二〇三五年远景目标的建议》中明确指出"坚持把发展经济着力点放在实体经济上，坚定不移建设制造强国、质量强国、网络强国、数字中国，推进产业基础高级化、产业链现代化，提高经济质量效益和核心竞争力"。党的二十大报告进一步明确表示"加快发展数字经济，促进数字经济和实体经济深度融合，打造具有国际竞争力的数字产业集群"。当前，数字化驱动已成为高精尖产业发展的核心战略。高精尖产业如何使用数字技术，释放数据驱动效应实现业务模式和流程创新，增强客户体验、创新商业模式成为亟待解决的问题。当前新一代信息技术与先进制造技术相互融合，贯穿于先进制造业的各个环节。人工智能、数字孪生、智慧出行、感知决策、区块链、移动互联网等形成的前沿技术群落，将持续推动先进制造业与新一代信息技术、现代服务业等多领域融合发展。以北京市传统主导产业——汽车制造为例，随着北汽集团部分在京燃油车生产工厂的停产减产，依托原有车企的存量厂房等空间资源和成熟的产业链配套体系，吸引了以理想汽车、小米汽车等为代表，体现先进制造与信息服务相互融合的造车新势力聚集，电子核心零部件、应用型软件等产品在整车价值构成中的比重显著提高。高精尖产业数字化驱动的趋势有四：一是数字化转型加速，数字经济成为高精尖产业发展新引擎，高精尖产业应积极培育数字化能力，以科技创新为支点，融入产品、营销、服务、风控各个环节；二是人工智能成为数字经济的核心抓手，现有知识基础上引入了以人工智能、区块链等数字技术为核心的商业智能分析体系，推动数字化搜寻定位、数字化场景规划和数字化触点升级，能够帮助企业深化基于大数据的机会和威胁的智能预测，成为数字经济核心抓手；三是数字技术创新加快，融合通信、工业互联网、车联网等技术创新加快，打通数据高效传输链条，大数据、人工智能、云网边端融合计算等核心技术不断突破，区块链、隐私计算、大数据交易、网络身份可信认证、安全态势感知等技术得到突破，数字孪生、数字内容生成、数字信用、智能化交互等技术成为新亮点；四是产业数字化成为战略基座，产业数字化成为产业高质量发展重点方向，加速推进智能制造、医药健康和绿色智慧能源等产业发展，突破人机交互、群体控制等关键技术，以及设备互联互通、工业智能等核心技术，推进人工智能与医药健康的融合发展，推动先进信息技术与能源的深度融合发展。

4.5　微观落实高精尖产业发展

本书提出，高精尖产业发展需要把握技术引领、应用场景牵引、人才与企业的匹配、服务化创新及迭代进化"五大微观力量"。

4.5.1 微观力量之一：技术引领

技术是推动高精尖产业发展的核心动力。首先，高精尖企业与中低技术企业的最大区别是高精尖企业具有知识技术密集的特征。高精尖企业通过知识和技术的投入来生产高附加值产品，同时，由于知识技术更新速度较快，导致产品更新换代速度快，对产业参与者的文化知识要求也较高，因此，高精尖企业的知识密集程度和技术密集程度都较高。其次，高精尖企业具有高成长、短周期特征。高精尖企业凭借独特的技术优势，短期内产业能够集聚扩张，很快成长为行业翘楚。但现代产业更新换代速度加快，新产品周期越来越短，这使得高精尖产业变化加快，与传统产业相比，高精尖企业的"创业—成长—扩张—成熟"生命周期更短。最后，高精尖企业具有高创新、高集群特征。高精尖企业创新过程依赖于新技术，新技术不停地更新换代，使得高技术产业风险加剧，为了规避风险，高精尖企业不断进行技术创新，以开发出适应市场需求的产品，获取高额收益。同时，为了规避风险，高精尖企业往往以技术合作为基础，与相关企业集聚在同一地域内，降低研发、生产成本，从而形成产业集群。以上特征决定了技术是推动高精尖产业发展的核心动力。高精尖企业只有不断对核心部件和关键技术进行研发创新，不断加大人才培养力度，才能不断突破核心技术，持续占据行业领先地位。在高精尖产业技术发展上需要把握两点：一是在技术先进性上做足文章，不断加强研发投入，加大企业自主创新，专注于细分市场的产品创新，提高自主掌握核心技术的能力；二是促进创新链与产业链、市场需求有机衔接。创新链与产业链融合分为两种模式：一种是创新链推动产业链融合，逻辑在于技术创新催生产业发展，然后两者相互促进；另一种是产业链拉动创新链融合，逻辑在于当产业发展到一定阶段后加入技术创新，然后实现相互促进和融合。目前，我国的基础研究与原始创新能力仍有很大提升空间，创新链关键环节与核心领域大多数还掌握在发达国家的手里，高精尖产业要实现快速而健康的发展，有赖于众多创新要素的相互协作与相互促进，不仅要将一系列创新资源高效配置到高精尖产业的核心问题和关键领域的研发环节，还应提高产业企业对新知识、新技术的吸收和再转化能力，不断提高高精尖产业的自主研发能力。

【专栏4-5】

提高高精尖产业发展的"四率"

从高精尖产业发展的驱动因素上，提出提高全要素生产率、提高劳动生产率、提高资源生产率、提高环境效率的建议。

（1）提高全要素生产率。

在经济学中，生产率包括单要素生产率和全要素生产率。这两种生产率都是从投入与产出的比值角度来衡量生产效率的。单要素生产率是指某一种生产要素的投入与产出之比，如劳动生产率等。单要素生产率只能反映从该种生产要素视角下的生产效率，单要素生产率的增长率表示的只是生产中对该种要素的利用效率，并不能全面而真实地反映整体生产效率的提高。因为生产中要使用多种生产要素，且在节约某种生产要素的同时，并不排除对其他生产要素更大程度的低效使用，这是单要素生产率在衡量生产效率上的重大缺陷。譬如，当用更多的资本来替代劳动力时，如果投入转化为产出的效率不变，劳动生产率会由于劳动力使用量的减少而提高，而资本的产出率则会降低；此外，如果存在生产效率水平提高，而由单要素生产率反映的效率水平实际上是一种混合效果。其中既包含效率的变化，也包含投入比例的变化。由此可见，单要素生产率无法代表生产单位效率的总体变化。因此在探讨整体的效率水平时，必须兼顾到所有的投入，以要素相对价格占总成本的比重或要素产出弹性为权数对各项要素生产率进行加权平均，可得到一个综合的效率评价指标——这就是全要素生产率。

决定全要素生产率变动的因素可划归为技术进步和组织管理两大类。组织管理则由技术水平发挥程度、要素配置和规模经济性三方面来表征。

高精尖产业增长的基本前提和基础就是要推动制造业前沿技术不断进步。然而，目前中国制造业发展进程中还存在一些亟待解决的问题，如自主创新能力不足、研发经费投入强度不够、科研人员投入的相对规模小、科研成果转化率低、科研体制不合理等。为此，要继续提高全要素生产率，推动前沿技术不断进步。

提高高精尖产业的全要素生产率，应从三个方面着力：

一是评估先进制造业、软件和信息服务业及科技服务业的竞争力，把脉高精尖产业在全球价值链中的地位，制定编制高精尖产业"卡脖子"攻关清单，全面提高高精尖产业的自主创新能力。

二是增强产业基础能力，建立集成电路产业大数据公共服务平台、智能装备产业大数据公共服务平台及智能网联汽车产业大数据公共服务平台，全面强化重点产业基础能力。

三是增强企业创新能力，高技术企业应持续加大研发经费投入强度，提高新产品的产出，进一步提升关键核心领域专利质量。

（2）提高劳动生产率。

劳动生产率（labor productivity）的概念通常表述为劳动力在一定时期内创造的劳动成果总量与相应的劳动消耗总量的比值。此外，还有两种常用的表述方式：一是单位时间内劳动要素生产的产品和服务价值总和；二是单位时间内劳动力将自然资本转化为人力资本的数量。劳动生产率与全要素生产率和资本生产率一样，是衡量一个国家、地区、产业竞争力和发展潜力的重要指标,所不同的是,劳动生产率的侧重点在于反劳动要素的效率。

劳动生产率分为实物劳动生产率、价值劳动生产率、比较劳动生产率。实物劳动生产率以单位时间内单位劳动的产出来度量,是使用最广泛的度量劳动生产率的方法。1926年,美国劳工统计局(BLS)较早地使用劳均产出作为劳动生产率的度量指标,此后,该指标成为国际上比较分析劳动生产率的一个重要标准,并且在学术界得到广泛应用。价值劳动生产率则是在实物劳动生产率的基础上考虑了劳动投入的成本,以单位时间内单位劳动产出与劳动投入之比度量。比较劳动生产率主要用于比较同一地区不同部门或不同产业之间劳动生产率的差异。要促进城市产业集聚,积极发挥产业集聚对劳动生产率的提升作用。

对于高精尖产业而言,提高劳动生产率应从三个方面着力:一是高精尖产业应当进一步提高集聚程度,以促进劳动生产率水平的提升;二是重视人力资本投资,围绕新一代信息技术产业、医药健康等重点领域加大紧缺专业人才培养力度,加强对劳动者的教育培训;三是设计多元化人才激励机制,建立首席专家特聘制度,提高技术人员报酬,充分激发和调动研发人员的创造性。

(3)提高资源生产率。

资源生产率是衡量经济活动使用自然资源的效率。它可以简单地定义为每单位自然资源的投入所带来的产出。从环境问题来看,在资源生产率理论的视野中,地球对各种各样的污染物和废弃物有限的吸收净化能力也是一种自然资源。资源生产率是在稀缺性对象发生变化后的一种生产效率。

资源生产率是衡量可持续发展的一个重要方面。提高资源生产率可以在价值链的一端减缓资源消耗,另一端减少环境污染;可以用有意义的职业作为提高就业率的基础,使社会更加公正和提供更多就业；可以降低商业和社会成本，不再因为生态系统和社会系统的破坏而付出代价，从而能为致力于提高资源生产率的企业带来利润。废弃的资源会污染空气、水体或土地。废物不过是放错地方的资源，因而提高资源生产率可以减少污染。资源生产率在解决诸如酸雨、气候变化、森林砍伐、土壤肥力丧失和街道拥挤等大问题时都能发挥很大作用。

提高资源生产率可以把经济发展、环境保护、社会发展统一起来，实现从三维分裂的发展走向三维整合的发展。在解决环境问题方面，提高资源生产率可以在价值链的一端减缓资源消耗，另一端减少环境污染，从而减少由环境对经济社会发展所带来的约束；在促进经济发展方面，它要求实现从数量性的物质增长到质量性的服务增长的变革；在推进社会发展方面，它要求实现就业减少性到就业增加性的社会变革。

提高高精尖产业的资源生产率需要从三个方面着力：一是推动企业兼并重组，发展一批具有较强竞争力的大企业大集团，提高资源配置效率；二是强化土地节约使用，合理布局和调整优化重大工业项目建设，降低中间消耗；三是促进信息技术生产运营全过程的深度应用，通过"智能+"推动先进制造业企业向全要素、全流程、多领域智能协同运营转型。

（4）提高环境效率。

环境效率的研究最早可以追溯到 20 世纪 70 年代，如麦金太尔和桑顿（McIntyre and Thornton，1974）研究了苏联与美国之间空气污染的环境效率差异，进而讨论了经济系统的环境效率趋同问题。一般认为，环境效率概念是由"生态效率"（eco-efficiency）引申而来，1990 年塞欧泰格和斯特恩（Schaltegger and Sturn）提出了"生态效率"的概念，将其定义为"经济增加值与环境影响的比值"，1992 年世界可持续发展工商理事会（WBCSD）将其定义为"满足人类需求的产品和服务的经济价值与环境负荷的比值"，指出企业应该将环境和经济发展相结合。环境效率与生态效率这两个概念有着共同特征，都是同时关注经济效益和环境效益两个方面，虽然在许多研究中被等同视之，但是环境效率的定义并未统一。本书对环境效率的理解是以技术效率为基础，从投入产出角度，减少资源要素投入和污染排放，增加产出水平，将生产活动中导致的环境污染作为非期望产出，纳入生产效率的考察视野。环境生产率是利用 Malmquist 生产率指数等生产率测度方法，测算环境生产率指数，从动态角度利用考察环境效率变化情况。

提高环境效率有助于从投入端、中间过程、输出端三个有机的过程构建高精尖产业发展模式，对生产"废弃物"重新回收开发再利用，使生产由"资源—产品—废弃物"的传统经济方式向"资源—产品—再生资源—产品"的循环经济方式转变，减少面源污染。

提高高精尖产业的环境效率，应从三个方面着力：一是探索碳中和实现路径，创建一批碳中和示范企业，鼓励引导北京经济开发区优先利用可再生能源；二是积极推广先进制造技术和清洁生产方式，提高产品全寿命周期的节能水平；三是利用数字技术进行全过程智慧管控，加快北京制造业绿色低碳化发展。

（资料来源：贾品荣. 高精尖产业发展研究 [M]. 北京：经济科学出版社，2022）

4.5.2 微观力量之二：应用场景牵引

高精尖企业业务创新必须从业务场景出发。抓住那些真正有需求的场景，将企业、政府、用户真正结合到一起，形成解决方案。因此，对于体现实际业务价值的应用场景，通过价值和可行性评估分析投入产出；对于战略性、支撑性场景，则直接从战略维度考量是否实施。高精尖企业应基于未来的产品、服务及业务模式做系统的场景梳理，思考这些场景是否会给企业带来新的竞争力，或者会创造新的业务价值。在这个基础上，方可对技术先进性和市场成熟度进行有效评估。

4.5.3 微观力量之三：人才与企业的匹配

在大力实施产业转型、转变经济增长方式的大背景下，高精尖人才队伍建设受到越来越多的关注。高精尖企业的人才战略要关注两点：一是企业人才结构持续性优化，二是企业人才战略和企业技术发展和市场发展协调适配，这样才能保障高精尖企业的健康发展。从产业协调的视角，劳动资源合理且有效的配置能够促进产业结构升级、技术创新以及全要素生产率的增长。不仅要持续引进人才，更要重视人才与企业的匹配，打造良好的人才成长发展环境，实现人才与其他生产或创新资源的有效匹配，获得最佳效果。

4.5.4 微观力量之四：服务化创新

制造业的服务创新越来越成为高精尖企业的竞争力利器。随着经济增长与社会发展方式的转变，促进经济、社会、环境可持续协调发展是企业面临的外在需求。通过服务化创新实现与顾客共创价值成为高精尖企业获取新的竞争优势的内在动力。从提供单纯产品向产品与服务组合的服务化转型，实现顾客、企业等利益相关者共赢和社会效益、环境效益兼得，产品服务系统被认为是一种可持续的商业模式创新。我国高精尖企业应利用自身在资金、技术、产业链上的优势，基于产品制造体系衍生出新的产品与服务融合的新商业模式，寻求产品技术和产品服务之间的平衡。服务化创新已经成为高精尖企业创新战略不可或缺的部分。纵观国内外制造业发展趋势，制造业正从传统产业形态向服务型制造形态转变，制造与服务的边界日趋模糊。以"2441"中的医药健康产业为例，除创新药、新器械两个重点发展领域之外，新健康服务成为医药健康产业重点发展领域之一，细分类别包括互联网医疗、"智能+"健康管理、数字化中医诊疗等服务业态。从定量来看，医药健康产业规划目标到2025年预期实现营业收入1万亿元，其中新健康服务营业收入为6000亿元。

4.5.5 微观力量之五：迭代进化

高精尖企业需要持续的迭代和进化。对于高精尖企业而言，关键在于用开发产品的理念，持续、迭代、进化地对组织进行管理，发展先进的自进化组织。竞争情况下，高科技产品的生命周期越来越短，更新换代速度也越来越快。而在动态变化的市场环境中，迭代创新作为投入较少、风险较低的创新模式，成为高科技新产品开发的一种重要方式。迭代创新是指通过多次迭代方式进行快速、持续创新的一种创新模式。企业通过迭代式创新不仅能够快速地更迭产品原型，而且还能满足客户现有和潜在的市场需求，形成具有高市场接受度和强产品黏性的新产品，增进新产品开发的效率。因此，迭代创新在高精尖产品开发过程中起到重要作用。今天，产品的迭代创新能力反映了高精尖企业的技术进步水平与创新速度。

4.6 本章小结

本章分析了高精尖产业发展成效、存在的问题。从高精尖产业规模及发展能级、高精尖产业科技创新成效、北京高精尖产业基础能力、高精尖产业园区、京津冀高精尖产业区域协同五个方面分析了北京高精尖产业总体发展现状。

北京高精尖产业发展存在的七个问题：国际环境存在不确定因素；自主创新能力与发达国家先进水平还存在一定差距；高端人才仍显不足；一些高精尖产业发展仍处于全球价值链的中低端；核心专利存在短板；挖掘市场潜力挖潜不够；一部分科研成果落地性不强。

展望未来，高精尖产业发展需要把握高质量发展、国家战略科技力量、双碳目标、就业优先战略及健康中国战略"五大宏观趋势"，需要把握产业互动、产业升级、空间重构、产业生态、数字化驱动"五大中观力量"，需要把握技术引领、应用场景牵引、人才与企业的匹配、服务化创新及迭代进化"五大微观力量"。

数字化驱动的趋势有四：一是数字化转型加速；二是人工智能成为数字经济核心抓手；三是数字技术创新加快，融合通信、工业互联网、车联网等技术创新加快，打通数据高效传输链条，大数据、人工智能、云网边端融合计算等核心技术不断突破，区块链、隐私计算、大数据交易、网络身份可信认证、安全态势感知等技术得到突破，数字孪生、数字内容生成、数字信用、智能化交互等技术成为新亮点；四是产业数字化成为战略基座，产业数字化成为产业高质量发展的首选项或重点发展方向。

推动产业互动的趋势有四：一是推动数字经济与制造业、数字经济与服务业的互动；二是推动低碳绿色产业与制造业的互动；三是推动产业内部的融合创新；四是推动城乡产业之间的互动。农业农村的传统文化、绿色、休闲等功能的挖掘，是新时期农村对接城市、与城市互动发展的关键。应积极挖潜传统文化、绿色等功能，留住乡愁记忆，激发美丽乡村建设创新活力。

第 5 章　经济复杂度对高精尖产业的影响研究

高精尖产业链条冗长且复杂，其高质量发展依赖城市经济系统提供大量复杂、隐性的知识与技术。具有高价值且难以被复制的复杂知识是技术进步的关键因素，是产业结构升级的核心动力。由此可见，拥有高复杂程度的城市经济系统在发展高精尖产业上扮演着重要角色。根据经济复杂度的相关研究，城市经济复杂度越高，越能为复杂产品生产提供所需的复杂能力，有助于增强高精尖产业的竞争优势。因此，在我国亟须以高精尖产业发展推动经济高质量发展的背景下，有必要从城市经济复杂度这一促进高精尖产业发展的重要依托出发，研究城市经济复杂度如何促进高精尖产业发展。

5.1　经济复杂度的理论背景

经济复杂度理论起源于学界对复杂性的思考。韦弗（Weaver，1991）把现实视为复杂系统，随后经济学领域也引入了复杂系统的思想，提出了经济复杂度理论。不同于传统经济学通过宏观统计量（诸如国内生产总值、总产出）来衡量一个国家经济发展的情况，经济复杂度通过大量经济活动的细粒度数据考察经济系统中产业间的相互依存性，是衡量大型经济系统（通常是城市、地区或国家）生产能力的整体指标。经济结构越多样化，产业间的相互依存性越高，产业链越长，经济复杂度越高；反之，经济结构越单一，产业间联系越少，经济复杂度则越低。

【专栏 5-1】

经济复杂度可以解释一国经济增长的 78%

产品空间和比较优势演化理论强调基于知识和能力的经济复杂度是导致各国经济发展绩效不同的主要原因。因为产品反映了个人、组织和国家等经济行为主体整合及运用生产性知识的能力，产品从简单到复杂的升级、产品空间从稀疏到密集的演进反映了一国的发展进程，一国产品空间的整体技术含量即其经济复杂度与其积累的知识和运用知识的能力成正比。经济复杂度较高的国家，产品空间密度较高，生产的产品种类较多，通过一国的技术进步、人力资本质量和政府政策支持等角度体现的生产新产品的能力也较强，经济增长的潜力也大。通过跨国截面数据的实证研究表明，除了煤气、石油等自然资源特别丰富的国家，经济复杂度可以解释一国经济增长的 78%。以希腊和印度为例，当期经济复杂度较高而经济绩效较差的国家具有较大的增长潜力，当期经济复杂度较低而经济绩效较好的国家具有较小的发展潜力。进一步说，经济复杂度不但可以解释经济发展绩效，作为一种驱动力，还可以预测经济增长。

在经济复杂度的测算方面，早期经济复杂度理论由于缺乏数据和测度方法的支撑，多以定性分析为主，难以应用于实证研究。直到国际贸易领域引入经济复杂度理论并基于贸易数据设计了出口复杂度指标（Hidalgo and Hausmann，2009），随后这一度量方式逐步被学界认

第5章 经济复杂度对高精尖产业的影响研究

可并改进。基于出口产品结构设计的经济复杂度指数看重一国出口产品结构而非专业化模式对其经济增长的决定性作用（Hausmann and Rodrik, 2003; Hausmann, et al., 2007）。后来多样化理论充实了经济复杂度的理论内涵，如引入产业技术关联度量等方法，促使经济复杂度的研究领域不再局限于出口贸易，开始拓展到生产、专利、就业等方面（Balland, et al., 2019; Petralia, et al., 2017; Fritz and Manduca, 2021; Chávez, 2017），从更多维度强调经济结构变化对经济增长的影响。经济复杂度理论的进一步发展，也使其在量化分析时研究对象的选择不再局限于一个国家，可将研究视角聚焦于城市或区域这样更加微观的层面。

经济复杂度理论的相关研究表明，经济复杂度对区域创新和增长具有关键作用。经济复杂度理论认为，产品是知识的组合表征，决定区域竞争力的关键是那些复杂的技术和知识，越复杂的技术包含越多的隐性知识，越难以模仿和复制（Lawson and Lorenz, 1999; Cohen and Levinthal, 1990）。企业隐性知识及其吸收、重组具有重要意义（Boschma and Frenken, 2006），增长和创新都是知识的重组过程，由于隐性知识难以传播，通过企业间的人才流动促进集体学习和复杂知识的产生。社会经济网络在知识和技能积累中起到重要作用（Hidalgo and Hausmann, 2009; Sorenson, et al., 2006），这种网络促进企业间和个人间的分享和学习，促进依赖于复杂知识技能融合的复杂经济活动的增长。这个过程是高度本地化的，从而导致复杂知识及依赖于复杂知识经济活动高度集聚在合作网络较为密集的大城市（Balland and Rigby, 2017），城市可以从对复杂技术的掌握中建立比较优势并获取垄断性技术租金。

5.2 经济复杂度对高精尖产业的影响机制

霍布迪（Hobday，1996）提出复杂产品系统（Complex Product Systems）的概念，指出复杂产品系统是研发成本高、规模大、技术密集型、工程密集型的产品系统。复杂产品本质上是涉及数个组件间相互作用的产品（Ethiraj，2007），涉及多种新知识、新技术的应用。高精尖产业具有"高级、精密、尖端"的特征，其生产活动是一项复杂经济活动，其生产的产品具有复杂产品的特质。巴兰德等（Balland et al.，2018）提出，复杂经济活动需要深入的知识和劳动分工，需要依靠在互补知识领域中拥有深厚专业知识的大型人员网络，而具有高经济复杂度的大型城市天然具备高精尖产业发展的土壤。由此，提出第一个假设，假设 5-1：城市经济复杂度的提升能够直接促进高精尖企业发展。

和传统产业相比，高精尖产业需要更加多元化的企业间合作，需要依托大型组织协作开发完成。高精尖产业往往涉及较多种类的中间投入品，生产的完成需要与很多企业确立合作关系。高精尖产业发展所需知识更为多元化，往往需要置身于更多样性的产业网络中以获取丰富的产业间知识溢出。因此，城市经济复杂性越高，越能为高精尖产业提供充足的中间投入品、多元化的知识与技术，降低企业成本，有利于高精尖企业的发展。鉴于此，提出第二个假设，假设 5-2：高精尖企业成本是城市经济复杂度与高精尖产业发展关系间的中介因素。

5.3 北京经济复杂度的测算与结果分析

现有研究主要从不同角度对经济复杂度进行了较为深入的分析，然而对城市经济复杂度与高精尖产业发展之间的关系缺乏关注。本书基于经济复杂度对高精尖产业的机制研究，首先改进了现有经济复杂度测度方法，构建了城市经济复杂度指标，使用2000~2020年地级市专利授权数据对城市经济复杂度进行了测算，拓宽了城市经济复杂度测算的研究思路；其次，从生产要素、技术创新、市场环境和基础设施四个维度构建了影响城市经济复杂度的指标体系，并使用岭回归方法进行了实证检验，丰富了城市经济复杂度的相关研究；最后，实证检验了城市经济复杂度与高精尖产业发展之间的关系，从成本角度分析了其影响机制，为提升城市经济复杂度促进高精尖产业发展提供了经验证据。

测算经济复杂度是经济复杂度研究的重要内容，测算指标改进的过程也是经济复杂度理论完善的过程。以出口数据为例，能够出口某种产品的区域越多，这种产品的遍在性越高，所需的知识越简单，即为低技术复杂度产品。对应地，如果一个区域可以出口大量高技术复杂度的产品，那么这个区域的经济复杂度更高（Hidalgo and Hausmann，2009）。上述过程是目前大部分经济复杂度测算方法的基本思想。迄今为止仍未有公认的最佳经济复杂度测度方法，不断有研究对经济复杂度测度方法进行实证比较、理论探讨和算法改进。在已有经济复杂度测度方式中，有两种测度方法在实证研究中较为常用。第一种是经济复杂度的"前身"出口复杂度（EXPY），第二种是基于映射方法计算的经济复杂度（ECI）。

第一种为豪斯曼等（Hausmann et al.，2007）提出的出口复杂度指标（EXPY）测算方法。该方法认为只有发展水平高的国家才能出口复杂产品，并根据出口国收入水平衡量国家发展水平，即如果产品频繁地由高收入国家出口，则复杂度较高。该方法首先测算各国出口某产品的显性比较优势，将其加权到该国收入水平，得到产品出口技术复杂度（PRODY）。在此基础上，以产品出口额占该国出口总额的比重作为权重，对出口产品技术复杂度进行加总，得到该国出口复杂度（EXPY）。第二种为伊达尔戈（Hidalgo）和豪斯曼（2009）提出的经济复杂度指标（ECI）。具体来说，ECI构建了产品和国家层面的2个交互指标——产品遍在性和国家多样性。产品遍在性是指能够生产/出口该产品的国家数量，若产品遍在性低，则其技术复杂性高；国家多样性是指国家可以生产/出口的产品的种类数，拥有更多能力的国家将可以生产需要更多专业化知识的产品，国家经济复杂度较高。该方法将上述两维度结合，认为能生产更多低遍在性产品的国家是经济复杂度高的国家，仅能被高经济复杂度国家所生产的产品是高技术复杂度产品。上述过程体现了迭代思想，因此，本书使用线性迭代映射方法（method of reflection，MR）对国家多样性和产品遍在性迭代得到产品技术复杂度（PCI）和经济复杂度（ECI）。

  本书对中国地级以上城市经济复杂度的测算主要借鉴豪斯曼等（2007）的方法，并对其测算方式进行改造。原因在于以下两点：第一，经济复杂度指标（ECI）虽然提出了国家多样性的观点，但在算法上，经济复杂度是产品技术复杂度的算术平均数，从而抹去了产品多样化对经济复杂度的贡献。而事实上，最富裕的国家倾向于充分利用知识，生产所有可能的产品。此外，由于经济复杂度测度方式基于国家或区域之间的横向对比，因此它是一个相对概念，难以在不同年份之间比较，降低了其可用性。而本书需要研究历年城市经济复杂度的演变过程，因此不具备跨年度可比性的ECI测算方式并不适用于本书。第二，出口复杂度指标（EXPY）仅从国际市场的视角来研究国家或地区的经济复杂度也具有一定的局限性,尤其对于中国这样一个大国而言国内市场同样重要。《中共中央关于制定国民经济和社会发展第十四个五年规划和二〇三五年远景目标的建议》指出"加快构建以国内大循环为主体、国内国际双循环相互促进的新发展格局",因此,仅使用出口数据进行测算具有一定的局限性,需要寻求更为合适的数据来度量。经济复杂度理论指出决定区域竞争力的关键是复杂的技术和知识,而专利是技术和知识的表征,于是本书选取中国发明专利授权数据来测算国内地级以上城市的经济复杂度。

借鉴出口复杂度指标(EXPY)的思想,使用专利数据构造基于技术和知识视角的城市经济复杂度指数(ESI)。本书设计的城市经济复杂度测算方式分为以下三步:第一步,计算城市 i 在 k 技术上发明专利授权数目占城市 i 全部发明专利授权数目的比重 T_{ikt};第二步,计算指数 M_{ikt},即用 T_{ikt} 除以全国层面各城市 T_{ikt} 之和;第三步,将 M_{ikt} 以各城市 GDP 作为权重在技术层面加总。具体如下:

$$T_{ikt} = tec_{ikt}/TEC_{it} \quad (5-1)$$

$$M_{ikt} = \frac{T_{ikt}}{\sum_i T_{ikt}} \quad (5-2)$$

$$ESI_{it} = \sum_k M_{ikt} \cdot gdp_{it} \quad (5-3)$$

其中,ESI_{it} 为 i 城市 t 年份的经济复杂度,tec_{ikt} 为 i 城市 t 年份技术类别 k 的发明专利授权数目,TEC_{it} 为 i 城市 t 年份的发明专利授权总数,gdp_{it} 为 i 城市 t 年份的地区生产总值。由于高精尖产业主要扎根于大中型城市,因此选取 2021 年地区生产总值排名前 100 的城市,基于 2000~2020 年中国发明专利授权数据计算其经济复杂度及演化趋势。数据来自中国知识产权局网站,该网站提供发明授权、外观设计、实用新型专利数据的申请时间、地点、技术类别、代理机构等详细信息。由于城市经济复杂度着重考察复杂知识与技术,而外观设计和实用新型专利的技术含量较为有限,因此在研究中舍弃此项内容,选择发明专利作为研究对象。每个专利可能隶属于多个技术类别,按照专利的主分类号进行划分,以确保每个专利有相同的权重。中国专利局将专利分为 8 个大类,包括 122 个三位数类别的专利。

表 5-1 展示了 2000~2020 年地级以上城市经济复杂度全国排名前十位。可以看出,经济复杂度较高的城市主要集中在东部地区,大多数为直辖市和省会城市。其中,北京、上海、广州和深圳这四大城市经济复杂度一直占据全国排名前四位,历年来其城市经济复杂度不断攀升。

表 5-1　　2000~2020 年地级以上城市经济复杂度前十名

2000 年	2005 年	2010 年	2015 年	2020 年
上海市	上海市	上海市	上海市	北京市
北京市	北京市	北京市	北京市	上海市
广州市	广州市	深圳市	广州市	广州市
深圳市	深圳市	广州市	深圳市	深圳市
宁波市	天津市	苏州市	天津市	杭州市
杭州市	苏州市	天津市	苏州市	苏州市
武汉市	杭州市	重庆市	重庆市	成都市
重庆市	无锡市	杭州市	杭州市	重庆市
成都市	沈阳市	武汉市	成都市	南京市
天津市	南京市	佛山市	武汉市	武汉市

图 5-1 绘制了 2000~2020 年北京、上海、广州和深圳四大城市经济复杂度变动情况。经过测算发现,总体而言,上海和北京经济复杂度最高,2017 年之前上海经济复杂度常年位居全国首位,2017 年之后北京经济复杂度稳步上升,超过上海成为全国第一,并且与上海

的差距逐渐拉大。广州和深圳经济复杂度在大多数年份位居全国第三名和第四名，其中，2004 年广州经济复杂度超过北京位列全国第二位，2019 年深圳经济复杂度超过上海位列全国第二位。

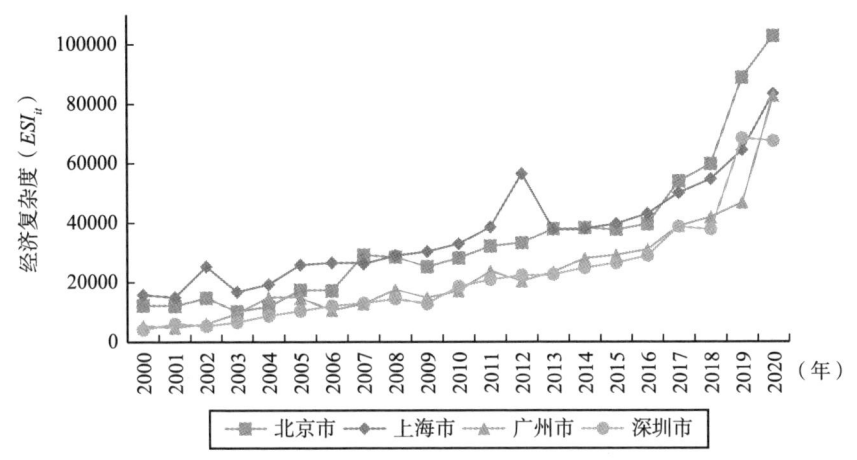

图 5-1　2000~2020 年北京、上海、广州和深圳城市经济复杂度

5.4　城市经济复杂度的影响因素分析

通过对经济复杂度相关文献进行调研，本书主要参考梅诗晔和刘林青（2018）以及孙哲远等（2022）的做法，将影响经济复杂度的因素分为以下四类：生产要素、技术创新、市场环境和基础设施。其中，生产要素主要涉及人力资本和物质资本，技术创新涉及创新投入和创新产出，市场环境包括对外开放环境、金融环境和私营经济发展环境，基础设施主要考虑交通设施和互联网发展情况，具体计算方式如表 5-2 所示。

表 5-2　　　　　　　　　经济复杂度的影响因素

影响因素	指标	变量名称	计算方式
生产要素	人力资本	Hum	职工平均工资的对数值
	物资资本	Cap	人均固定资产额的对数值
技术创新	创新投入	Inp	人均科学技术支出的对数值
	创新产出	$Outp$	人均专利授权数目的对数值
市场环境	对外开放水平	$Open$	人均 FDI 的对数值
	金融环境	Fin	人均金融机构贷款余额的对数值
	私营经济	$Priv$	非国有企业从业人员数比重
基础设施	邮电业务	$Post$	人均邮电业务量的对数值
	信息服务	$Info$	信息传输、计算机服务和软件业从业者占就业人数比重

影响因素的选取及作用机制如下：一是人力资本，人力资本是创造知识的重要因素，可以促进知识技术积累，提升城市经济复杂度；二是物质资本，物质资本是实现经济增长和发展的物质基础和条件，对城市经济复杂度可能存在正向的影响；三是创新投入，创新投入有助于企业自主创新，提高企业生产率和增加区域知识总量，提升经济复杂度；四是创新产出，创新产出是一个城市技术创新能力的重要表征，创新产出越高的城市其技术创新水平越高，越能提升城市的经济复杂度；五是对外开放水平，外商直接投资可以通过溢出效应和示范效应提升区域知识总量，两者均能提升当地经济复杂度；六是金融环

第5章　经济复杂度对高精尖产业的影响研究

境，良好的金融环境可以为高技术复杂度的企业提供便利的融资渠道，为创新活动提供有效的资金支持，有助于城市经济复杂度的提升；七是私营经济，私营经济发展水平是市场经济发展水平的表征，可能对当地经济复杂度存在正向影响；八是基础设施，主要从邮电业务和互联网发展水平两方面考察，健全的基础设施能提升资金、信息、物流等周转效率，降低企业生产成本，促进企业技术创新，提升城市经济复杂度。

由以上理论分析可以看出，生产要素、技术创新、市场环境和基础设施这四类影响因素均能正向促进城市经济复杂度的提升。为验证这一点，本书以北京市为例，使用2000~2020年北京市相关数据进行拟合，分别绘制了散点图和拟合线以观察各指标与城市经济复杂度之间的关系，如图5-2至图5-10所示。由图可知，各指标与北京经济复杂度之间的数据拟合关系与理论分析一致，均为正相关。主要指标的描述性统计结果见表5-3。

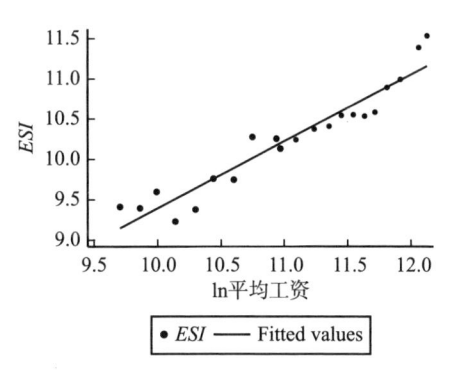

图5-2　北京市人力资本与经济复杂度

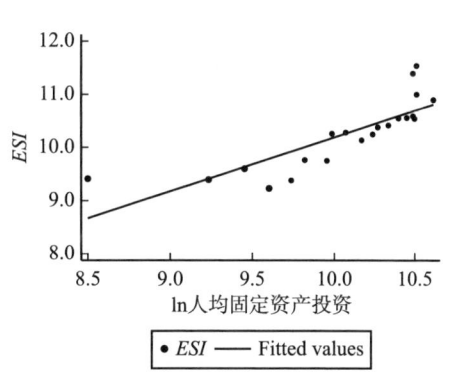

图5-3　北京市物资资本与经济复杂度

图 5-4　北京市创新投入与经济复杂度　　图 5-5　北京市创新产出与经济复杂度

图 5-6　北京市开放水平与经济复杂度　　图 5-7　北京市金融环境与经济复杂度

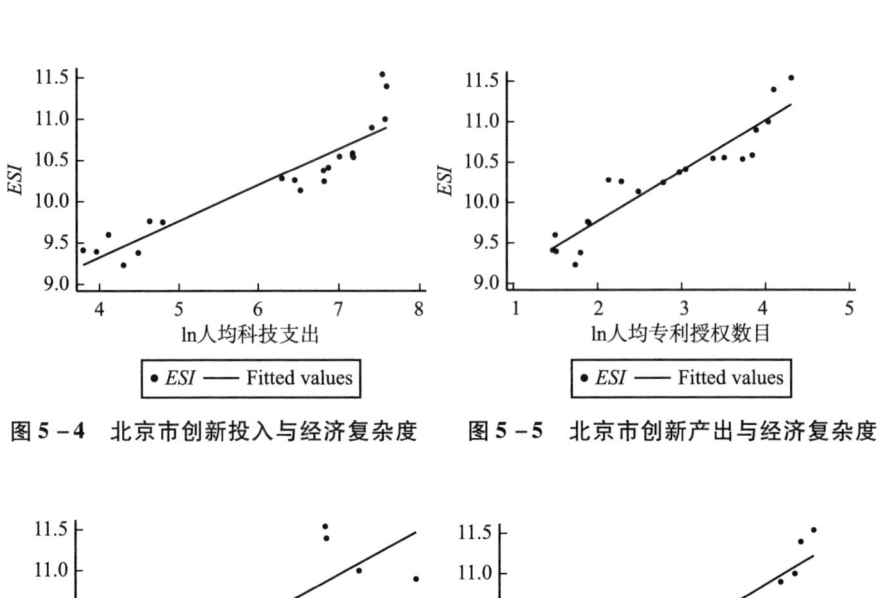

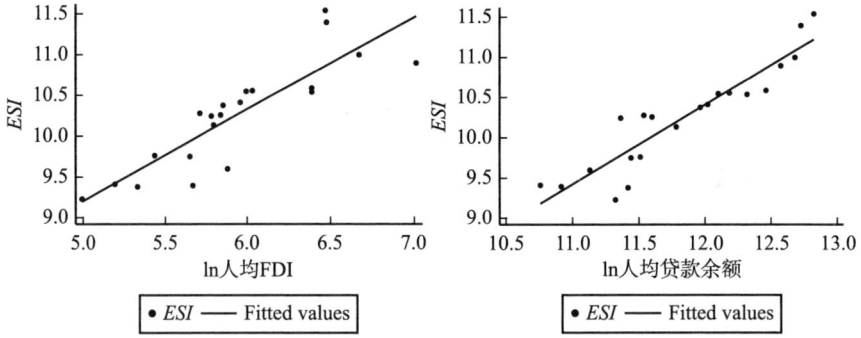

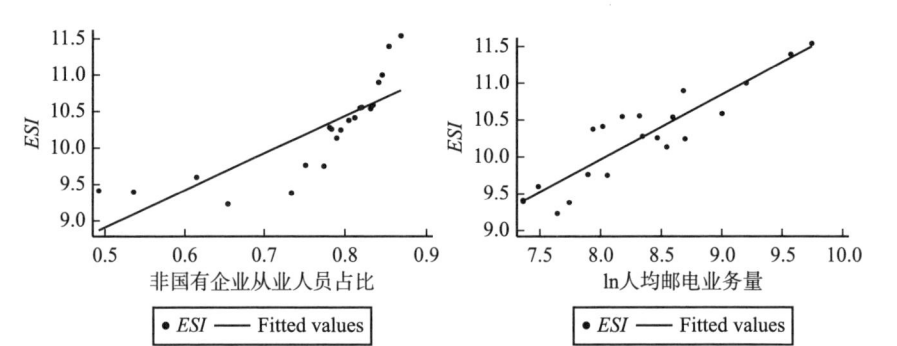

图 5-8　北京市私营经济与经济复杂度　　图 5-9　北京市邮电业务与经济复杂度

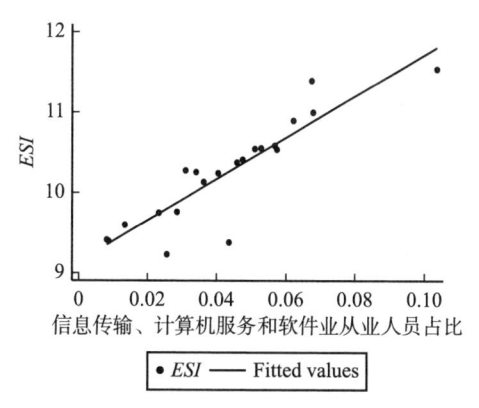

第5章 经济复杂度对高精尖产业的影响研究

图 5-10 北京市信息服务与经济复杂度

资料来源：EPS 数据库。

表 5-3 　　　　　　变量描述性统计

变量名称	样本量	均值	标准差	最小值	最大值
ESI	21	10.252	0.653	9.231	11.540
Hum	21	11.031	0.751	9.702	12.128
Cap	21	10.064	0.529	8.500	10.616
Inp	21	6.118	1.377	3.794	7.590
Outp	21	2.773	0.982	1.465	4.309
Open	21	13.443	0.657	12.277	14.705
Fin	21	11.839	0.611	10.757	12.822
Priv	21	0.764	0.104	0.492	0.869
Post	21	8.326	0.674	7.362	9.743
Info	21	0.043	0.023	0.008	0.104

资料来源：EPS 数据库。

确认了各影响因素与城市经济复杂度之间的正相关关系之后，还需要检验自变量之间是否存在多重共线性问题。方差膨胀系数（VIF）是衡量多元线性回归模型中多重共线性严重程度的一种度量。它表示回归系数估计量的方差与假设自变量间不线性相关时方差相比的比

113

值。通常情况下，若 VIF < 10，说明不存在多重共线性；若 VIF ≥ 10，说明存在多重共线性。在本模型中 VIF > 10，说明存在多重共线性问题，因此不适用普通最小二乘法（OLS）分析。

岭回归分析（ridge regression）是用于解决线性回归分析中自变量存在共线性的一种研究算法。岭回归通过引入 k 个单位阵，使得回归系数可估计；单位阵引入会导致信息丢失，但同时可换来回归模型的合理估计。当出现高度共线性时，通常认为岭回归估计的参数比用普通最小二乘法（OLS）估计要好。回归模型如下：

$$ESI_t = \alpha_0 + \sum_j \theta_j X_{jt} + \varepsilon_t \qquad (5-4)$$

式中，ESI_t 为北京市 t 年份的经济复杂度，X_{jt} 为表 5-2 中的九大影响因素。岭回归分析前需要结合岭迹图确认 K 值，K 值越小则偏差越小，K 值为 0 时则为普通线性 OLS 回归。K 值的选择原则是各个自变量的标准化回归系数趋于稳定时的最小 K 值。由图 5-11 可知，标准化回归系数在 $K=0.75$ 时趋于稳定，因此，此处选择 $K=0.75$ 进行岭回归分析。

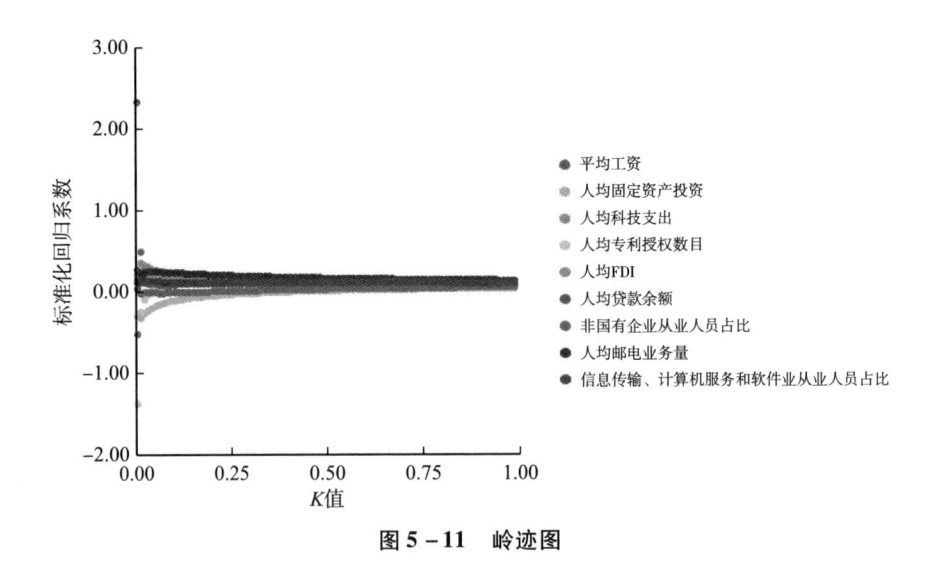

图 5-11 岭迹图

第5章 经济复杂度对高精尖产业的影响研究

确定好 K 值后,将平均工资,人均固定资产投资,人均科技支出,人均专利授权数目,人均 FDI,人均贷款余额,非国有企业从业人员占比,人均邮电业务量,信息传输、计算机服务和软件业从业人员占比这九大指标作为自变量,而将城市经济复杂度作为因变量进行岭回归分析,结果如表 5-4 所示。

表 5-4　　　　　　　　　　岭回归结果

ESI	非标准化系数 B	标准误	标准化系数 Beta	t	p
Hum	0.103**	0.012	0.118	8.661	0.000
Cap	0.040	0.037	0.033	1.090	0.299
Inp	0.058**	0.014	0.123	4.204	0.001
Outp	0.077**	0.015	0.116	5.049	0.000
Open	0.128**	0.035	0.129	3.644	0.004
Fin	0.109**	0.027	0.102	4.062	0.002
Priv	0.277	0.206	0.044	1.345	0.206
Post	0.143**	0.038	0.148	3.807	0.003
Info	3.112**	0.984	0.108	3.162	0.009
常数项	3.594**	0.738	—	4.868	0.000
R-squared	\multicolumn{5}{c}{0.920}				
调整 R-squared	\multicolumn{5}{c}{0.854}				
F	\multicolumn{5}{c}{$F(9, 11) = 14.022, p = 0.000$}				

注:**表示 $p<0.01$。

从表 5-4 可以看出,模型 R 平方值为 0.920,意味着平均工资,人均固定资产投资,人均科技支出,人均专利授权数目,人均 FDI,人均贷款余额,非国有企业从业人员占比,人均邮电业务量,信息传输、计算机服务和软件业从业人员占比可以解释城市经济复杂度的

91.98%变化的原因。岭回归ANOVA检验（也称F检验），用于判定模型是否有意义。如果p值（sig值）小于0.05，即说明模型有意义。对模型进行F检验时发现模型通过F检验（$F = 14.022$，$p = 0.000 < 0.05$）。

分析自变量的回归系数可以发现，平均工资，人均科技支出，人均专利授权数目，人均FDI，人均贷款余额，人均邮电业务量，信息传输、计算机服务和软件业从业人员占比会对城市经济复杂度产生显著的正向影响关系。但是人均固定资产投资、非国有企业从业人员占比并不会对城市经济复杂度产生明显的影响。因此，针对城市经济复杂度的提升，生产要素方面应注意培育高质量的人力资本，市场环境方面应重视进一步扩大开放、引进外资，营造良好的金融环境；与此同时鼓励技术创新，加强邮电服务、信息服务等配套基础设施建设。

5.5 城市经济复杂度对高精尖产业的影响分析

5.5.1 实证模型设定

为研究城市经济复杂度对高精尖产业的影响，并验证城市经济复杂度的提升通过降低企业成本影响高精尖产业发展这一传导路径是否存在，本书借鉴温忠麟和叶宝娟（2014）提出的中介效应检验流程，建立如下实证模型。

首先，建立式（5-5）考察城市经济复杂度对高精尖产业的直接影响：

$$GJJ_{hmt} = \beta_0 + \beta_1 ESI_t + \mu_h + \sigma_t + \rho_m + \varepsilon_{hmt} \quad (5-5)$$

其次，以企业成本作为被解释变量，建立式（5-6）考察城市经济复杂度对高精尖企业成本的影响：

$$Cost_{hmt} = \gamma_0 + \gamma_1 ESI_t + \mu_h + \sigma_t + \rho_m + \varepsilon_{hmt} \quad (5-6)$$

最后，将经济复杂度和企业成本同时纳入式（5-7），探究企业成本在城市经济复杂度与高精尖企业发展关系中是否存在中介效应：

$$GJJ_{hmt} = \delta_0 + \delta_1 ESI_t + \delta_2 Cost_{hmt} + \mu_h + \sigma_t + \rho_m + \varepsilon_{hmt} \quad (5-7)$$

其中，GJJ_{hmt}代表高精尖企业规模，以企业营业收入的对数值来表示；$Cost_{hmt}$代表高精尖企业成本，以企业营业成本率来表示；h、m、t分别代表行业、企业和年份。

数据来源于2000~2020年北京市高新技术上市公司数据，根据《北京市十大高精尖产业登记指导目录》（2018年版）筛选出符合"十大高精尖产业"的上市公司，其行业分类按照该指导目录划分为十大类别。

5.5.2 回归结果分析

运用混合OLS模型实证分析城市经济复杂度对高精尖产业的直接影响，并检验企业成本是否在二者关系中发挥中介效应，检验结果如表5-5所示。列（1）显示了城市经济复杂度对高精尖产业的直接影响，回归系数显著为正，表明城市经济复杂度的持续提升有助于高精尖产业中的企业规模不断扩大。列（2）显示了城市经济复杂度对企业成本的估计结果，回归系数显著为负，说明城市经济复杂度的提升能够优化资源配置，降低企业成本。列（3）显示了城市经济复杂度和企业成本对高精尖产业的联合显著性检验结果，二者系数均显著为正。列（1）至列（3）的结果表明，城市经济复杂度的提升通过降低企业成本影响高精尖产业发展这一传导路径成立。

表 5-5　　　　　　　　　　中介效应回归结果

变量	(1) GJJ	(2) Cost	(3) GJJ
ESI	0.631*** (0.163)	-0.0522** (0.0253)	0.772*** (0.148)
Cost			2.691*** (0.152)
常数项	13.889*** (1.856)	1.220*** (0.288)	10.605*** (1.696)
行业	控制	控制	控制
年份	控制	控制	控制
R-squared	0.0933	0.195	0.252
Observations	1501	1501	1501

注：** 表示 $p<0.01$，*** 表示 $p<0.1$。

5.5.3　研究结论

首先，基于 2000~2020 年中国发明专利授权数据构建了经济复杂度指数（ESI），并计算了城市经济复杂度，结果显示我国各大城市经济复杂度呈现稳步上升趋势，其中，北京、上海、广州和深圳经济复杂度一直位于全国前四名。其次，总结了城市经济复杂度的影响因素，基于 2000~2020 年 EPS 数据库城市层面的相关数据对各影响因素进行了指标计算，并通过岭回归模型进行了实证分析，结果显示高质量的人力资本、进一步扩大开放、引进外资、营造良好的金融环境、鼓励技术创新、加强邮电服务、信息服务等配套基础设施建设均有助于城市经济复杂度的提升。最后，使用 2000~2020 年北京市高新技术上市公司数据实证分析了城市经济复杂度对高精尖产业的影响机制，结果显示：城市经济复杂度的提升能够促进高精尖企业发展壮大，可以通过降低企业成本这一中介效应发挥作用。

5.6 提升经济复杂度促进高精尖产业的对策建议

5.6.1 提升人力资本质量，满足产业发展需求

高质量的人力资本是促进城市经济复杂度提升的重要因素，也是高精尖产业发展亟须的核心要素。首先，既要注重数量也要注重质量，对于我国有条件发展高精尖产业的大中型城市而言，人力资本数量往往已具备一定的优势，应着力提升人力资本质量，一方面提升劳动力所掌握技能的复杂程度，另一方面确保上述技能复杂程度与本地高精尖产业发展的适配性。其次，既要注重引进也要注重培养，发展高精尖产业势必需要大量高水平人才，各城市之间会形成一定的人才竞争关系，若只重视引进，将加剧这种竞争，因此，必须要以中长期视角建立符合当地产业发展规划的人才培养体系。最后，要建立健全人才发展的各类配套机制，深化人才发展体制机制改革，解决人才评价、科研管理、成果转化等方面的突出问题，加强人才服务保障体系建设，最大限度激发释放人才活力。

5.6.2 提高对外开放水平，重视引进外资质量

高水平对外开放、高质量吸引外资有助于提升城市经济复杂度，打造更适宜高精尖产业发展的产业生态环境。长期以来，跨国公司作为先进技术的主要承载者，通过深化与我国本土企业的合作共赢，促

进了我国有关领域的技术进步。然而，在当前全球产业链供应链加速重构以及我国自身科学技术水平加速进步的背景下，继续依赖引进高技术外资企业发展高精尖产业将越发困难，核心技术的突破必然要依靠本土企业来实现。因此，重视引进外资质量的方向应放在支撑产业链供应链的补链、延链、固链和强链，推动产业链上中下游融通创新发展，加强与全球特别是区域重要供应链经济体的合作，一方面通过引进外资配套产业为本土高精尖产业发展打造更为现代化的产业生态圈，另一方面持续提升我国产业链供应链韧性和安全水平。

5.6.3 创新融资制度安排，加强科技金融支撑

城市经济复杂度提升与高精尖产业发展均有赖于良好的金融支撑，但由于高精尖产业具有技术创新研发周期较长、前期投入大且产出不确定性高的特征，因而存在创新成果转化难、评估变现难、抵押融资难等问题，传统金融服务难以覆盖，以科技金融为代表的现代服务业对高精尖产业的发展至关重要。因此，要加快创新融资制度安排，一是加快建设和完善知识产权保护与质押体系，提高无形资产作为质押物的融资能力，从机制建设层面破除融资约束；二是规范和完善新三板市场运行秩序，优先为高精尖相关企业融资；三是加强科技金融政策的落实和精细化，提高金融资源配置的有效性和服务的精准性，确保符合高新技术等认证标准的企业享受到政策红利，降低科技创新的信贷风险，有效提升高精尖企业的整体融资效率。

5.6.4 提高创新投入效率，攻关关键核心技术

高精尖产业的产生和发展，离不开科技创新和新兴技术的引领作用，关键核心技术的突破对产业发展起到先导性和决定性的作用。当

前我国研发经费投入总量稳居世界第二，在物联网等部分领域已达到世界先进水平，但在美国对我国实施技术封锁和技术脱钩的背景下，未来只能依靠自身实现关键核心技术突破已成为我国必须面对的现实。因此，要贯彻落实党的二十大提出的健全新型举国体制并更好发挥这一体制优势，将政府、市场和社会有机结合起来，集中力量办大事，既要加大科技财政支出的总体规模，也要提高创新投入效率，形成有效的创新激励机制，进一步促进各类产业园区、科技园区高质量发展，必须强化企业技术创新主体地位，支持具有较强实力的龙头企业率先取得关键核心技术突破，带动我国高精尖产业的梯度发展。

5.6.5　加快新型基础设施建设，聚焦高精尖产业发展

加快新型基础设施建设，聚焦高精尖产业发展。新型基础设施是推进新型工业化发展的关键，要在传统工业化基础上叠加信息化、数字化、网络化、智能化、绿色化等要求，进一步提升相关企业的生产效率，畅通国内要素流通，为经济增长注入新活力、新动力。在各地加快推进新型基础设施建设的热潮下，要避免重复建设、防止产能过剩，因此，应重点聚焦于助力高精尖产业发展，提高新型基础设施建设投资的精准性和有效性，优化高精尖产业发展所需的软硬件环境，为高精尖产业发展注入智能数字新动力，支撑不断深化拓展的新一轮科技和产业革命。

5.7　本章小结

高精尖产业具有"高级、精密、尖端"的特征，其生产活动是一项复杂经济活动，其生产的产品具有复杂产品特质。复杂经济活动需

要深入的知识和劳动分工，需要依靠在互补知识领域中拥有深厚专业知识的大型人员网络，而具有高经济复杂度的大型城市天然具备高精尖产业发展的土壤。本章基于2000~2020年中国发明专利授权数据构建了经济复杂度指数（ESI），并计算了城市经济复杂度，结果显示我国各大城市经济复杂度呈现稳步上升趋势，其中，北京、上海、广州和深圳经济复杂度一直位于全国前四名。总结了城市经济复杂度的影响因素，基于2000~2020年EPS数据库城市层面的相关数据对各影响因素进行了指标计算，并通过岭回归模型进行了实证分析，结果显示高质量的人力资本、进一步扩大开放、引进外资、营造良好的金融环境、鼓励技术创新、加强邮电服务、信息服务等配套基础设施建设均有助于城市经济复杂度的提升。针对城市经济复杂度的提升，生产要素方面应注意培育高质量的人力资本，市场环境方面应重视进一步扩大开放、引进外资，营造良好的金融环境；与此同时，要鼓励技术创新，加强邮电服务、信息服务等配套基础设施建设。

使用2000~2020年北京市高新技术上市公司数据实证分析了城市经济复杂度对高精尖产业的影响机制，结果显示：城市经济复杂度的提升能够促进高精尖企业发展壮大，可以通过降低企业成本这一中介效应发挥作用。

对策建议主要有：提升人力资本质量，满足产业发展需求，提高对外开放水平，重视引进外资质量，创新融资制度安排，加强科技金融支撑，提高创新投入效率，攻关关键核心技术，加快新型基础设施建设，聚焦高精尖产业发展。

第 6 章　政府创新补贴、绿色全要素生产率与高精尖产业发展研究

目前，关于政府创新政策与企业高质量发展的研究中，学者们多从创新效率、投入产出效率和全要素生产率等方面来分析政府创新政策的效应。然而，企业高质量发展是涵盖技术创新、要素效率、管理水平、财务状况、生态环境的综合性指标，单个或部分指标难以准确揭示出政府创新政策对企业高质量发展的实际效用。同时，关于北京市创新政策对高精尖产业高质量发展的实证研究还相对匮乏。在北京市加快推进国际科技创新中心的背景下，基于北京市高精尖企业的微观数据，通过理论探讨和实证分析相结合的方式，来揭示政府创新补贴对高精尖企业高质量发展的影响机制和作用途径，为推进北京市新旧动能转换及经济高质量发展提供理论支撑和经验证据。

6.1　政府创新补贴的理论背景

党的十八大强调，"科技创新是提高社会生产力和综合国力的战略支撑，必须摆在国家发展全局的核心位置"，党的十八届五中全会更是把创新确立为五大发展理念之首。创新被认为是企业生存和立足的关键因素（Boh et al.，2020），尤其是高质量的创新成为经济高质量发展的动力源泉。由于高科技行业的知识密集、高渗透性、资本依

赖性和强外部性的特点（Chen et al.，2018；Hong et al.，2016；Wu et al.，2019），其自身发展对创新投入高度敏感。然而，薄弱的创新基础成为新常态下高科技企业发展及中国经济转型的"阿喀琉斯之踵"（Achilles' Heel）。

为积极响应中央提出的创新追赶和创新驱动发展战略，破解实体经济部门产品质量相对低下、关键核心技术创新能力不足和自主创新能力体系滞后等重大发展问题，我国各级政府普遍采用以财政资金补贴、税收优惠为主的创新政策，作为引导和刺激微观企业自主创新能力提升的主要手段。政府的公共创新投入可以弥补企业研发投入的不足（Czarnitzki and Licht，2006），并在高科技行业的新知识及技术的发展导向、整体效率提升和运营风险承担方面至关重要（Shan et al.，2016；Jiao et al.，2022），并通过拉动创新产出、放活管理机制、提高资源效率、提升市场份额、降低财务风险、减少污染排放等途径（Czarnitzki and Hottenrott，2011；Lee et al.，2014；Ju et al.，2020；Wang et al.，2022；Liu et al.，2022；Lin，2023），促进整体行业向高质量、高效率、可持续的方向转变。

政府对微观企业创新投入的激励政策，不仅在发达国家得到普遍实施，更是处于创新落后状态或创新追赶阶段的发展中国家政府通常采取的创新激励手段（张杰，2021）。然而，政府创新政策对企业生存和发展的影响并没有得出一致性结论（Becker，2015；Dimos and Pugh，2016）。关于政府创新政策对高科技企业高质量发展的研究主要集中于三个方面：一是政府创新政策通过向企业提供直接的资金供给，分摊企业的研发风险，增强企业的创新信心（Petti et al.，2007；白俊红，2011），其释放的投资信号拓宽了企业的集资渠道，激活了企业创新研发的热情（杜江、吴瑞兵，2020；江涛、郭亮玺，2021），进而有效推动了企业的高质量发展；二是政府创新政策能够诱发企业的寻租行为，挤占了企业的研发资金（毛其淋、许家云，2015），误导了政府遴选的资助对象，降低了政府公共创新投入效率（黎文靖、郑曼妮，2016），并引发政府创新支持的逆向选择和道德风险（安同良等，2009），不利于企业的高质量发展；三是政府创新政策对企业的高质量发展既有抑制作用也有促进作用，表现为创新政策的实施起初对企业高质量发展是无效的或抑制的，而当创新政策达到某个阈值后对企业高质量发展呈现显著促进作用，即政府创新政策与企业的高质量之间存在倒 U 型关系（张彩江、陈璐，2016；Yu et al.，2016）。

6.2 政府创新补贴对高精尖企业发展的影响机制

创新引导企业高质量发展的初始阶段存在技术创新能力的培育期，培育期内政府主导的公共创新投入对企业研发投入起到引导和激励作用。公共创新投入对企业的高质量发展具有门槛作用，即促进和抑制作用在门槛条件下的共存。

6.2.1 门槛效应

由于政府公共创新投入的虹吸效应、科技研发投入的挤占效应、成果转化的滞后效应、社会资本的趋利性、新技术推广应用的匹配性、企业不当竞争的寻租行为等（Czarnitzki and Licht，2006；Lee et al.，2014；杜江、吴瑞兵，2020；Ju et al.，2020；Jiao et al.，2022；江涛、郭亮玺，2021；Wang et al.，2022；Li and Lin，2023），导致创新投入和企业发展之间不是简单的线性关系，而是复杂的非线性关系，即公共创新投入对企业的高质量发展具有门槛（threshold）作用。

公共创新投入的门槛效应可以简单概述为：(1) 当公共创新投入低于某个门槛值时，对企业高质量发展呈现抑制效应；(2) 当公共创新投入超过某个门槛值后，对企业高质量发展呈现促进作用（张彩江、陈璐，2016；Yu et al.，2016），即政府引导的公共创新投入与企业高质量发展之间存在倒 U 型关系。学者们早在 19 世纪中期便发现并讨论了创新投入与企业发展的 U 型关系（Scherer，1965；Soete，1979）。为了详尽论述和深入研究这两者之间的非线性关系，学者们考虑构建更为复杂的理论模型，并借助改进的实证分析方法进行验证，例如 Tobit 模型、非线性面板平滑转换回归（PSTR）模型、局部加权回归散点平滑法（locally weighted scatterplot smoothing，LOWESS）非参数模型等（聂辉华等，2008；牛泽东等 2012；张西征等，2012）。然而，无论借助哪类模型和方法，若只讨论公共创新投入对企业发展的门槛效应，而不深究形成门槛效应下公共创新投入对企业发展影响的内在机制，则其对政策指导和企业实践的意义甚微。因此，本书基于政府公共创新投入的门槛效应，通过解析公共创新投入与可能影响因素的交互作用，来探究公共创新投入的调节作用，进而揭示门槛效应下公共创新投入对高精尖企业高质量发展的内在影响机制。

6.2.2 中介效应

持续的创新投入作为内生性增长因素的一个重要途径可以通过提升全要素生产率来推动企业的创新发展（Petti et al.，2007；王定祥、黄莉，2019；王一鸣，2020；白俊红，2011；贾品荣，2021），而现代经济增长理论强调技术的内生化过程来阐释经济增长的源泉（Romer，1990），通过验证高精尖企业绿色全要素生产率的中介效应，是探究政府创新补贴对企业高质量发展影响路径的必经之途。通过厘清政府创新投入、企业绿色全要素生产率和企业高质量发展之间的关系，有助于把控从政府创新投入到企业高质量发展之间的关键节点，识别政策实施与产业发展之间的矛盾与诉求。通过总结绿色全要素生

第6章 政府创新补贴、绿色全要素生产率与高精尖产业发展研究

产率途径引起企业高质量发展的因素，及时对政府创新补贴政策进行梳理，以期为企业高质量发展营造更好的政策环境。

在全要素生产率的分析框架下，创新投入则通过技术创新和技术引进来提升企业的全要素生产率（Mo et al.，2021；Liu and Zhang，2021；Chen et al.，2023；Massini et al.，2023）。若将资源和环境纳入分析范畴，即考虑创新投入对企业绿色全要素生产率的影响时，仍需进一步验证技术创新和技术引进的提升效应是否依然显著。

首先，从技术创新路径对企业绿色全要素生产率的影响看：一方面，创新投入引发的技术创新通过成果转化和应用的方式来提升企业的资源利用效率，降低单位产出的能源消耗，提高企业生产的外部效益（环境效应），进而实现企业绿色生产效率的提高；另一方面，创新成果转化和应用的过程复杂，而市场对新技术的需求是动态发展的，当创新技术与市场需求不能有效匹配时，这类无效创新所导致的资源挤占和浪费，最终导致企业绿色全要素生产率的下降（Li and Lin，2023）。

其次，从技术引进路径对企业绿色全要素生产率的影响看：一方面，技术引进作为推动技术进步的另一重要途径，避免了自主科技研发投入大、周期长、风险高的问题，具有低成本、时间短、起效快等优势，以及消化吸收再创新的潜力，其对企业绿色全要素生产率的提升效用更大；另一方面，当地经济发展程度、要素禀赋结构、劳动力素质水平，以及企业自身的科技研发水平、基础设施配套情况、科技成果转化能力等与引进技术不匹配时，则引进技术不利于企业绿色全要素生产率的提高，且盲目引进不适宜的技术甚至会引起资源错配和环境破坏（污染天堂假说）。

然而，绿色全要素生产率只是高精尖企业高质量发展在生产效率方面的表征变量，而不能作为衡量高精尖企业高质量发展的替代变量。企业的高质量发展是创新、管理、效率、质量、财务、可持续等方面的综合评价（魏敏等，2018；黄速建等，2018；王慧艳等，2019；王瑶

等，2021；Wang et al.，2022）。因此，本书将高精尖企业的绿色全要素生产率作为中介变量引入模型，来检验政府公共创新投入对高精尖产业高质量发展的作用机理。

6.2.3 调节效应

探究公共创新投入对高精尖企业高质量发展的调节效应时，主要考虑政府的资助选择是具有偏好性的（Wallsten，2000），并不是所有的企业都可以获得资助，只有满足一定的遴选条件才可能成为其资助的对象，而企业自身的融资约束、产权性质、知识存量、企业规模都可能影响到政府公共创新投入的政策效应。

6.2.3.1 融资约束的调节效应

政府创新资助可通过成本补偿、风险分摊、产权保护、品牌认证等效应，促进企业创新产出和高质量发展。首先是成本补偿效应。根据资源补偿理论，创新项目在研发、转化和应用过程中需投入大量资金和人才等资源。尤其对研发能力较差的企业而言，资金短缺等问题成为制约其创新活动的重要因素。政府创新补贴（尤其是技术研发补贴）作为直接性经济补偿，可用于购买研发设备、引进科研人才，从而夯实企业创新活动的财力根基。其次是风险分摊效应。技术创新具有高度不确定性，加之市场发展空间不可预知，企业创新决策须事先评估成本与收益，风险规避型企业对激进冒险的创新策略的选择意愿较低，进而与发展良机失之交臂。政府创新资助能够为企业研发活动担负一定风险，从而有效降低企业创新的"试错成本"。再次是产权保护效应。创新产生新技术新知识具有显著的技术外溢效应，受制于知识产权法律保护不力等因素影响，企业研发成果易遭受竞争对手低成本"掠夺"，导致竞争企业"搭便车"情况严重，使创新者无法独

第6章 政府创新补贴、绿色全要素生产率与高精尖产业发展研究

享创新收益，进而降低了企业内在研发动力。政府创新补贴可弥补企业因技术外溢造成的利润损失，弥合研发私人收益与社会最优水平间的差额，有效纠正了"搭便车"现象导致的创新动力缺失的问题。最后是品牌认证效应。企业与社会投资者间信息非对称性是阻滞企业吸引外部投资的关键因素。技术研发阶段，企业会严格控制信息外泄，社会投资者对研发项目信息知之甚少，难以对高技术、高风险研发项目本身的优劣与预期收益作出科学决策，社会投资者对企业研发项目往往更为审慎。此时，需要政府扮演中介角色，发挥官方"认证效应"，间接减少社会投资者的调研成本，降低社会投资者因信息不对称引致的项目研判偏离，进而拓宽企业外部筹资渠道。

6.2.3.2 产权性质的调节效应

产权性质决定了企业自身资源禀赋、委托代理模式等，会影响企业创新决策。创新投入对不同产权性质企业的高质量发展可能呈现迥异的作用机理。一方面，产权性质通过生存压力机制发挥调节效应。国有制企业相比非国有制企业在获得创新资助和补贴方面更具优势，国有制企业可利用政府"隐性庇护"减少创新融资成本，保障其创新和发展的生态环境；然而，非国有制企业更易遭受"产权性质歧视"，进而失去资源配置的先天优势，自担的研发和经营风险更高。另一方面，产权性质通过晋升机制起调节效应。根据《中华人民共和国宪法》（2018年修正）对国有制企业的规定，国有制企业不同于以盈利为目的的一般企业组织，其设立的主要作用是贯彻落实国家政策和履行社会责任。因此，国有制企业中的管理层更关注任期内经营业绩的稳定性，对技术创新研发的热情较低，创新投入决策偏向于风险规避型。然而，非国有制企业中，其企业资本为私人所有，利润最大化是其追求的首要目标，企业在高管选聘时往往以市场化、前沿性为导向，其创新危机意识更强，政府公共创新投入的政策效应也越显著。

6.2.3.3 数字化转型的调节效应

一方面，数字化转型能够增强企业发展的创新性，实现创新驱动高质量发展。首先，数字技术能够促进企业创新水平提升（何帆等，2019）。企业可以通过数字技术获取各种资源，增加信息传播媒介，传统信息传递壁垒被打破，企业能够及时学习前沿知识，获得更多创新机会。其次，数字技术能够加快企业创新进程（Wu et al.，2019）。随着数字化变革深入推进，信息传播速度加快，企业既能通过线上反馈及时了解消费者需求，也能通过即时会议缩短内部沟通时间，进而缩短创新研发周期，在一定程度上提高企业创新水平（王羲等，2023）。此外，创新扩散理论指出，随着时间推移，创新能够以一定方式在社会系统的各成员间传播。上述过程中，数字技术有助于企业获取相关知识和信息，从而增强企业发展的创新性。创新是企业高质量发展的重要驱动力，创新能力较强的企业能够及时掌握关键技术、开拓新市场，从而实现自身高质量发展。另一方面，数字化转型能够提升企业风险承担能力，增强企业发展的持续性，从而促进企业高质量发展。首先，企业数字化转型能够强化企业信息处理能力，进而提升其财务稳健性水平（王羲等，2023）。其次，数字化程度提升能够改善信息不对称问题，增强现金持有交易动机与预防动机（谭志等，2022），从而增强企业风险应对能力。数字化转型既能通过改善信息不对称问题，帮助企业有效规避和应对未知风险，又能通过改善代理问题，提升企业风险承担水平，最终实现企业高质量发展。

6.2.3.4 企业规模的调节效应

一方面，相对于小企业，大企业由于其具有资金、技术和人才优势，使得政府的研发资助易于得到相应的资金和人才配套；同时，大企业往往具有较强的科技转化能力，这也有利于增强被资助项目成功的概率，降低了政府研发资助的风险（Bizan，2003）。另一方面，大企业更有可能激发其知识存量的调节效应。政府在选择资助企业时，所关心的一个重要问题是其资助的资金能否得到有效利用，而企业是否具有一定的知识积累是衡量其创新活动能否成功的重要标准。科恩和利文索尔（Cohen and Levinthal，1989）的研究表明，企业自身的研发投资不仅可以增强自身的创新能力，而且有利于增强其吸收和利用外部知识的能力。也正因为如此，企业只有具有一定的知识储备，才能在获得政府研发资助以后对其进行合理利用。因此，具有一定知识积累的大型企业往往更受政府资助的青睐，并能获得更好的发展契机。

6.3 政府创新补贴、绿色全要素生产率与高精尖企业高质量发展测算

本章基于A股上市公司数据，测算了2009~2021年北京市高精尖企业的政府创新补贴、绿色全要素生产率和高质量发展指数，并借助动态门槛模型、中介效应检验模型、调节效应检验模型，来分析政府创新补贴对北京高精尖企业高质量发展的影响机制，并通过构建DID模型，补充讨论了政府创新补贴对高精尖企业和非高精尖企业影响的差异性。

6.3.1 政府创新补贴测算

党的十八大提出，"实施创新驱动发展战略，强调科技创新是提高社会生产力和综合国力的战略支撑，必须摆在国家发展全局的核心位置"。党的十八届五中全会更是把创新确立为五大发展理念之首。

习近平总书记多次强调，"创新是一个民族进步的灵魂，是一个国家兴旺发达的不竭动力"。随着经济发展和竞争的加剧，创新被认为是企业生存和发展的关键促进因素（Boh et al.，2020），尤其是高质量创新成为高科技企业高质量发展的动力源泉。然而，薄弱的创新基础成为新常态下高科技企业发展及中国经济转型的"阿喀琉斯之踵"（Achilles' Heel）。政府创新补贴显示出资源配置的导向和承诺（Shan et al.，2016），较强的资金吸收能力（Wu et al.，2019）和风险承受能力（Lee et al.，2014），以及高质量的知识创造和组合能力（Czarnitzki and Hottenrott，2011），能够弥补企业研发的不足，降低企业经营和财务风险，助推高科技企业的技术创新能力、可持续发展能力和高质量生产效率（Czarnitzki and Licht，2006；Lee et al.，2014；Ju et al.，2020；Wang et al.，2022）。

在我国社会经济制度体系中，政府公共创新投入和企业自主创新投入是两种主要的创新投入方式。政府作为权威一方，向社会和企业提供公共投入，实现与企业自主创新投入的相互协调、相互配合、相互补充，并通过信号释放效应和知识溢出效应来引导市场资源和企业自主创新投入的增加（白俊红，2011）。一般来说，政府对企业公共创新投入涵盖政府的直接研发投入和补贴（白俊红，2011；Becker，2015；Min et al.，2020），而现阶段我国各级政府积极实施的各种创新投入，可归纳为以补贴（subsidies）主导的直接投入和以减税（tax breaks）主导的间接投入两大类（张杰，2021）。其中，以补贴主导的直接投入，包括中央和地方政府以及相关主管机构部门出台的各种企业创新补贴和奖励政策、招商引资补贴奖励政策、高端创新人才和团队引进奖励政策、专利申请和授权资助奖励政策等；以减税主导的间接投入，主要包括中国特色的高新技术企业认定制度及其包含的企业所得税减免政策和企业研发加计扣除政策。因此本书用北京市政府对高精尖企业的技术研发补贴和减税来代表政府的公共创新投入。在

第6章 政府创新补贴、绿色全要素生产率与高精尖产业发展研究

刻画政府公共创新投入方面主要包括三种方式：一是根据公司是否获得政府的公共创新投入设置虚拟变量，这种方法显然无法细致刻画补贴金额的水平差异；二是仅考虑补贴或减税绝对数额大小（唐清泉等，2008；刘虹等，2012），均未考虑政府补贴相对强度的影响；三是考虑政府创新补贴相对公司经营规模的大小（孔东民等，2013；魏志华等，2015；张杰，2021），采用政府创新补贴和减税强度的概念，即政府创新补贴和减税金额与本期主营业务收入之比。本书采用第三种方式来衡量北京市政府对高精尖企业的公共创新投入（public innovation investment，PII），具体表达式如下：

$$PII_{it} = \frac{\sum_{k=1}^{n} SUB_{ikt}^{Gov}}{\sum_{j=1}^{n} MBI_{ijt}} \quad (6-1)$$

式中，$\sum_{k=1}^{n} SUB_{ikt}^{Gov}$ 是政府对企业的技术研发补贴的总和，$\sum_{j=1}^{n} MBI_{ijt}$ 用以测定企业的主营业务收入。

【专栏6-1】

政府创新补贴数据搜索

上市公司获得政府创新补助的信息披露于公司年报财务报表附注"营业外收入"科目下的"政府补助明细"中。因缺乏统一的披露形式，收集政府创新补贴数据时，运用关键词检索的方法搜索政府补助明细中的具体项目名称，见表6-1。在核心关键词的基础上，加入相似描述关键词再次检索，二次筛选出创新补贴，并构建了一个高新技术企业创新补贴范畴词库。根据筛选结果查找异常值，通过翻阅公司年报再次对明细不清的项目进行划分。最后用最终得到的企业创新补

贴总额与企业营业总收入的比值来衡量政府创新补贴强度,并用创新补贴总额与企业总资产的比值来衡量政府创新补贴强度。

(资料来源:根据公开资料整理)

表6–1　　　　　政府创新补贴项目关键词检索

分类	关键词
技术研发投入	研发(研究开发、研究与开发、产研、科研)、研制(创制、创作、制备)、创新(新模式、自主、设计)、科技(科学技术、自然科学)、技术开发(开发与应用、项目开发、开发补助、工艺开发、开发费)、技术项目、关键技术、技改(技术改进、改造、技术进步、技术升级、转型、进口、引进)、实验室(技术中心、研究院、研究中心、研究所)、机器换人等
科技支撑计划	星火计划,火炬计划,863,小巨人,高新技术企业(高企、高新),生产力促进中心,瞪羚企业,孵化器,首台套,科技支撑计划,标准化战略(标准化发展战略),金太阳,973,双创,众创,专精特新,三次创业,"两新","双新",政府引导类资金(引导),增值税退税(增值税返还),结构调整(调结构),产业升级,新兴项目,智慧园等
创新产出扶持	知识产权、发明、专利、版权、著作权、新品种、软著、新技术、新产品、新工艺、新软件、商标、新型、原创成果等
人才吸引项目	引才(人才、英才、专家、院士、研究生、博士、博士后)、引智(智力)、储才、聚才、精英计划、巨人计划、产学研、校企合作(交流与合作、合作项目、联盟)、海外团队、海外工程师、对外合作、115团队、228团队、530、百人计划、千人计划、双百、双千、海鸥计划、绿(扬)金凤计划、扬帆计划等
生物医药技术	癌、孢、酶、肽、蛋白、霉素、新药、抗生素、维生素、胶囊、临床、繁育、药用(药材、药物、中药)、重组人白、病毒、酯、膦、凝胶、硫、纤维、剂、试验、清分、仿生、胰、糖、酸、磺、钠、氨、氮、氟、氯、氰、浆、疫苗、基因、注射、治疗、血液、免疫、唑、布洛芬等
电子信息技术	集成系统、机器人、传感、云计算、云雷达、云平台、云储存、云服务、激光、高频高温、晶源、数控、聚氯、钒钛、钛带、光谱、电子芯片(芯片)、磁控线圈、精密模具(高精度模组)、数字化、智能、北斗、卫星、高清、全自动、LED、虚拟、纳米、磁体等

> **示例**

以北京市神州高铁技术股份有限公司(以下简称神州高铁,股票代码:000008)的政府补助明细项目及数据为例。2020年,神州高

第6章 政府创新补贴、绿色全要素生产率与高精尖产业发展研究

铁政府补助明细共有37项（如表6-2所示），政府补助金额共计91169895.86元。按照上述创新补助类别项目关键词确定标准，将第1~34项（如高新技术企业增值税即征即退、北京市经济和信息化局政府补助款项、北京市经济和信息化局2020年高精尖产业发展资金、科技成果转化贴息等）划为创新补助，34项加总合计2020年创新补助总额为90813923.80元。第35~37项，即社保就业补贴收入、重点产业核心团队奖励资金、稳岗补贴为非创新补助，共计355972.06元。

表6-2 2020年北京市神州高铁技术股份有限公司政府补助变量构造实例

补助类型划分	政府补助明细项目	本期金额数（元）
创新补贴	北京市高新技术企业增值税即征即退	49683619.21
	北京市经济和信息化局政府补助款项	17000000.00
	北京市企业个税手续费返还	2574003.32
	北京市经济和信息化局2020年高精尖产业发展资金	2000000.00
	科技成果转化贴息	1645508.33
	车底智能巡检机器人系统课题研究经费	1500000.00
	财政扶持项目企业扶持资金	1119000.00
	高新技术产业开发区管理委员会成长奖励扶持资金	1000000.00
	保税港区产业发展基金	575250.74
	瞪羚企业专项扶助款	550000.00
	社保补贴	528067.69
	减免税款	526322.54
	企业研发机构建设经费补助	500000.00
	苏州工业园区科技发展资金	500000.00
	服务业发展引导流	500000.00
	北京科委城市轨道交通车辆智能巡检装备及调度系统研究项目资金	493407.18
	360智能检测系统研发及产业化项目补助	490000.00
	高新技术补贴第二批款	400000.00
	核心技术产品补贴园区配套奖励	324650.00

续表

补助类型划分	政府补助明细项目	本期金额数（元）
创新补贴	科技成果转化项目	267141.14
	企业清洁生产审核奖款	200000.00
	2020年度第五批科技发展补贴	200000.00
	2020年度第九批科技发展补贴	200000.00
	信息产业发展专项（第二批）资金	200000.00
	培训补贴	189000.00
	促进发展金	182720.69
	促进产业发展资金	147776.66
	知识产权战略推进专项资金	127200.00
	企业知识产权保护体系建设研究	120000.00
	财政局技能证补贴	112000.00
	经济信息产业发展专项资金	111300.00
	政府质量奖提名奖奖励	100000.00
	增值税加计扣除	94842.13
	其他政府补助	6652114.17
	创新补贴合计	90813923.80
非创新补贴	社保就业补贴收入	208464.86
	重点产业核心团队奖励资金	100000.00
	稳岗补贴	47507.20
	非创新补贴合计	355972.06

资料来源：北京市国泰安信息技术有限公司发布的《国泰安中国上市公司财务报表附注数据库》中损益项目下的政府补助明细。

6.3.2 绿色全要素生产率测算

在评价高质量发展方面，部分学者认为高质量发展要实行集约式的经济增长，以创新为动力，提高全要素生产率为核心（王定祥、黄

第6章 政府创新补贴、绿色全要素生产率与高精尖产业发展研究

莉,2019;王一鸣,2020),推动经济转向高质量、高效率发展,持续释放发展效能(蔡跃洲、马文君,2023),实现创新驱动的绿色低碳发展(王小华等,2023)。因此,提升全要素生产率,尤其是绿色全要素生产率(GTFP)成为促进产业高质量发展的重要途径。GTFP作为衡量高质量发展的理想指标得到了广泛应用(Ball et al.,2004;Chen et al.,2021)。测算GTFP的方法主要包括随机前沿分析(stochastic frontier analysis,SFA)和数据包络分析(data envelopment analysis,DEA)(Shi and Li,2019),相比于SFA,DEA不依赖于投入和产出的函数关系,并能有效计算多输入—多输出的复杂系统(Johnes,2015;Liu and Feng,2019),适用于测算多污染产出的企业GTFP。

当计算GTFP时,首先通过DEA方法得到绿色生产效率,然后借助GML生产率指数得到GTFP及其分解(GECG和GTCG)。在计算企业绿色生产效率时,本书将碳排放和其他污染作为非预期产出(Chen et al.,2021;Liu et al.,2022)。考虑到非径向松弛变量的影响和保障效率前沿投影值的原始信息,托恩和筒井(Tone and Tsutsui,2010)在DEA方法下提出的epsilon-based measure(EBM)模型有更好的应用性。同时,为区分效率同为1的决策单元(decision-making unit,DMU)之间的差异性,本书最终借鉴吴等(Wu et al.,2020)和赵等(Zhao et al.,2022)的研究方法,应用Super-EBM模型来测算北京市高精尖企业的绿色生产效率。包含非预期产出的Super-EBM模型可表达为:

$$r^* = \min\left[\frac{\theta - \varepsilon_x \sum_{i=1}^{m} \frac{w_i^- s_i^-}{x_{ik}}}{\varphi + \varepsilon_y \sum_{r=1}^{q} \frac{w_r^{g+} s_r^{g+}}{y_{rk}} + \varepsilon_v \sum_{t=1}^{p} \frac{w_t^{b-} s_t^{b-}}{v_{tk}}}\right] \quad (6-2)$$

$$\text{s.t.} \begin{cases} \sum_{j=1,j\neq k}^{n} x_{ij}\lambda_j - s_i^- \leq \theta \cdot x_{ik}, & i=1,\cdots,m \\ \sum_{j=1,j\neq k}^{n} y_{rj}\lambda_j - s_r^{g+} \geq \varphi \cdot y_{rk}, & r=1,\cdots,q \\ \sum_{j=1,j\neq k}^{n} v_{tj}\lambda_j - s_t^{b-} \leq v_{tk}, & t=1,\cdots,p \\ \lambda \geq 0,\ s^- \geq 0,\ s^{g+} \geq 0,\ s^{b-} \geq 0 \end{cases} \quad (6-3)$$

式中，r^*表示绿色生产效率值；x_{ij}表示投入变量矩阵；y_{rj}为期望产出；v_{tj}为非预期产出，用碳排放量和其他污染量之和表示；s_i^-、s_r^{g+}、s_t^{b-}分别代表投入松弛、期望产出松弛和非预期产出松弛；w_i^-、w_r^{g+}、w_t^{b-}分别表示各项投入指标、期望产出和非预期产出的相对重要程度，且$\sum_{i=1}^{m} w_i^- = 1$（$w_i^- \geq 0$）、$\sum_{i=1}^{m} w_r^{g+} = 1$（$w_r^{g+} \geq 0$）、$\sum_{i=1}^{m} w_t^{b-} = 1$（$w_t^{b-} \geq 0$）；$\theta$是投入导向下的效率值；$\varphi$是产出导向下的效率值；$\varepsilon$代表非径向部分的重要程度，且$\varepsilon \in [0, 1]$。

本书使用上市企业碳排放数据来表征非预期产出。在计算上市公司碳排放数据时借鉴王浩等（2022）测算中国上市公司碳排放的方法，选择燃烧排放（化石、生物质）、逃逸排放（原料开采、石油、天然气）、电力消耗排放（电力调入调出）、生产过程排放（资本折旧+劳动力）、废弃物排放（固体废弃物）、土地利用方式转变（森林转为工业用地）等方面导致的碳排放进行测算。

为更好地反映效率变化状态，本书在Super-EBM模型测算绿色效率的基础上，借助吴（Oh，2010）提出的GML指数测度绿色效率的增长率（GTFP），并将其分解为绿色技术效率变化指数（GEC）和绿色技术进步变化指数（GTC），则$GTFP = GEC \times GTC$，GEC、GTC和GTFP可以分别表示为：

$$GEC_{i,t+1} = \frac{1 + E_C^{it}(x^{it}, y^{it}, b^{it})}{1 + E_C^{i,t+1}(x^{i,t+1}, y^{i,t+1}, b^{i,t+1})} \quad (6-4)$$

第6章 政府创新补贴、绿色全要素生产率与高精尖产业发展研究

$$GTC_{i,t+1} = \frac{1+E_C^{i,t+1}(x^{i,t+1},y^{i,t+1},b^{i,t+1})}{1+E_G^{it}(x^{i,t+1},y^{i,t+1},b^{i,t+1})} \times \frac{1+E_G^{it}(x^{it},y^{it},b^{it})}{1+E_C^{it}(x^{it},y^{it},b^{it})}$$

(6-5)

$$GTFP_{i,t+1} = \frac{1+E_G^{it}(x^{it},y^{it},b^{it})}{1+E_C^{it}(x^{i,t+1},y^{i,t+1},b^{i,t+1})} = GEC_{i,t+1} \times GTC_{i,t+1}$$

(6-6)

式中，$GTFP$，GEC 和 GTC 的取值均大于 0；当 $GTFP > 1$ 时，表示绿色全要素生产率提高，反之表示绿色全要素生产率降低，GEC 和 GTC 的取值具有相同的意义。

【专栏 6-2】

上市公司碳排放数据测算

根据国家发改委发布的《企业温室气体排放核算方法与报告指南》，可将企业的碳排放进行划分。一是直接温室气体排放，产生于企业拥有或控制的排放源，例如企业拥有或控制的锅炉、熔炉、车辆等产生的燃烧排放；拥有或控制的工艺设备进行化工生产所产生的排放。二是核算一家企业所消耗的外购电力和热力产生的间接温室气体排放。根据披露情况可以将企业分为两类，第一类是直接披露了年度直接碳排放量、间接碳排放量或总碳排放量。对于这一类企业而言，本书直接使用其报告中披露的数据，并统一为相同单位。第二类企业没有直接披露年度碳排放量，但是披露了不同类型的化石能源消耗量、用电量、用热量。对于这一类企业，本书根据国家发改委发布的针对不同行业的《企业温室气体排放核算方法与报告指南》分别计算了其范围一排放和范围二排放，如果一家企业能够同时得到它的范围一排放和范围二排放，则相加得到总碳排放。数据来源于上市公司的

年报、社会责任报告、环境报告等。因此，上市公司碳排放核算的表达式为：

$$TCE_{it} = BEE_{it} + PCE_{it} + WCE_{it} + LUE_{it}$$

式中，TCE_{it}为上市公司碳排放总量；BEE_{it}为燃烧和逃逸单元的排放，包括化石燃料燃烧排放、生物质燃料燃烧排放、原料开采逃逸排放、石油和天然气系统逃逸排放、电力调入调出间接碳排放；PCE_{it}为生产过程的排放；WCE_{it}废弃物单元的排放，包括固体废弃物焚烧排放、污水处理导致的排放；LUE_{it}为土地利用方式转变的排放。

> **示例**

以北京市神州高铁技术股份有限公司（股票代码：000008）2009~2021年碳排放数据为例，碳排放组成和总量如表6-3所示。2011~2021年，北京市神州高铁技术股份有限公司碳排放由69523吨增加到409733吨，增幅达到489.35%；2021年，北京市神州高铁技术股份有限公司的碳排放组成中，燃烧和逃逸排放为254294吨、生产过程排放为43071吨、废弃物排放为47946吨、土地利用转变排放为64422吨，占比分别为62.06%、10.51%、11.70%和15.72%。

表6-3 2011~2021年北京市神州高铁技术股份有限公司碳排放组成和总量

单位：吨

年份	燃烧和逃逸排放	生产过程排放	废弃物排放	土地利用转变排放	总碳排
2011	41221	7368	11288	9646	69523
2012	61238	13771	13790	12996	101795
2013	19002	3854	4471	3542	30869
2014	18746	3650	4399	3963	30758
2015	111097	21275	23318	18577	174267
2016	128971	24227	37030	42254	232482
2017	276827	56971	80283	51052	465133

续表

年份	燃烧和逃逸排放	生产过程排放	废弃物排放	土地利用转变排放	总碳排
2018	178219	28408	46470	54174	307271
2019	334997	53669	57085	85965	531716
2020	146124	26285	41613	23894	237916
2021	254294	43071	47946	64422	409733

（资料来源：根据公开资料整理）

6.3.3 高精尖企业高质量发展水平测算

6.3.3.1 高精尖企业高质量发展水平的衡量指标

企业既是宏观经济发展的微观主体，也是产业发展的基本组织，因此，企业的高质量发展是经济高质量发展的关键。企业高质量发展是一个具有包容性的概念，由"企业""高质量""发展"等多个概念复合而成（黄速建等，2018）。北京市2023年政府工作报告中着重强调，发展巩固高精尖产业是北京未来经济高质量发展、减量发展的主攻方向。目前，北京市聚焦高精尖，培育形成了新一代信息技术、科技服务业两个万亿级产业集群，医药健康、智能装备、人工智能、节能环保、集成电路五个千亿级产业集群，金融等现代服务业发展优势突出，国家级高新技术企业、专精特新小巨人企业和独角兽企业数量均居全国各城市首位。因此，对北京市高精尖企业高质量发展进行评价和分析，有助于从微观层面识别北京市高质量发展及减量发展的影响因素及作用途径。本书借助魏敏和李书昊（2018）、黄速建等（2018）、王慧艳等（2019）、王瑶和黄贤环（2021）、王等（Wang et al.，2022）对企业高质量发展的评价，从创新、管理、效率、质量、财务、可持续等方面建立高精尖企业的评价指标体系，见表6-4。

表6-4 北京市高精尖企业高质量发展评价指标体系

一级指标	二级指标	三级指标	衡量方式	预期作用
创新	创新投入	研发经费投入强度	研发支出/资产总额	+
		研发人员比例	研发人员/员工总数	+
		资本化率	资本化研发投资/研发投资	+
	创新产出	人均专利占有量	专利授权数/职工人数	+
		专利授权总量	专利授权的对数	+
管理	激励机制	高管薪酬占比	前三大高管薪酬/资产总额	+
	监督机制	独立董事占比	独立董事人数/董事会人数	+
	外部接管机制	代理问题严重度	管理费用增长率	-
效率	劳动	劳动产出率	产出值/劳动投入	+
	资本	增量资本产出率	产出值/资本增量	+
财务	偿债能力	资产负债率	负债总额/资产总额	-
	营运能力	总资产周转率	销售收入/资产平均总额	+
	盈利能力	总资产报酬率	利润总额/资产平均总额	+
	发展能力	营业收入增长率	本期营业收入增长/上期营业收入	+
可持续	绿色发展	环境保护意识	企业环保资金投入	+
		低碳生产	污染物排放/产品（或服务）产值	-
	社会责任	社会捐赠	企业的社会捐赠总额	+

6.3.3.2 评价方法

为了使评价结果更具说服力，本书综合熵值法和层次分析法来得到北京市高精尖企业高质量发展各评价指标的权重。

在进行熵值法得到指标权重时，先对指标进行标准化处理：

$$a_{ij} = \frac{x_{ij} - \min(x_j)}{\max(x_j) - \min(x_j)}, \quad a'_{ij} = \frac{\max(x_j) - x_{ij}}{\max(x_j) - \min(x_j)} \quad (6-7)$$

式中，a_{ij} 为正向指标的标准值；a'_{ij} 为负向指标的标准值；$i, j =$

第6章 政府创新补贴、绿色全要素生产率与高精尖产业发展研究

$1, 2, \cdots, n$; $\max(x_j)$ 和 $\min(x_j)$ 分别表示在 j 项指标中的最大值及最小值。

$$p_{ij} = a_{ij} / \sum_{i=1}^{m} a_{ij}, e_j = -\frac{1}{\ln(m)} \sum_{i=1}^{m} p_{ij} \ln p_{ij} \quad (6-8)$$

$$W^a = [w_1^a, w_2^a, \ldots, w_n^a], w_i^a = (1-e_j) / \sum_{j=1}^{n} (1-e_j) \quad (6-9)$$

式中，w_i^a 为第 i 项指标的权重。

由层次分析法得到的权重矩阵 W^b 可以表示为：

$$W^b = [w_1^b, w_2^b, \ldots, w_n^b], w_i^b = \frac{1}{n} \sum_{j=1}^{n} (b_{ij} / \sum_{k=1}^{n} b_{kj}) \quad (6-10)$$

$$B = (b_{ij})_{n \times m} \quad (6-11)$$

式中，b_{ij} 代表层次中要素的重要性值。

当对权重矩阵进行一致性检验时，一致性指标 CI 可表示为：

$$CI = \frac{\lambda_{\max} - n}{n-1}, \lambda_{\max} = \frac{1}{n} \sum_{i=1}^{n} \frac{(BW^b)_i}{w_i} \quad (6-12)$$

$$CR = CI/RI \quad (6-13)$$

式中，$\lambda_{\max}$ 为判断矩阵的最大特征根；RI 为评价随机一致性指标；CR 为一致性比率，当 $CR < 0.1$ 时，判断矩阵的一致性可以接受，否则，需要进行修正。

根据指标综合评价方法得到各级指标的综合权重值如表6-5所示。

表6-5　北京市高精尖企业高质量发展评价指标权重值

一级指标	综合权重	二级指标	综合权重	三级指标	综合权重
创新	0.3930	创新投入	0.2594	研发经费投入强度	0.0954
				研发人员比例	0.0837
				资本化率	0.0803

续表

一级指标	综合权重	二级指标	综合权重	三级指标	综合权重
创新	0.3930	创新产出	0.1336	人均专利占有量	0.0691
				专利授权总量	0.0645
管理	0.1800	激励机制	0.0632	高管薪酬占比	0.0632
		监督机制	0.1168	独立董事占比	0.0587
				代理问题严重度	0.0581
效率	0.1648	劳动效率	0.0557	劳动产出率	0.0557
		资本效率	0.1091	增量资本产出率	0.0549
				营业成本产出率	0.0542
财务	0.1809	营运能力	0.1005	资产负债率	0.0539
				总资产周转率	0.0466
		发展能力	0.0804	总资产报酬率	0.0421
				营业收入增长率	0.0383
可持续	0.0813	绿色发展	0.0630	环境保护意识	0.0330
		社会责任	0.0183	低碳生产	0.0300
				社会捐赠	0.0183

6.4 政府创新补贴、绿色全要素生产率与高精尖企业高质量发展影响分析

6.4.1 实证模型设定

6.4.1.1 门槛模型

基于政府公共创新投入的虹吸效应、科技研发投入的挤占效应、

成果转化的滞后效应、社会资本的趋利性、新技术推广应用的匹配性、企业不当竞争的寻租行为等，导致创新投入和企业发展之间不是简单的线性关系，而是复杂的非线性关系。因此，本书假设公共创新投入对企业的高质量发展具有门槛（threshold）作用：当公共创新投入低于某个门槛值时，对企业高质量发展呈现抑制效应；当公共创新投入超过某个门槛值后，对企业高质量发展呈现促进作用。

原始的静态门限模型可以表示为：

$$y_{it} = \alpha_i + \beta_1 X_{it} I(thre_{it} \leq \gamma) + \beta_2 X_{it} I(thre_{it} > \gamma) + \varepsilon_{it} \quad (6-14)$$

式中，X_{it} 为解释变量的集合；β_1 和 β_2 表示系数估计值；$thre_{it}$ 表示门限变量（可以为 X_{it} 的一部分），γ 是门限值；$I(\cdot)$ 为指示函数，当括号内不等式成立时，$I(\cdot)=1$，否则，$I(\cdot)=0$。

类似的，双门槛模型可以表示为（不涉及双门槛）：

$$\begin{aligned}y_{it} = & \alpha'_i + \beta'_1 X_{it} I(thre'_{it} \leq \gamma_1) + \beta'_2 X_{it} I(\gamma_1 < thre'_{it} \leq \gamma_2) \\ & + \beta'_3 X_{it} I(thre'_{it} > \gamma_2) + \varepsilon_{it} \end{aligned} \quad (6-15)$$

式中，β'_1、β'_2 和 β'_3 表示系数估计值；$thre'_{it}$ 表示门限变量，γ_1 和 γ_2 表示两个门限值。

6.4.1.2 中介效应检验

本书通过中介效应检验来验证公共创新投入通过提升高精尖企业的绿色生产效率来实现行业的高质量发展。巴隆和肯尼（Baron and Kenny，1986）认为中介变量是指介于自变量与因变量之间，能够在一定程度上传递自变量对因变量影响的变量。近年来学术界对中介变量定义和检验方法等方面有了大量改进，本书遵循普里彻和海斯（Preacher and Hayes，2004）、赵等（Zhao et al.，2010）、温忠麟和叶宝娟（2014）等对中介效应存在的条件的简化，如认为只需要满足在模型中加入中介变量时，自变量对因变量的影响减少即可。因为即使没有自变量的直接影响，中介效应也可能发生。中介模型可表示为：

$$Y_{it} = \alpha^{Med} + \tau^{Med}\ln Y_{i,t-1} + \beta^{Med}X_{it} + \delta_i^{Med}\sum_{v=1}^{k}Z_{ivt} + \varepsilon_{it}^{Med} \quad (6-16)$$

$$M_{it} = \overline{\alpha}^{Med} + \overline{\beta}^{Med}X_{it} + \overline{\delta}_i^{Med}\sum_{v=1}^{k}Z_{ivt} + \overline{\varepsilon}_{it}^{Med} \quad (6-17)$$

$$Y_{it} = \hat{\alpha}^{Med} + \hat{\tau}^{Med}\ln Y_{i,t-1} + \hat{\beta}^{Med}X_{it} + \hat{\lambda}M_{it} + \hat{\delta}_i^{Med}\sum_{v=1}^{k}Z_{ivt} + \hat{\varepsilon}_{it}^{Med}$$
$$(6-18)$$

式中，M_{it} 是中介变量，用高精尖企业的绿色全要素生产效率表示；Z_{ivt} 为控制变量；k 为控制变量个数。

6.4.1.3 调节效应模型

由于中介机制检验只能粗略地验证公共创新投入对高精尖产业高质量发展的影响通路，而不能识别关键的影响途径。因此，在充分考虑创新投入对企业发展的非线性影响下，本书构建含有公共创新投入与可能影响因素交互项的面板门限模型，来探究公共创新投入对高精尖企业高质量发展的影响途径。含有交互项的单门槛模型可以表示为：

$$HQD_{it} = \alpha_i + \beta_1 INV_{it}^{R\&D} \times \tilde{X}_{it}I(thre_{it} \leq \gamma) + \beta_2 INV_{it}^{R\&D} \times \tilde{X}_{it}I(thre_{it} > \gamma) + \varepsilon_{it}$$
$$(6-19)$$

式中，HQD_{it} 为高精尖企业 i 高质量发展（high-quality development，HQD）衡量结果，γ 是单门限值。

同理，可以得到含有交互项的双门槛模型的表达式：

$$HQD_{it} = \alpha'_i + \beta'_1 INV_{it}^{R\&D} \times \hat{X}_{it}I(thre'_{it} \leq \gamma_1) + \beta'_2 INV_{it}^{R\&D}$$
$$\times \hat{X}_{it}I(\gamma_1 < thre'_{it} \leq \gamma_2) + \beta'_3 INV_{it}^{R\&D} \times \hat{X}_{it}I(thre'_{it} > \gamma_2) + \varepsilon_{it}$$
$$(6-20)$$

式中，$thre'_{it}$ 表示门限变量，γ_1 和 γ_2 表示两个门限值。

第6章 政府创新补贴、绿色全要素生产率与高精尖产业发展研究

6.4.2 控制变量和数据来源

6.4.2.1 控制变量选取

为了剥离其他因素对本章研究结果的干扰，本书借鉴唐清泉等（2008）、刘虹等（2012）、张杰等（2015）、闵等（Min et al., 2020）、鞠等（Ju et al., 2020）的研究思路，对可能影响北京市高精尖企业高质量发展的其他影响因素进行了控制，主要包括公司规模、托宾Q值、经营现金流、第一大股东持股、上市年龄、知识产权保护、行业、年度等方面，控制变量如表6-6所示。

表6-6　　　　　控制变量说明

控制变量名称	符号	控制变量计算方法及说明
产权性质	SOE	国有企业赋值为1；否则为0
公司规模	COMS	期末时期企业的总资产
托宾Q值	TOBQ	（期末股权市值+负债账面价值）/期末总资产账面价值
经营现金流	OPCF	本期企业经营活动现金净流量
第一大股东持股	SHFIS	第一大股东持股比例
上市年龄	LIA	公司自上市以来的年数
行业	ID	行业虚拟变量
年度	YEAR	年度虚拟变量

6.4.2.2 数据来源

北京市高新技术上市公司数据：基于北京市上市公司数据库，本书采用北京市统计局、北京市经济和信息化委员会《关于印发北京

"高精尖"产业活动类别（试行）的通知》提出"高精尖"产业定义，按照《国民经济行业分类》（GB/T 4754－2017）标准，包括新一代信息技术、集成电路、医药健康、智能装备、节能环保、新能源汽车、新材料、人工智能、软件和信息服务、科技服务，筛选出北京市高新技术上市公司的相关数据。对于政府创新补贴数据，借鉴郭玥（2018）的做法，运用关键词检索的方法对公司年报政府补助明细中的具体项目名称进行检索，通过核心关键词、描述关键词的二次检索，筛选出政府的创新补贴，用企业创新补贴总额与营业总收入的比值来衡量政府创新补贴强度，并对北京市高精尖企业的相关数据进行筛选。样本数据主要来源于CNRDS数据库和Wind数据库中的企业年报数据。

6.4.3 实证结果及分析

6.4.3.1 面板门槛模型结果及分析

考虑到样本数据为面板数据，而普通最小二乘法（OLS）无法解决样本异方差问题，随机效应（RE）或固定效应模型不能有效避免样本自相关问题，并考虑到面板门槛效应和企业发展的动态效应。本书借鉴徐和辛（Seo and Shin，2016）提出的一阶差分广义矩估计量（GMM）方法对门限效应（阈值效应）的存在进行动态估计，并整理了相关模型的估计结果，各类结果如表6－7所示。首先，从OLS回归的估计值看，政府创新补贴（PII）估计值为0.0282，且不显著；固定效应模型中，PII估计值为0.1979，且不显著；异方差稳健模型中，PII估计值为0.1259，且不显著；然而，动态面板模型中，PII估计值为0.1784，通过了5%水平的显著性检验，且其AR（1）、AR（2）及Hansen均表明动态面板模型的估计结果具有较高的可信

第6章 政府创新补贴、绿色全要素生产率与高精尖产业发展研究

度。因此，在考察 PII 对北京市高精尖企业高质量发展（HQD）的影响时，须考虑前一期 HQD 对本期 HQD 的影响，即建立动态模型进行分析。

表6-7　　　政府创新补贴对企业高质量发展的基础回归

变量	OLS估计 (Model 1)	固定效应 (Model 2)	异方差稳健 (Model 3)	静态门槛 (Model 4)	动态面板 (Model 5)	动态门槛 (Model 6)
HQD (-1)					0.3181*** (0.0723)	0.4914*** (0.0311)
PII	0.0282 (0.0828)	0.1979 (0.1602)	0.1259* (0.0746)		0.1784** (0.0864)	
PII (ALL)						0.2044*** (0.0317)
$PII \leqslant r$ (Lower)				0.0472 (0.1708)		-0.1456*** (0.0327)
$PII > r$ (Upper)				0.1132*** (0.0226)		0.3248*** (0.0279)
SOE	0.0662 (0.1121)	0.1309 (0.1316)	-0.1091 (0.1204)	-0.0163 (0.1083)	-0.0752 (0.2904)	
$COMS$	0.0385 (0.0750)	0.2979* (0.1602)	0.1259* (0.0746)	0.2819** (0.1132)	0.0282 (0.0828)	
$TOBQ$	0.0539 (0.0381)	0.0670* (0.0381)	0.1417*** (0.0426)	0.0752* (0.0452)	0.1221** (0.0543)	
$OPCF$	0.1248 (0.1712)	0.1369 (0.1871)	0.5014*** (0.1557)	0.4396*** (0.1315)	0.3937*** (0.1207)	
$SHFIS$	0.0458 (0.1532)	-0.1644 (0.1494)	-0.1061 (0.2714)	0.0715 (0.4531)	-0.0038 (0.2315)	
LIA	0.0539 (0.0381)	0.0670* (0.0381)	0.1417*** (0.0426)	0.0752* (0.0452)	0.1221** (0.0543)	
$\_cons$	1.0705*** (0.3079)	2.0836*** (0.2679)	2.0742** (0.3962)	2.3527*** (0.1702)	2.0076** (0.2119)	3.0311*** (0.5873)
ID	—	Control	Control	Control	Control	Control

续表

变量	OLS估计（Model 1）	固定效应（Model 2）	异方差稳健（Model 3）	静态门槛（Model 4）	动态面板（Model 5）	动态门槛（Model 6）
YEAR	—	Control	Control	Control	Control	Control
R^2	0.7448	0.7521	0.7532	0.7505	—	—
Obs.	1929	1929	1929	1929	1929	1929
Kink-slope						1.1084***
AR(1) (p-value)					0.010	0.003
AR(2) (p-value)					0.170	0.243
Hansen (p-value)					0.602	0.360

在前文的分析中，了解到由于政府公共创新投入的虹吸效应、科技研发投入的挤占效应、成果转化的滞后效应、社会资本的趋利性、新技术推广应用的匹配性、企业不当竞争的寻租行为等（Czarnitzki and Licht, 2006; Lee et al., 2014; Ju et al., 2020; Jiao et al., 2022; Wang et al., 2022; Li and Lin, 2023），导致创新投入和企业发展之间是复杂的非线性关系，即公共创新投入对企业的高质量发展具有门槛（threshold）作用。因此，本书进一步构建门槛模型来分析政府创新补贴（PII）对北京市高精尖企业高质量发展（HQD）的非线性影响。首先，本书建立静态门槛模型（Model 4）作为基础和对照分析，从静态门槛模型（Model 4）的回归结果看，当PII低于门槛值时，PII对HQD产生较小且不显著的正影响；而当PII超过门槛值时，PII对HQD产生显著的正影响。然而，从动态门槛模型（Model

6）的估计结果看，当 *PII* 低于门槛值时，*PII* 对 *HQD* 产生显著负影响；而当 *PII* 超过门槛值时，*PII* 对 *HQD* 产生较大且显著的正影响（系数估计值为 0.3248）。

通过总结 Model 1 ~ Model 6 可以得出，政府创新补贴对北京市高精尖企业高质量发展的影响具有动态、非线性效应，即政府创新补贴影响的门槛效应。对于政府创新补贴对北京市高精尖企业高质量发展的门槛影响可以做如下解释：（1）当政府创新补贴低于某个门槛值时，首先，考虑创新投入与实际高质量产出之间存在滞后效应（由企业创新效率、转化效率以及生产周期导致），故政府创新补贴增加的短时期内不会导致企业高质量产出的提高（Shan et al., 2016；Ju et al., 2020；Jiao et al., 2022）；其次，为获取政府的公共创新投入，可能诱发企业的寻租行为，由此导致的非生产性支出挤占了企业的研发资金（毛其淋、许家云, 2015），并误导政府遴选的资助对象，降低了政府公共创新投入效率（黎文靖、郑曼妮, 2016），造成了行业内实质性创新投入的纯损；最后，在政府创新补贴实施的前期，由于各级地方政府的官员并不掌握甄别和预测产业企业创新的专业知识，在基层干部层面更为突出，不能识别企业真实的自主创新能力，这将导致各级政府的公共创新投入的真实功效大打折扣（张杰, 2021）。（2）当政府创新补贴超过某个门槛值时，由于公共创新投入能够向企业提供直接的资金供给，分摊企业的研发风险，增强企业的创新信心（Petti et al., 2007；白俊红, 2011）；政府创新投入显示出资源配置的导向和承诺（Shan et al., 2016），较强的资金吸收能力（Wu et al., 2019）和风险承受能力（Lee et al., 2014），以及高质量的知识创造和组合能力（Czarnitzki and Hottenrott, 2011），能够弥补企业研发的不足，降低企业经营和财务风险，助推高科技企业的技术创新能力、可持续发展能力和高质量生产效率（Ju et al., 2020；Wang et al., 2022）；同时，政府主导的公共创新投入具有风向标作用，其释放的投资信号能够集聚来自社会的大量资本，拓宽了企业的集资渠道，激活了企业创新研发的热情（杜江、吴瑞兵，2020；江涛、郭亮玺，2021）。

动态门槛面板模型（Model 6）虽然能够给出政府创新补贴（PII）的估计值，但由于模型设定问题的存在，不能给出其他变量同时存在对 PII 效应的分担。然而，若将各变量之间时变关系纳入到长时间序列中进行动态分析，将有助于解决此问题。因此，本书构建了因子增强型带随机波动的时变系数向量自回归模型（TVP - FAVAR - SV），并借助马尔可夫蒙特卡洛方法（MCMC）来分析 PII 及各类控制变量对北京高精尖企业高质量发展的动态影响，结果如图 6 - 1 所示。从各变量的三维脉冲响应结果看，2007 年之前，PII 的正向冲击对 HQD 主要产生负影响，导致负影响的原因可能是该阶段政府创新补贴的效率低下和无序竞争；2007 年之后，PII 的正向冲击对 HQD 主要产生正影响，说明 2007 年之后政府创新补贴的效率逐渐提升、竞争转良，其中，2014 年之后 PII 的正向冲击对 HQD 的正向影响大幅度增加，于 2015 年达到极值后，2016~2021 年小幅度下降，但正影响仍较大。由此反映出，2014 年之后 PII 对 HQD 的提升效应显著，且这种提升效应始终存在。

同时，从 HQD 自身的三维脉冲响应结果看，滞后一期 HQD 的正向冲击对当期 HQD 始终产生正向影响，说明北京高精尖企业高质量发展具有一定的连续性，也证明了本书所建立的动态方程具有科学性。大多数控制变量对北京市高精尖企业高质量发展的影响具有时变效应，这种时变效应反映出高精尖企业在不同发展阶段、不同外部环境中，受外界和内部因素影响的程度不全相同。因此，必须以发展的视角去看待高精尖企业的高质量发展问题。

第6章 政府创新补贴、绿色全要素生产率与高精尖产业发展研究

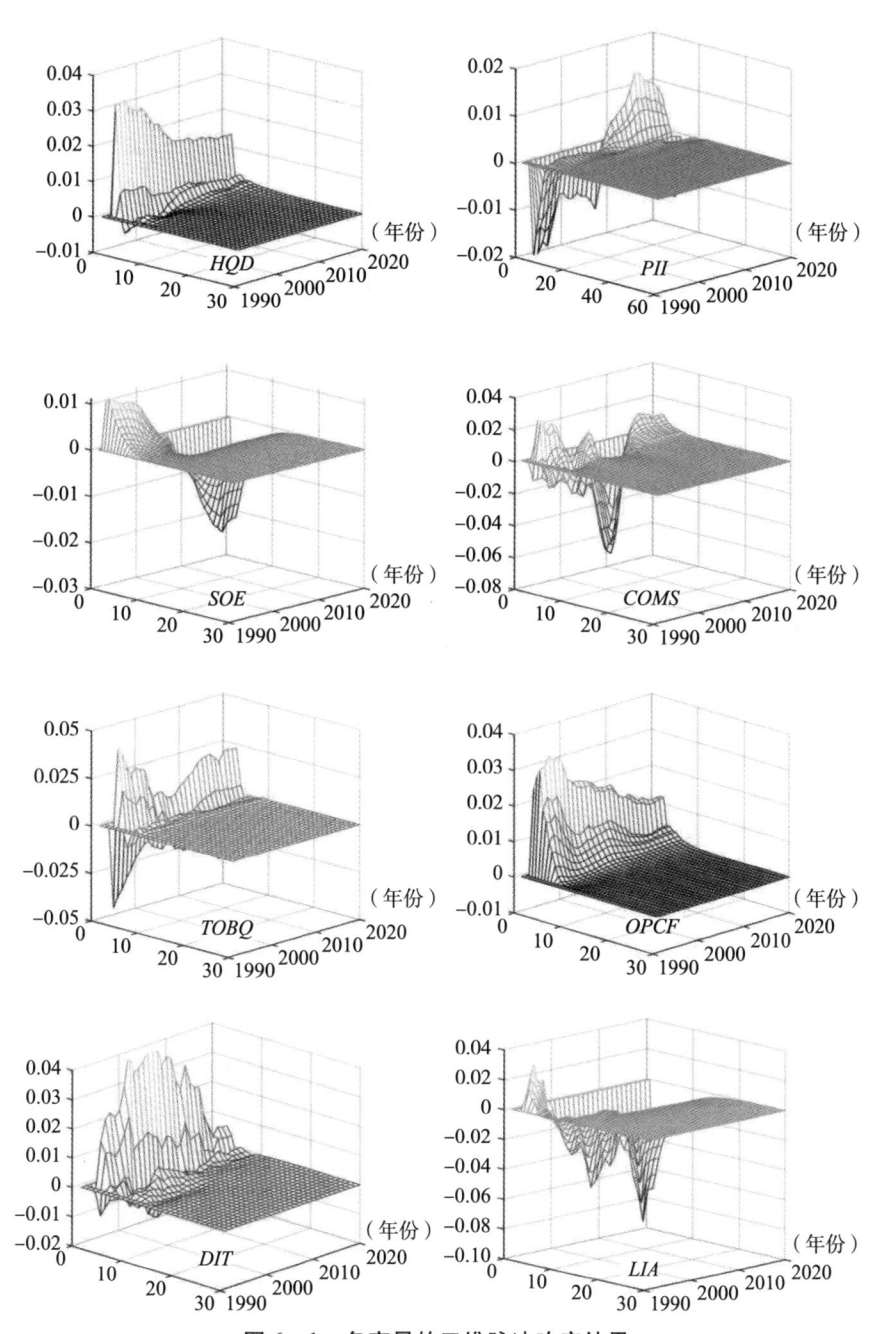

图 6-1 各变量的三维脉冲响应结果

6.4.3.2 中介效应模型回归结果及分析

基于前文对中介效应的分析，本书进一步对高精尖企业的绿色全要素生产率、绿色技术效率和绿色技术进步的中介效应进行检验，检验结果如表6-8所示。首先，从 GTFP 的中介效应检验结果看，Model 7 中 PII 系数估计值为0.1801，并通过了1%显著水平的检验，而 Model 8 中 PII 系数估计值不显著，且 GTFP 系数估计值显著，说明 GTFP 具有完全中介效应；其次，从 GEC 的中介效应检验结果看，Model 9 中 PII 系数估计值显著，而 Model 10 中 PII 系数估计值不显著、GEC 系数估计值显著，反映出 GEC 也是具有完全中介效应；最后，从 GTC 的中介效应检验结果看，Model 11 中 PII 系数估计值显著，而 Model 12 中 PII 系数估计值不显著、GTC 系数估计值显著，反映出 GTC 同样具有完全中介效应。

表6-8　　　　　　　　　　　中介效应检验结果

变量	中介检验 – GTFP		中介检验 – GEC		中介检验 – GTC	
	Model 7	Model 8	Model 9	Model 10	Model 11	Model 12
HQD (-1)		0.4030 (0.0611)***		0.3437 (0.0553)***		0.3338 (0.1537)**
PII	0.1801 (0.0432)***	0.0297 (0.0611)	0.1076 (0.0465)**	0.0137 (0.0568)	0.2066 (0.0663)***	0.0425 (0.1029)
GTFP		0.4642 (0.1965)**				
GEC				0.1485 (0.0830)*		
GTC						0.3056 (0.1039)***
Control variables	Control	Control	Control	Control	Control	Control
ID	Control	Control	Control	Control	Control	Control

续表

变量	中介检验 - GTFP		中介检验 - GEC		中介检验 - GTC	
	Model 7	Model 8	Model 9	Model10	Model 11	Model 12
YEAR	Control	Control	Control	Control	Control	Control
R^2	0.3052	0.8178	0.2345	0.7525	0.2527	0.7993
Obs.	1929	1929	1929	1929	1929	1929

注：* 表示 p < 0.05，** 表示 p < 0.01，*** 表示 p < 0.1。

持续的创新投入作为内生性增长因素的一个重要途径，可以通过提升全要素生产率来推动企业的创新发展（Petti et al., 2007；白俊红，2011；贾品荣，2021），而现代经济增长理论强调技术的内生化过程来阐释经济增长的源泉（Romer，1990），验证高精尖企业绿色全要素生产率的中介效应，是探究政府创新补贴对企业高质量发展影响路径的必经之途。通过厘清政府创新投入、企业绿色全要素生产率和企业高质量发展之间的关系，有助于把控从政府创新投入到企业高质量发展之间的关键节点，识别政策实施与产业发展之间的矛盾与诉求。结合本部分企业绿色全要素生产率分解因素的中介检验结果（Model 9 ~ Model 12）可以得出，Model 11、Model 12 中 GTC 系数估计值显著大于 Model 9、Model 10 中 GEC 系数估计值，反映出政府创新补贴更多从 GTC 途径来影响高精尖企业的高质量发展。因此，北京市政府在实施企业的创新补贴时，在保障技术转化和应用的补助支出的同时，应更加注重新技术研发方面的补助支出。

6.4.3.3 面板门槛模型回归结果及分析

基于前文对调节机制的分析，首先构建产权性质（SOE）、公司规模（COMS）、融资约束（OPCF）和数字化转型（DIT）与政府创新补贴（PII）的交互项，来分析政府创新补贴对高精尖企业高质量发展的调节效应；同时，添加上市年龄（LIA）、托宾 Q 值（TOBQ）

与政府创新补贴（PII）的交互项，进行补充和对照分析，各交互项的估计结果如表6-9所示。产权性质与政府创新补贴交互项（PII×SOE）的总体门槛效应值为0.3410，当PII小于门槛值r时，交互项PII×SOE的系数估计值为0.4442；而PII超过门槛值r后，交互项PII×SOE的系数估计值变为-0.1583。该结果说明当政府创新补贴低于门槛值时，随着补贴力度的增加，国有高精尖企业能得到更好发展；而当政府创新补贴超过门槛值时，随着补贴力度的继续增加，非国有高精尖企业的高质量发展速度将超过国有企业。

表6-9　　　　　　　　　调节效应检验结果

变量	Model 13	变量	Model 14	变量	Model 15
HQD (-1)	0.2266 *** (0.0632)	HQD (-1)	0.2899 *** (0.0335)	HQD (-1)	0.2659 *** (0.0285)
$PII \times SOE$ (ALL)	0.3410 *** (0.0260)	$PII \times COMS$ (ALL)	0.0737 *** (0.0072)	$PII \times TOBQ$ (ALL)	0.0476 (0.0705)
$PII \times SOE \leq r$ (Lower)	0.4442 *** (0.0772)	$PII \times COMS \leq r$ (Lower)	0.2925 *** (0.0681)	$PII \times TOBQ \leq r$ (Lower)	0.0194 (0.0207)
$PII \times SOE > r$ (Upper)	-0.1583 *** (0.0197)	$PII \times COMS > r$ (Upper)	-0.2862 (0.4680)	$PII \times TOBQ > r$ (Upper)	0.1165 (0.1098)
门槛值	0.1144	门槛值	0.1281	门槛值	0.0663
变量	Model 16	变量	Model 17	变量	Model 18
HQD (-1)	0.2994 *** (0.0533)	HQD (-1)	0.3912 *** (0.03359)	HQD (-1)	1.0216 *** (0.0289)
$PII \times OPCF$ (ALL)	0.0692 *** (0.0122)	$PII \times DIT$ (ALL)	0.4125 *** (0.0325)	$PII \times LIA$ (ALL)	0.1846 (0.1501)
$PII \times OPCF \leq r$ (Lower)	0.0941 *** (0.0261)	$PII \times DIT \leq r$ (Lower)	0.1189 *** (0.038)	$PII \times LIA \leq r$ (Lower)	0.1073 (0.1329)
$PII \times OPCF > r$ (Upper)	0.2798 *** (0.0747)	$PII \times DIT > r$ (Upper)	0.3818 *** (0.0996)	$PII \times LIA > r$ (Upper)	-0.2583 (0.2930)
门槛值	0.1012	门槛值	0.0915	门槛值	0.2344

注：* 表示 $p<0.05$，** 表示 $p<0.01$，*** 表示 $p<0.1$。

第6章　政府创新补贴、绿色全要素生产率与高精尖产业发展研究

公司规模与政府创新补贴交互项（$PII \times COMS$）的总体门槛效应值为 0.0737，当 PII 小于门槛值 r 时，交互项 $PII \times COMS$ 的系数估计值为 0.2925；而 PII 超过门槛值 r 后，交互项 $PII \times COMS$ 的系数估计值变为 -0.2862（不显著）。该结果说明当政府创新补贴低于门槛值时，随着补贴力度的增加，公司规模较大的企业能先得到创新补贴的好处，这可能由于大企业在资金、知识、人才储备，以及技术研发、科技转化等方面的优势，更容易得到和利用政府的创新补贴；而当政府创新补贴超过门槛值时，随着补贴力度的继续增加，规模较小的企业将得到快速发展，反映出随着政府创新补贴投入的增加，其对中小企业高质量发展的影响逐渐超过大企业。

融资约束与政府创新补贴交互项（$PII \times OPCF$）的总体门槛效应值为 0.0692，当 PII 小于门槛值 r 时，交互项 $PII \times COMS$ 的系数估计值为 0.0941；而 PII 超过门槛值 r 后，交互项 $PII \times COMS$ 的系数估计值变为 0.2798。该结果说明当政府创新补贴低于门槛值时，融资约束是影响政府创新补贴发挥政策效应的重要因素（系数估计值较小）；而当政府创新补贴超过门槛值时，融资约束对政府创新补贴发挥政策效应的影响变小（系数估计值增大）。

数字化转型与政府创新补贴的交互项（$PII \times DIT$）的总体门槛效应值为 0.4125，当 PII 小于门槛值 r 时，交互项 $PII \times DIT$ 的系数估计值为 0.1189；而 PII 超过门槛值 r 后，交互项 $PII \times DIT$ 的系数估计值变为 0.3818。该结果说明当政府创新补贴低于门槛值时，数字化转型提升政府创新补贴政策效应的能力较低，这是由于企业的数字化转型需要大量资金作为支撑，当政府创新补贴规模较小时，不足以弥补较高的转型成本，进而政策效应发挥受阻；而当政府创新补贴超过门槛值时，具有更高数字化转型水平的高精尖企业更能从政府创新补贴中获益，且这是由数字赋能企业创新发展的协同作用拉动的企业高质量发展。

6.5 政府创新补贴效应的自然实验分析

6.5.1 构建高精尖经济结构的自然实验

自然实验法在研究政策效用时需要将样本中的省份划分为实验组和对照组，实验组为执行了该政策的地区，对照组为未执行该政策的地区；同时，根据政策实施的时间，将样本的时期划分为未执行期和执行期。在构建北京市高精尖产业高质量发展的自然实验时，需要甄别出适宜的政策实施年份。

2014年2月，习近平总书记在视察北京时指出，"北京要放弃发展'大而全'的经济体系，腾笼换鸟，构建'高精尖'的经济结构，使经济发展更好服务于城市战略定位"[①]。这是首次提出北京市需发展高精尖产业，随后北京市人民政府出台了《关于进一步优化提升生产性服务业加快构建高精尖经济结构的意见》《北京"高精尖"产业活动类别》《中共北京市委、北京市人民政府关于印发加快科技创新构建高精尖经济结构系列文件的通知》等相关文件，来确保北京市高精尖产业的快速发展。

从相关政策方面看，习近平总书记于2014年提出北京市构建高精尖经济结构后，创新研发补助、知识产权保护、资金补助管理、产业技能提升和科创中心建设等全方位政策措施逐步覆盖，为北京市高精尖企业高速成长提供了重要的政策保障。因此，可将北京市的上市

---

① 张伯旭. 推动"在北京制造"向"由北京创造"的转变[J]. 中国经贸导刊，2016(6).

第6章 政府创新补贴、绿色全要素生产率与高精尖产业发展研究

公司划分为实验组和对照组,实验组为可归类为高精尖产业的上市公司,对照组为其他上市公司;并根据北京市构建高精尖经济结构首次提出的时间划分为两个阶段:一是北京市高精尖产业发展理念提出前的时期(2009~2014年),二是北京市高精尖产业发展理念提出后的时期(2015~2021年)。建立政府创新补贴对企业高质量发展的DID模型为:

$$HQD_{it}^{TC} = \alpha^{TC} + \beta^{TC} DID_i^{TC} \times year_t^{POLICY} + \rho^{TC} X_{it} + \nu_{it}^{TC} + \eta_{it}^{TC} + \varepsilon_{it}^{TC}$$

(6-21)

式中,HQD_{it}代表自然实验中北京上市企业的高质量发展衡量结果,i表示省份,t表示时间;DID_i^{TC}表示实验组虚拟变量,若i属于实验组,则$DID_i^{TC}=1$,否则$DID_i^{TC}=0$;$year_t^{POLICY}$为时间虚拟变量,是北京市高精尖产业发展理念提出的时间(2014年),因此,2009~2014年$year_t^{TC}=0$,2015~2021年$year_t^{TC}=1$;$DID_i^{TC} \times year_t^{TC}$为政策效应变量,其系数$\beta^{TC}$的估计值代表政策对北京上市企业高质量发展衡量结果的影响程度和方向;X_{it}为影响北京上市企业高质量发展的控制变量;ν_{it}^{PS}和η_{it}^{PS}分别为地区固定效应和时间固定效应;ε_{it}^{PS}为随机误差项。

同时,为检验北京高精尖产业发展理念的提出是否显著提升了北京市相关高精尖企业的绿色全要素生产率,故进一步构建政府创新补贴对企业绿色全要素生产率的DID模型为:

$$GPE_{it}^{PS} = \alpha^{PS} + \beta^{PS} DID_i^{PS} \times year_t^{POLICY} + \rho^{PS} X_{it} + \nu_{it}^{PS} + \eta_{it}^{PS} + \varepsilon_{it}^{PS}$$

(6-22)

式中,GPE_{it}^{PS}代表自然实验中北京上市企业绿色全要素生产率,i表示省份,t表示时间;DID_i^{PS}表示实验组虚拟变量,若i属于实验组,则$DID_i^{PS}=1$,否则$DID_i^{PS}=0$;$year_t^{POLICY}$为时间虚拟变量,同理,2009~2014年$year_t^{PS}=0$,2015~2021年$year_t^{PS}=1$;$DID_i^{PS} \times year_t^{PS}$为

政策效应变量,其系数 β^{PS} 的估计值代表政策对北京上市企业绿色全要素生产率的影响程度和方向;X_{it} 为影响北京上市企业绿色全要素生产率的控制变量;v_{it}^{PS} 和 η_{it}^{PS} 分别为地区固定效应和时间固定效应;ε_{it}^{PS} 为随机误差项。

6.5.2 实验组和对照组的差异性分析

为证明 DID 建立的科学性,需对两项自然实验中实验组和对照组在北京市构建高精尖经济结构提出前后(2014 年)北京上市公司绿色全要素生产率和高质量发展的情况进行简单概述。

首先,从企业高质量发展指数平均值的总体水平看,北京市高精尖企业高质量发展指数平均值显著高于非高精尖企业;从企业高质量发展指数平均值的年度变化来看,2014 年之前高精尖企业和非高精尖企业高质量发展指数平均值均相对平稳,2014 年之后高精尖企业高质量发展指数平均值显著增长,与非高精尖企业的差距明显增大,如图 6-2 所示。

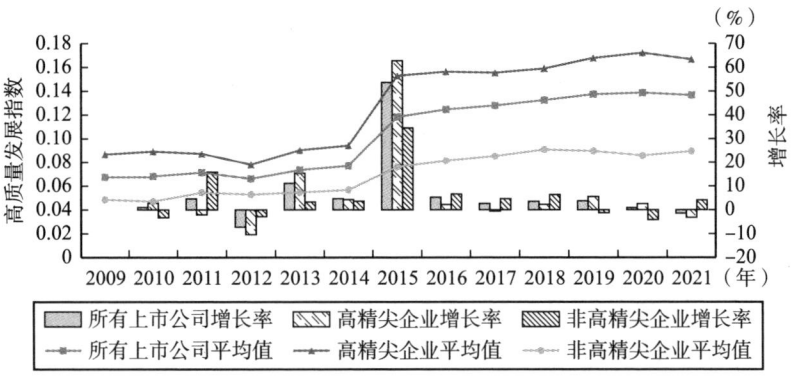

图 6-2 2009~2021 年北京市上市公司高质量发展指数变化趋势

第6章 政府创新补贴、绿色全要素生产率与高精尖产业发展研究

其次，从企业绿色全要素生产率平均值的总体水平看，北京市高精尖企业的绿色全要素生产率平均值高于非高精尖企业；从企业绿色全要素生产率平均值的年度变化来看，2014年之前高精尖企业和非高精尖企业绿色全要素生产率平均值均相对平稳，年度间波动幅度较小，2014年之后高精尖企业绿色全要素生产率呈现先增长，再下降，最后陡增的变动趋势；而非高精尖企业绿色全要素生产率明显低于高精尖企业，且其增长和下降幅度均较为平缓，如图6-3所示。

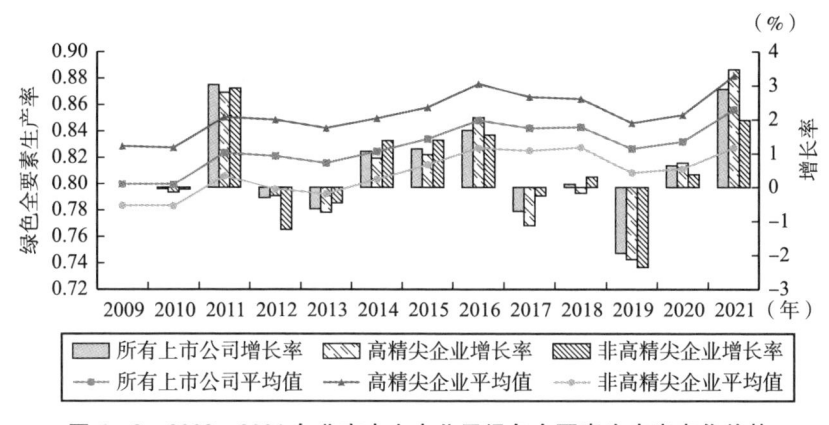

图6-3 2009~2021年北京市上市公司绿色全要素生产率变化趋势

表6-10描述了两项自然实验中北京上市公司的高精尖企业（实验组）和非高精尖企业（对照组）在2014年提出北京市构建高精尖经济结构前后，企业高质量发展指数和企业绿色全要素生产率的变动情形。首先，在企业高质量发展的自然实验中，北京市构建高精尖经济结构提出后，实验组（1）企业高质量发展指数平均值从0.0874增加到0.1614，增幅达到84.67%；对照组（1）企业高质量发展指数平均值从0.0524增加到0.0853，增幅为62.78%。由此可以得出，北京市构建高精尖经济结构政策，提高了北京市高精尖企业高质量发展水平，并使其发展速度明显高于非高精尖企业。其次，在企业绿色

全要素生产率的自然实验中，北京市构建高精尖经济结构提出后，实验组（2）企业绿色全要素生产率平均值从 0.8412 增加到 0.8634，增幅为 2.64%；对照组（2）企业绿色全要素生产率平均值从 0.7940 增加到 0.8102，增幅为 2.04%。故可得出，北京市构建高精尖经济结构政策，在一定程度上提高了高精尖企业的绿色全要素生产率，且提升幅度高于非高精尖企业。

表 6-10　　　　构建高精尖经济结构提出前后企业高质量
发展指数和绿色全要素生产率均值变化

实验类别	分组	2009~2014 年	2015~2021 年	差分
企业高质量发展	实验组（1）	0.0874	0.1614	0.0740
	对照组（1）	0.0524	0.0853	0.0329
	差分 1	0.0350	0.0761	0.0411
企业绿色全要素生产率	实验组（2）	0.8412	0.8634	0.0222
	对照组（2）	0.7940	0.8102	0.0162
	差分 2	0.0472	0.0532	0.0060

6.5.3　DID 模型结果分析

企业高质量发展自然实验中，本书构建了 Model 19~Model 25 来研究北京市构建高精尖经济结构提出后对企业高质量发展的影响，其中 Model 19 为仅包括政策效应、行业固定效应和时间固定效应的基准模型，Model 20 为包含政策效应、控制变量、行业固定效应和时间固定效应的分析模型，各模型的估计结果如表 6-11 所示。在 Model 19 中，政策效应项 DID^{TC} 的系数估计值为 0.1375，且在 1% 统计水平上显著，反映出北京市构建高精尖经济结构的提出对企业高质量发展水平造成了显著的正影响。在 Model 20 中，增加控制变量以后，政策效

应项 DID^{TC} 的系数估计值变为 0.2801，且仍在 1% 统计水平上显著，$Adj-R^2$ 相比 Model 19 显著提高。

同时，为了排除其他因素对企业高质量发展水平的影响，本书采用安慰剂检验来增强 DID 建模分析（DID analysis）的稳定性。因此，

表 6-11　　　　　　企业高质量发展的 DID 估计结果

变量名称	Model 19	Model 20	Model 21	Model 22	Model 23	Model 24	Model 25
$DID^{TC} \times year_{2014}$	0.1375*** (0.0273)	0.2801*** (0.0222)	—	—	—	—	—
$DID^{TC} \times year_{2012}$	—	—	0.0652 (0.0423)	—	—	—	—
$DID^{TC} \times year_{2013}$	—	—	—	0.0661 (0.0442)	—	—	—
$DID^{TC} \times year_{2015}$	—	—	—	—	-0.0650 (0.0465)	—	—
$DID^{TC} \times year_{2016}$	—	—	—	—	—	0.0652 (0.0504)	—
$PII \times DID^{TC}$	—	—	—	—	—	—	0.2273*** (0.0402)
SOE	—	0.1243*** (0.0241)	0.1428*** (0.0281)	0.1330*** (0.0275)	0.1261*** (0.0276)	0.1247*** (0.0276)	0.1231*** (0.0278)
COMS	—	0.0064*** (0.0021)	0.0079** (0.0032)	0.0075** (0.0029)	0.0074** (0.0030)	0.0075** (0.0031)	0.0072** (0.0034)
TOBQ	—	0.1747* (0.1039)	0.1135 (0.1271)	0.1485 (0.1216)	0.1930 (0.1233)	0.2080* (0.1248)	0.2315* (0.1282)
OPCF	—	0.0312*** (0.0086)	0.0292*** (0.0083)	0.0307*** (0.0085)	0.0323*** (0.0088)	0.0326*** (0.0089)	0.0339*** (0.0088)
SHFIS	—	0.1164*** (0.0354)	0.1208*** (0.0365)	0.1122*** (0.0346)	0.1037*** (0.0341)	0.0989*** (0.0340)	0.0892*** (0.0351)
LIA	—	0.1249*** (0.0466)	0.1291** (0.0498)	0.1274*** (0.0480)	0.1239** (0.0475)	0.1207** (0.0472)	0.1093** (0.0487)
ID	Control	Control	Control	Control	Control	Control	Control
YEAR	Control	Control	Control	Control	Control	Control	Control
N	1929	1929	1929	1929	1929	1929	1929
$Adj-R^2$	0.370	0.757	0.784	0.729	0.731	0.739	0.763

假设存在其他因素，于 2009~2013 年或 2015~2021 年对四省份企业绿色全要素生产率造成了较大的负影响。本书定义政策交互项 $DID^{TC} \times year_{2012}$、$DID^{TC} \times year_{2013}$、$DID^{TC} \times year_{2015}$、$DID^{TC} \times year_{2016}$ 分别表示在 2012 年、2013 年、2015 年和 2016 年其他因素影响了企业高质量发展水平，从而构建 Model 21~Model 24 进行安慰剂检验，检验结果如表 6-11 所示。Model 21~Model 24 中，政策交互项的系数均不显著，由此得出实验组企业高质量发展水平的提高是由北京市构建高精尖经济结构的提出所导致的。

本书中关于 DID 模型设计的最终目的是研究北京市构建高精尖经济结构提出后，政府创新补贴对高精尖企业高质量发展水平（及绿色全要素生产率）的影响。因此，进一步构建政策交互项 $PII \times DID^{TC}$（Model 25），来研究提出北京市构建高精尖经济结构后，政府创新补贴的增加能否提高北京市高精尖企业的高质量发展水平，估计结果如表 6-11 所示。在 Model 25 中，交互项 $PII \times DID^{TC}$ 的系数估计值为 0.2273，且在 1% 统计水平上显著。同时，与 OLS 估计（Model 1）、静态固定效应面板模型（Model 2）、异方差稳健静态面板模型（Model 3）、动态固定效应面板模型（Model 5）相比，Model 25 交互项 $PII \times DID^{TC}$ 的系数估计值明显提高，这说明北京市高精尖经济结构政策的提出，显著推动了政府创新补贴对高精尖企业高质量发展的正向影响。

企业绿色全要素生产率自然实验中，本章构建了 Model 26~Model 32 来研究北京市构建高精尖经济结构提出后对企业绿色全要素效率的影响，其中 Model 26 为仅包括政策效应、行业固定效应和时间固定效应的基准模型，Model 27 为包含政策效应、控制变量、行业固定效应和时间固定效应的分析模型，各模型的估计结果如表 6-12 所示。在 Model 26 中，政策效应项 DID^{PS} 的系数估计值为 0.1604，且在 1% 统计水平上显著；在 Model 27 中，增加控制变量以后，政策效应

第6章　政府创新补贴、绿色全要素生产率与高精尖产业发展研究

项 DID^{PS} 的系数估计值变为 0.1921，在 1% 统计水平上显著，且 Adj-R^2 相比 Model 19 显著提高。

同理，定义政策交互项 $DID^{PS} \times year_{2012}$、$DID^{PS} \times year_{2013}$、$DID^{PS} \times year_{2015}$、$DID^{PS} \times year_{2016}$ 分别表示在 2012 年、2013 年、2015 年和 2016 年其他因素影响了企业绿色全要素生产率，从而构建 Model 28~Model 31 进行安慰剂检验，检验结果如表 6-12 所示。Model 28~Model 31 中，政策交互项的系数均不显著，由此得出实验组企业绿色全要素生产率的提高是由北京市构建高精尖经济结构的提出所导致的。

与前文构建政策交互项来分析高精尖经济结构的提出是否改变了政府创新补贴对企业高质量发展的影响相似，本章构建政策交互项 $PII \times DID^{PS}$（Model 32），来研究提出北京市构建高精尖经济结构后，政府创新补贴的增加能否提高北京市高精尖企业的绿色全要素生产率，估计结果如表 6-12 所示。在 Model 32 中，交互项 $PII \times DID^{PS}$ 的系数估计值为 0.2123，且在 1% 统计水平上显著，因此反映了北京市高精尖经济结构政策，显著推动了政府创新补贴对高精尖企业绿色全要素生产率的提升效应。

表 6-12　企业绿色全要素生产率的 DID 估计结果

变量名称	Model 26	Model 27	Model 28	Model 29	Model 30	Model 31	Model 32
$DID^{PS} \times year_{2014}$	0.1604 *** (0.0479)	0.1921 ** (0.0360)	—	—	—	—	—
$DID^{PS} \times year_{2012}$	—	—	0.0208 (0.0164)	—	—	—	—
$DID^{PS} \times year_{2013}$	—	—	—	0.0175 (0.0158)	—	—	—
$DID^{PS} \times year_{2015}$	—	—	—	—	0.0291 (0.0217)	—	—
$DID^{PS} \times year_{2016}$	—	—	—	—	—	0.0316 (0.0271)	—

续表

变量名称	Model 26	Model 27	Model 28	Model 29	Model 30	Model 31	Model 32
$PII \times DID^{PS}$	—	—	—	—	—	—	0.2123*** (0.0311)
SOE	—	0.0046* (0.0027)	0.0041 (0.0028)	0.0039 (0.0027)	0.0044 (0.0027)	0.0049* (0.0026)	0.0047 (0.0039)
COMS	—	0.1524*** (0.0282)	0.1544*** (0.0281)	0.1546*** (0.0281)	0.1533*** (0.0281)	0.1492*** (0.0282)	0.1260*** (0.0274)
TOBQ	—	−0.0099*** (0.0021)	−0.0099*** (0.0022)	−0.0101*** (0.0022)	−0.0099*** (0.0022)	−0.0099*** (0.0021)	−0.0133*** (0.0031)
OPCF	—	0.0573 (0.0467)	0.0573 (0.0469)	0.0559 (0.0468)	0.0573 (0.0468)	0.0581 (0.0467)	0.0656 (0.0433)
SHFIS	—	−0.0111 (0.0091)	−0.0112 (0.0091)	−0.0107 (0.0092)	−0.0111 (0.0092)	−0.0107 (0.0091)	0.1063*** (0.0085)
LIA	—	−0.1369* (0.0819)	−0.1330 (0.0888)	−0.1413* (0.0870)	−0.1369 (0.0878)	−0.1420* (0.0840)	0.3275*** (0.1003)
ID	Control	Control	Control	Control	Control	Control	Control
YEAR	Control	Control	Control	Control	Control	Control	Control
N	1929	1929	1929	1929	1929	1929	1929
Adj−R²	0.286	0.698	0.648	0.647	0.649	0.651	0.743

注：* 表示 $p<0.05$，** 表示 $p<0.01$，*** 表示 $p<0.1$。

6.6　研究结论与政策建议

6.6.1　研究结论

本章首先从门槛效应、中介效应和调节效应三个方面讨论了政府创新补贴对高精尖企业高质量发展的影响机制，基于 A 股上市公司数据，测算了 2009~2021 年北京市高精尖企业的政府创新补贴、绿色

第6章 政府创新补贴、绿色全要素生产率与高精尖产业发展研究

全要素生产率和高质量发展指数,并借助动态门槛模型、中介效应检验模型、调节效应检验模型,来分析政府创新补贴对北京市高精尖企业高质量发展的影响机制,并通过构建DID模型,补充讨论了政府创新补贴对高精尖企业和非高精尖企业影响的差异性,得出的主要结论包括:(1)政府创新补贴对北京市高精尖企业高质量发展的影响具有动态、非线性效应,即政府创新补贴的影响具有门槛效应,当政府创新补贴迈过门槛值后才能对企业高质量发展形成显著正效应,政府应持续提升对高精尖企业的创新补贴才能高效推动其发展。(2)绿色全要素生产率及其要素分解(绿色技术效率和绿色技术进步)在政府创新补贴对高精尖企业高质量发展的影响中均具有完全中介效应,且政府创新补贴更多从绿色技术进步途径来影响高精尖企业的高质量发展,因此北京市政府在实施企业的创新补贴时,在保障技术转化和应用的补助支出的同时,应更加注重新技术研发方面的补助支出。(3)企业的产权性质、公司规模、融资约束和数字化转型水平都能影响政府创新补贴的政策效应,进而根据企业的类别和特征细化补贴资助方案能有效提升其政策效应。(4)北京市构建高精尖经济结构提出后,高精尖企业高质量发展和绿色全要素生产率提高幅度明显高于非高精尖企业,且政府创新补贴对高精尖企业高质量发展水平(及绿色全要素生产率)正影响的提升效应明显高于非高精尖企业。

6.6.2 政策建议

一是强化政策针对性,聚焦精准调控,加大对实体经济的支持力度。对于发展状况不佳的企业,政府可以适当加强财税支持。

二是坚持"创新是引领发展的第一动力""人才是第一资源",坚持创新驱动发展战略。要增强实体企业创新能力,以高技术创新支撑和引领经济高质量发展。创新驱动实际上是人才驱动,因此需要进

一步完善人才培养和激励机制。同时，企业是创新的主体，要优化企业的创新激励、政策引导和发展环境。

三是把财务可持续性作为持续健康发展的基本要求。财务信息的质量主要从资产结构、偿债能力、经营能力、盈利能力、开发能力等方面进行评价，及时、高质量的财务信息报告将进一步促进企业健康发展。因此，对实体企业高质量发展的评价具有重要意义。

四是加快推动高精尖企业数字化转型，提高数字赋能企业高质量发展水平。加快技术攻关，鼓励科研机构、示范企业等多元主体开发先进数字化技术，鼓励企业、机构和个人积极学习数字化技能；建立健全数字化应用激励机制和评价体系，积极推进先进数字化技术在企业、行业、市场上的应用，不断促进数字技术与数字产品和服务之间的交叉融合；发挥数据要素对其余生产要素的带动作用，积极推动数据要素的自由流转。

6.7 本章小结

在高精尖产业驱动方式转变的过程中，一方面，依靠技术创新带动全要素生产率提升；另一方面，制度与管理的创新有利于调动劳动者充分发挥智慧才智的积极性和创造性，合理配置生产要素，提高要素配置效率，进而促进全要素生产率增长。积极挖潜政府的创新补贴对全要素的提高具有重要作用。

本章基于A股上市公司数据，测算了2009~2021年北京市高精尖企业的政府创新补贴、绿色全要素生产率和高质量发展指数，并借助动态门槛模型、中介效应检验模型、调节效应检验模型，来分析政府创新补贴对北京市高精尖企业高质量发展的影响机制，并通过构建DID模型，补充讨论了政府创新补贴对高精尖企业和非高精尖企业影

第6章 政府创新补贴、绿色全要素生产率与高精尖产业发展研究

响的差异性。得出的主要结论包括：（1）政府创新补贴对北京市高精尖企业高质量发展的影响具有动态、非线性效应，即政府创新补贴的影响具有门槛效应，当政府创新补贴迈过门槛值后才能对企业高质量发展形成显著正效应，政府应持续提升对高精尖企业的创新补贴才能高效推动其发展。（2）绿色全要素生产率及其要素分解（绿色技术效率和绿色技术进步）在政府创新补贴对高精尖企业高质量发展的影响中均具有完全中介效应，且政府创新补贴更多从绿色技术进步途径来影响高精尖企业的高质量发展，因此北京市政府在实施企业的创新补贴时，在保障技术转化和应用的补助支出的同时，应更加注重新技术研发方面的补助支出。（3）企业的产权性质、公司规模、融资约束和数字化转型水平都能影响政府创新补贴的政策效应，进而根据企业的类别和特征细化补贴资助方案能有效提升其政策效应。（4）北京市构建高精尖经济结构提出后，高精尖企业高质量发展和绿色全要素生产率提高幅度明显高于非高精尖企业，且政府创新补贴对高精尖企业高质量发展水平（及绿色全要素生产率）正影响的提升效应明显高于非高精尖企业。

第7章　高精尖产业创新生态系统的特征与要素

高精尖要在一个坐标体系里思考——"高"最重要的指标是研发强度;"精"是具有自主知识产权的原始创新;"尖"是能够引领技术发展方向并处于国际技术前沿。"高精尖"产业的本质,是一种创新驱动的产业。创新驱动的产业对产业生态要求很高。迄今为止,对高精尖产业的支持主要侧重于高精尖技术的突破与产业化。实际上,高精尖产业的发展不仅依赖于科学技术的突破,包括营商环境、配套投入和互补性产品等在内的整个配套与支撑体系也至关重要。如同生物群落是一个有机的整体一样,产业的发展也依赖于健康的生态环境。只有健康的产业生态系统才能支撑新兴技术、新兴商业模式、新兴企业的成长与变革,进而推动高精尖产业的繁荣。因此,除了技术的创新与产业化之外,应从产业生态系统的视角,研究高精尖产业的培育发展。

7.1　高精尖产业创新生态系统的定义

7.1.1　产业生态系统

7.1.1.1　产业生态系统的概念

产业生态系统这一概念起源于产业生态学和环境经济学领域的研

究，由弗罗奇和盖洛珀洛斯（Frosch and Gallopoulos，1989）提出。在自然界当中各种生物或生物群落聚集在一定的空间范围内，生物与生物之间、生物与自然环境之间进行着能量、物质和信息的交互，彼此相互促进、相互制约，构成一个统一整体并在一定时期内处于相对稳定的动态平衡的状态，这一空间范围内的生物群落与外在环境及其之间的复杂关系就构成了自然界的生态系统，其组成成分有非生物的物质和能量、生产者、消费者、分解者，其中生产者为主要成分。随着人们对生态系统及社会组织结构认识的不断深入，有研究发现，人类社会的组织部门、运转方式和生物学意义上的生态系统有着很强的相似性，并将"生态系统"这一概念广泛引入到社会科学领域。生态、环境经济学家在产业集群的研究当中融入了生态学的理念，认为在一定的空间范围内，集群内部的各类企业在相仿的社会、经济规制下享受着近似的资源要素，企业与企业之间，企业与环境之间，相互影响、相互渗透，集群内的企业在复杂的产业生态网络内协同发展，产业要素、经济主体、产业环境之间相互依赖、协同共生、交互演进，形成了一种类似于自然生态系统的产业生态系统。

7.1.1.2 产业生态系统的研究对象

目前学术界对于产业生态系统的研究对象有着不同的侧重。部分研究关注于产业生态系统的集群区域内物质和能量的流动机制能否实现一种工业代谢，即系统内的生产者、消费者、再生者和外部环境能否使生产过程中产生的副产品得到有效利用，进而改善该地区的生态环境；其他研究则以系统仿生学的角度建立起高效、环保的产业生态系统，着重于探讨产业生态系统内部的各要素节点之间的协调性及其依存关系是否贴近自然生态系统；也有一部分研究关注于产业生态系统的机制、系统内部参与者、外部环境的影响等要素之间的交互关系，可以根据某系统内企业的技术创新、经济效益、产品应用等方面的成果来回答某产业生态系统是否有效促进了该区域内的产业发展。王雪（2017）通过对产业生态学文献进行计量分析发现，可以将产业生态系统的研究对象分为三大类，即宏观层面上生产系统物质代谢、中观层面上产业共生和微观层面上生命周期评价研究。王兆华（2003）通过比较自然生态系统中的生物链结构的特点，对生态工业园中的生态产业链模型做了类比分析，认为模仿自然生态系统、按照自然规律来规划传统的工业园区具有非常深远的现实意义。李晓华（2013）基于其研究的侧重点给予了产业生态系统精准的定义：由能够对某一产业的发展产生重要影响的各种要素及其相互作用关系所组成，由与产品的研发、生产与应用等环节相关的大学、科研机构、原材料供应商、核心生产者、互补投入生产者、互补品生产者、中介组织、消费者等产业的各类参与者作为主体，与支撑产业发展的辅助因素、外部环境等共同组成的有机系统。

7.1.1.3 产业生态系统的主体

产业生态系统存在着与自然生态系统相似的"群落"，即产业生态系统的主体部分，它是系统内各类产业在不同环节内的参与者。产品在研发阶段需要大学和科研机构为其提供技术支撑，大学主要承担人才输出和科研的功能，进行基础研究或应用研究；科研机构包括各类专注于应用研究的研究院及部分企业内部的研究部门，为产品研发提供基础性、前沿性的研究成果。

在产品的生产阶段则需要上中下游产业链的协同配套，产业链的实质就是与产品生产相关联的企业形成的链式结构，这种关联指的是在要素流动层面上企业之间的供给与需求的关系。产业链上游为整条产业链的开端，为后续的生产环节提供原材料与零部件；产业链中游则主要承担核心设备和产品的制造；产业链下游一般为消费者生产成品或提供服务。企业的上下游是相对而言的，整条产业链紧密相连，有着强大的依存关系，若没有上游企业提供的原材料，下游企业将如"巧妇难为无米之炊"；若没有下游企业的生产制造，上游企业的原材料也将"英雄无用武之地"。在产品的销售及应用阶段或者说市场阶段，还需要有销售部门和消费者的参与，销售部门帮助企业调研市场信息和客户需求，规划企业的营销策略，最终将产品销售到具有产品需求的消费者手中；在产业生态系统内，消费者不单单指居民消费者，也包括一部分企业消费者，系统内各类企业的产品、副产品都可能会是其他产业的原材料。在产业生态系统内一般还存在着一些金融服务机构，它们起到了帮助企业解决融资难题，降低企业经营风险，增强系统内的经济活力的作用。

【专栏7-1】

率先建立起完整的产业生态系统的区域将占据先机

产业生态已经进入了一个以构建需求对接、业务关联、市场融合、经营协同为特征的新时期。现阶段，产业生态的形成已经表现为两大特征：一是同行业或产业链相关企业聚集在一个地理区域形成产业集聚；二是当地龙头企业凭借产品的独特位置和竞争力，基于商业模式的延伸带动身边生态个体成长而形成的商业生态系统。产业的发展是整个产业生态系统共同作用的结果，各区域经济之间的竞争实际上就是产业生态的竞争，那些能够率先建立起完整的产业生态系统的区域将会在经济发展中占据先机。

目前，我国已经逐渐探索出"产业集聚—产业生态—产城融合"的区域经济发展模式，各区域城市从"产业"竞争向"产业生态"竞争转变，且产业生态专业化、垂直化的趋势愈加明显。

以北上广深为代表的超级中心城市，能够保持高增长的根本原因，在于建立了较好的产业生态，表现为不断有经济增长点涌现，能够不断在新兴产业和科技创新上取得重大突破，孵化培育出原创新兴产业，成长出一批作为行业引领者的独角兽企业群体，在行业内成为全国乃至全球的高地。反观很多三四线城市经济增长缓慢，有一部分原因是产业生态不健康、不完善，对人才、资金、技术等资源的吸引力不足，缺乏创新的土壤，导致经济增长丧失内生动力。

（资料来源：根据公开资料整理）

7.1.2 产业生态系统的核心层

产业生态系统当中，一项产品从立项到问世需要经过一系列复杂过程，是系统内各部门及要素的交互结果，大致可分为研发创新、组织生产、产品应用三个过程。因此，可以依照产品价值的实现流程将产业生态系统划分为创新生态系统、生产生态系统与应用生态系统三个子系统，它们构成了产业生态系统的核心层。

7.1.2.1 创新生态系统

在科学技术飞速发展的今天，创新能力成为国家、企业的核心竞争力之一，随着技术创新的步伐加快，创新难度、创新成本不断加大，仅依靠单一企业的能力和资源难以有效实现技术创新。由于能够充分发挥产业空间集聚的创新优势，创新生态系统的构建越来越受到重视。创新生态系统既包括企业自身的研发中心、检测中心、设计中心、中试基地等研发机构，还包括大学、科研机构、供应商和技术中介等组织。在某区域的产业生态系统内，高校、科研机构出于获取科研经费和科研成果的目的，企业为了提升技术创新能力、降低产品研发风险、提升产品竞争力并引领市场，共同走上了联合创新的道路。创新活动逐渐从单一部门的创新模式转变为高校、科研机构、企业等多部门合作的创新模式，这是在市场机制的调节作用下系统内的各部门所作出的高效率、低成本的选择。企业既是技术创新的需求者也是参与者，企业有着发展新产品或提升产品竞争力的需要，产品研发的技术需要为创新活动指明了研究方向，同时企业的科研部门也能为创新活动提供研究成果。高校及科研机构在创新活动中承担着基础性、前沿性和具有产业共性的科研任务，是系统内技术创新的中坚力量。产业生态系统在创新领域经过多部门的协调配合，逐渐形成了有助于部门间进行资源共享、信息互通、技术互补的创新网络组织，并在此基础上形成了创新生态系统。相较于传统创新模式，创新生态系统更加强调创新活动的系统性，依靠其网络拓扑结构的特点，区域集群内的企业和机构作为网络节点相互连接，在创新领域构建起复杂的连接关系，不仅增加了创新参与者的丰富性与多样性，还有效促进了系统创新效率的提高和创新成果的传播。

7.1.2.2 生产生态系统

为实现其盈利目的，企业运用土地、劳动力、资本、信息、技术和企业家才能等生产要素进行组织生产，为消费者生产商品，提供服务。在这一生产环节中生产要素转化成为商品，为企业价值、产品价值的实现以及用户效用的满足提供了物质基础，国民经济也在这一过程中得到增长，生产制造的重要性不言而喻。强大的工业制造能力是国家综合实力和国际竞争力的重要保障，制造业是我国经济发展的基础，制造业转型是我国经济发展结构转型的基础。传统制造业面临着环境规制约束、生产成本上升、发展后劲不足等难题，如何推动传统制造业转型升级并与现代制造业协同配合、共同发力进而实现高质量发展，是面对发展难题所必须回答的时代之问。

20 世纪 70 年代以来，在经济全球化的背景下，发达国家的制造业在面临发展困境时不约而同地选择了国际产业转移，将劳动、资源密集型企业外移，降低了劳动力成本，减少了环境污染，但是由于制造业在国民经济当中的占比巨幅下降，经济发展脱实向虚，国际经济危机频繁发生。近年来，以美国为代表的发达国家重新强调制造业的重要性，提出"制造业回归"战略，尤其是以人工智能、新能源、智能机器人、先进材料、3D打印、纳米生物技术等为代表的高端制造业和新兴行业。现如今，消费者对企业产品的功能、品质要求提升，产品生产的技术要求和生产复杂度提升，几乎没有一家厂商能够独立负责一件产品的原料加工、生产设备制造、零部件制造以及最终产品制造等环节的全部生产流程。在特定区域的产业集群内，每个参与生产的企业只负责产品的全部生产流程当中的个别环节，每个企业都是产业链当中的一个节点，为了生产某一件最终产品，集群内的企业通过其产品、副产品和其他企业建立起供需层面的联系，形成了生产生态系统，为传统制造业的转型升级和现代制造业的高速发展提供了"破题之道"。生产生态系统包括生产最终产品的企业、供应商、供应商的供应商、生产设备制造商、生产性服务提供商以及相关中介组织。比较典型的生产生态系统有丹麦的卡伦堡生态工业园，它属于企业之间的循环经济的运行模式，是世界上最早和目前国际上运行最为成功的生态工业园，被誉为循环经济的"圣地"。其系统要义是把园区内不同的工厂联结起来，形成共享资源和互换副产品的产业共生体，使得一家工厂的废气、废热、废水、废渣等成为另一家工厂的原料和能源。园区内的工业代谢可以有效利用生产环节当中的废料，减少园区周围环境污染，解决环境规制下企业发展难题；园区内生产要素流动成本也因为距离较近而得以节省，生产废热、废水、废料的"转废为宝"也大大降低了企业生产成本；生态工业园区的企业间因为生产环节的交互连接在一起，相互交融，依照其产业链特点逐渐形成园区内的特色产业，生产效率也因为企业间的能量、物质、资源、信息、技术的交互而得到提升。卡伦堡生态工业园区的发展模式为我国传统制造业发展转型以及现代制造业改造升级提供了良好的系统案例，搭建有效的生产生态系统是集群内众多企业和机构解决其生产领域诸多问题的良策。

7.1.2.3 应用生态系统

生产环节中进行产品的生产制造，将生产要素转化为消费者所需的产品，是实现商品价值的物质准备阶段，当来到产品的销售、应用环节，进行的则是生产所得的商品与对产品有消费需求的消费者的对接过程。应用环节的优劣深刻影响着产业发展，商品从最初设计研发阶段到生产环节再到应用环节，企业所有的行为和决策都是为实现用户需求这一最终目的而服务的。为了能够给消费者提供多领域、多层次的产品，更全面地保障用户的需求、效用、体验得到满足，产业集群内的企业孕育出以满足消费者需求为导向的应用生态系统。

应用生态系统包括用户、互补产品、竞争产品、分销渠道、售后服务、用户社区等，这些要素共同决定了用户效用的实现和用户的满意度，并通过反馈机制促进或限制产业的发展。企业间的交互关系在应用生态系统内的交互表现为产品之间替代性、互补性的关系。在产业集群内各企业的产品存在着相应的替代品、互补品，在市场机制的作用下，替代品之间存在一定的市场竞争，企业会在竞争压力下通过优化原材料、技术创新、生产优化等手段来提升自身产品质量进而"讨好"消费者，为消费者提供更多样的选择；互补品的发展会丰富市场产品的多样性，填充消费者的需求，并且更高的互补产品丰富度和产品质量更有利于产品价值的实现。在科学技术飞速发展的今天，众多企业着眼于国内广阔的互联网用户市场，互联网企业层出不穷，涌现出阿里、腾讯、字节跳动、京东、哔哩哔哩、百度、网易等一众互联网公司。这些企业为用户提供的产品存在着异质性，其互联网产品之间显现出一定的替代关系和互补关系。在这些竞争中，淘宝和京东商城作为相仿的电商平台、购物软件相互替代；微信和支付宝作为类似的支付软件相互替代，替代品之间的竞争不仅有效防止垄断的产生，还逼迫各个厂商通过提升产品技术来为用户提供更优质的服务。腾讯为用户提供了一款优质的即时通信软件——微信，微博为互联网提供了优质的社交平台，哔哩哔哩为用户提供了具备社交属性的视频网站，其差异化的互补特性填补了用户对互联网产品的不同需求。应用生态系统内企业产品之间的替代性和互补性特点在系统内的交互演进过程中最终都导向了消费者受益。

【专栏 7-2】

成都：聚焦创新生态营造放大要素集聚优势

2023 年 7 月 3 日，《中共成都市委关于坚持科技创新引领加快建设现代化产业体系的决定》提出，成都要聚焦创新生态营造放大要素集聚优势。

突出企业科技创新主体地位。实施企业梯度培育行动，大力推动科技型企业上规、上榜、上云、上市，加快打造一批拥有核心技术的领航企业、"隐形冠军"和专精特新"小巨人"企业，壮大高新技术企业集群。实施国有企业改革深化提升行动，推动国有企业通过股权合作、共建实验室等方式，与科研院所、高等学校等创新主体深度合作。加大对民营企业创新的政策支持力度，充分发挥民营企业在科技创新中的重要作用。建立企业创新积分指标体系，推动银行、投资机构依托创新积分实施"投贷联动"，支持科技型企业加快发展。坚持引进和培育并举，加快打造集研发、制造、服务于一体的大型企业集团和世界一流企业，形成大中小企业融通、上中下游企业协同、内外资企业共生共赢的发展格局。

第7章 高精尖产业创新生态系统的特征与要素

完善科技金融服务体系。设立成都天使投资母子基金，提升"投新、投早、投小、投硬"能力。完善产业基金"募投管退"闭环体系，支持重点产业链组建专业化子基金。充分发挥政府引导基金作用，通过市场化方式做大重产基金和科创投基金规模能级，强化"重产+科创"基金群招投联动。鼓励银行、证券、保险等金融机构设立科技支行、科创金融事业部、科创保险专营机构，大力推广"人才贷""成果贷""研发贷"等科技金融组合产品，支持发展科创类直接债务融资，推广发行知识产权证券化产品。鼓励市属国有控股银行等加大对科技型小微企业融资支持力度，细化落实市属国有企业经营投资尽职合规免责制度。

筑牢教育人才基础支撑。聚焦打造全国创新人才高地，实行"一把手"领办人才项目、联系服务顶尖人才制度，深入实施顶尖科技创新团队"双招双引"和产业建圈强链人才计划、海外智力城市服务行动计划，重点引优育强一批科技领军人才、优秀青年科技人才和科技创新创业团队。推进职普融通、产教融合、科教融汇，构建现代职业教育和技能培训体系，高水平建设成都国际职教城。持续开展"成都工匠"培育评选，办好成都工匠学院。给予链主企业、高能级创新平台、高校院所更多人才评价自主权和举荐权，构建多层次多渠道多方式人才引育机制。

做强新型基础设施底座。加速建设信息基础设施，构建"超算中心+智算中心+云计算中心+边缘计算"算力支撑体系，打造全国一体化算力网络国家枢纽节点，服务国家"东数西算"工程。全面发展融合基础设施，推进智慧交通、智慧能源、数字市政等建设，打造智慧蓉城应用场景，建设"数字孪生城市"。加快城际高速铁路和城际轨道交通建设，构建便捷高效城市"通勤圈"，提升"两场两港"枢纽链接和运筹要素能力，打造国际门户枢纽，促进知识、技术、人才等创新要素加速流动。

179

强化财税用地服务保障。深化财政科技经费分配使用机制改革，保持市和区（市）县两级财政科技支出稳定增长，重点加大对优势产业赛道、研发初创环节支持力度。全面落实研发费用加计扣除等税收优惠政策，推动普惠性政策"应享尽享"。做好重大科技基础设施等用地保障，加快清理低效闲置用地，推行新型产业用地和新型科研设计用地管理，因地制宜推进"工业上楼"。

7.2 高精尖产业创新生态系统的特征

7.2.1 产业生态系统的特征

产业生态系统的主要特征系统不是指其各组成要素构成一个系统的组织，而是指其各方面之间的关系是系统性的，它是一个系统内所有要素累积而形成的因果关系（纳如拉，2011）。类似于自然生态系统，产业生态系统中的各要素、各部门与其生存发展环境之间也形成了相互依存、相互作用的复杂生态网络，表现出相互依赖、复杂链接、自我修复、共同演化的系统性特征。

7.2.1.1 相互依赖

由于单个企业在技术研发、生产制造、营销推广等方面存在专业能力的有限性和资源要素的异质性，因此，企业的业务范围也被锁定在少数优势领域。一个企业想要在经济发展日新月异的今天得以立足，只能寻求部门间合作，同高校、科研机构共同参与研发设计、技术创新，同其他不同企业进行要素传递、协调生产、合作销售等环节，由单一企业负责全部流程的发展模式转变为由产业生态系统中的参与者各自承担特定职能的发展模式。单个部门在经济活动中很难完成部门价值的实现，但当其作为这复杂网络当中的一个节点，成为产业生态系统中不可或缺的组成部分，并将资源要素进行整合，在节点与节点之间形成服务与被服务、供应与被供应的连接关系，就可以最大化地实现自身价值，推动产业的健康持续发展。产业生态系统的相互依赖不仅表现在系统内各要素、各部门和环境之间，其创新、生产、应用三个子系统之间也有着相互依赖的特征。创新子系统为生产子系统进行产品设计和技术研发，为应用子系统提供了新的营销模式、服务技术和用户体验；生产子系统将创新子系统的设计及技术成果以产品或服务的形式表现出来，再提供给应用子系统；应用子系统将产品销售到有需求的消费者手中实现产品价值，提供售后服务，建立反馈机制，再由创新、生产子系统对用户建议进行吸收，从而调整其研发与生产活动以适应用户需求的变化。

7.2.1.2 复杂链接

产业生态系统当中的各部门之间的联系并不只是单一的供应关系、竞争关系、合作关系，而是相互交叉融合的复杂链接，仅两个企业间就会建立起复杂的关系网络，其关系并不是完全对立或完全统一的，而是相互协作、相互促进、相互制约的，二者间可能有着要素、产品的相互供应，也可能存在着合作与竞争并存的发展关系，而部门数量更为庞大的产业生态系统内建立的关系就更为错综复杂。具体来说，系统中的复杂链接可表现为：一件产品从设计到应用的价值链需要众多部门共同的支持，需要高校、科研机构等部门的技术支撑，需要其他企业进行原材料、零部件、设备的供应，还需要销售部门、中介机构等部门提供市场营销服务。正是因为创新、生产、应用各个环节的需求各异，而单一企业自身难以独立解决需求问题，从而企业与众多部门建立复杂链接，共同服务于这一件产品。这件产品本身又可以成为众多产业的投入,再一次与其他产业建立联系,形成更为复杂的关系网络。

7.2.1.3 自我修复

类似于自然生态系统,产业生态系统也有着自我修复的能力。自然生态系统中生物与生物之间、生物群落与无机环境之间的交互在稳定的外部环境下会逐渐达到一种动态平衡,结构和功能处于相对稳定状态,称为生态平衡。当这种生态平衡因系统内扰动或外界干扰而遭受破坏时,生态系统可以通过自我调节能力来修补某些局部损伤或破坏,以恢复到初始的稳定状态或实现新的生态平衡。产业生态系统在遭受外界环境冲击或出现系统内扰动而失衡时,也具有类似的自我修复能力,这种能力是建立在有效的市场调节的基础上的。由于信息不完全,产业生态系统中时常会发生各部分发展不平衡的状况。例如,上游产业生产能力较弱将会限制下游产业的生产,系统生产能力得不到释放,此时下游产业将会寻求新的上游部件作为替代,而上游也会因为下游需求较大,进行技术创新,从而扩大生产释放产能;企业销售能力较弱将会囤积货物,系统循环受阻,此时企业一方面会减少生产,另一方面会寻找新的销售部门,制定新的销售策略;互补品供应出现缺口将会影响产品价值的实现,此时企业会寻求新的互补品制造厂商。值得注意的是,产业生态系统的自我修复能力有限,当系统遭受到的破坏超出了系统的调节范围,就需要外部介入的方式予以支持。

7.2.1.4 共同演化

自然生态系统中存在着"优胜劣汰,适者生存"的自然选择理论,当种群的生存环境发生改变,只有适应新环境的个体特征或基因才能在生存斗争中留存下来,最终在环境的定向选择下形成新的物种。类似的,产业生态系统也有着相似的演化理论,系统的外部环境、科学技术、辅助因素、参与部门也都在不断发生着变化：在政策的作用下，外部环境可能会发生剧烈变动；基础理论取得突破可能会迎来科学技术的革新；辅助因素变动可能会带来生产要素价格、人们的消费习惯、国际贸易市场等方面改变；系统参与部门的增加或减少可能会对原生产网络造成一定的影响。产业生态系统演变是在外生推动和内生演变的作用下进行的，只有主动适应环境、顺应发展潮流的企业才能生存下来，而那些不能针对环境变化主动求变的企业，最终只能被环境所淘汰。在系统的动态演进过程中，经历一轮轮的筛选和淘汰，系统内成员及组织结构实现了由低级向高级、由简单向复杂的协同进化。

7.2.2 高精尖产业创新生态系统的核心要素

高精尖产业创新生态系统具有多样性包容性、营养物质、新陈代谢、能量转换、主体要素间的关联、环境支撑六大关键要素，前四大要素描述高精尖产业生态系统所具有的基础条件。

其中，多样性包容性指高精尖产业生态系统发展的创新主体多元化；营养物质指维持高精尖产业生态系统发展的必备条件；新陈代谢用来表征高精尖产业生态系统的生命周期特性；能量转换指高精尖企业的投入产出效率及区域技术创新能力等，表征高精尖产业生态系统能量的输入与输出；主体要素间的关联指基于需求导向的高精尖产业生态系统内部各主体之间的共生关系，用于描述主要物种结构、种群内协作能力、调节与平衡能力。

7.3 本章小结

迄今为止，对高精尖产业的支持主要侧重于高精尖技术的突破与产业化。实际上，高精尖产业的发展不仅依赖于科学技术的突破，包括营商环境、配套投入和互补性产品等在内的整个配套与支撑体系也至关重要。如同生物群落是一个有机的整体一样，产业的发展也依赖于健康的生态环境。只有健康的产业生态系统才能支撑新兴技术、新兴商业模式、新兴企业的成长与变革，进而推动高精尖产业的繁荣。因此，除了技术的创新与产业化之外，应从产业生态系统的视角，研究高精尖产业的培育发展。

产业生态系统的主要特征系统不是指其各组成要素构成一个系统的组织，而是指其各方面之间的关系是系统性的，它是一个系统内所有要素累积而形成的因果关系。产业生态系统中的各要素、各部门与其生存发展环境之间也形成了相互依存、相互作用的复杂生态网络，表现出相互依赖、复杂链接、自我修复、共同演化的系统性特征。

高精尖产业创新生态系统具多样性包容性、营养物质、新陈代谢、能量转换、主体要素间的关联、环境支撑六大关键要素，前四大要素描述高精尖产业生态系统所具有的基础条件。其中，多样性包容性指高精尖产业生态系统发展的创新主体多元化；营养物质指维持高精尖产业生态系统发展的必备条件；新陈代谢用来表征高精尖产业生态系统的生命周期特性；能量转换指高精尖企业的投入产出效率及区域技术创新能力等，表征高精尖产业生态系统能量的输入与输出；主体要素间的关联指基于需求导向的高精尖产业生态系统内部各主体之间的共生关系，用于描述主要物种结构、种群内协作能力、调节与平衡能力。

第 8 章 北京高精尖产业创新生态系统评价

高精尖产业的发展不仅依赖于科学技术的突破，包括营商环境、配套投入和互补性产品等在内的整个配套与支撑体系也至关重要。只有健康的产业生态系统才能支撑新兴技术、新兴商业模式、新兴企业的成长与变革，进而推动高精尖产业的繁荣。因此，本研究建构高精尖产业创新生态系统的指标体系，评价分析北京高精尖产业创新生态系统发展状况。

8.1 构建高精尖产业创新生态系统评价体系

8.1.1 创新生态系统评价的背景

产业生态系统是在产业生态理论基础上发展而来，是借鉴自然生态系统而建立的人造系统（王雪、施晓清，2017），同时也是目前国内外学者研究的热点内容。国外学者主要从微观层面对产业生态系统进行了研究，包括绿色供应链管理、清洁生产、循环经济、绿色技术等，如沃克等（Walker et al.，2021）、尹等（Yoon et al.，2018）、巴尔达萨雷等（Baldassarre et al.，2019）和博尼拉－艾丽西亚等（Bonilla-Alicea et al.，2020）的研究；也有少部分学者从宏观层面进行研究，如莫拉莱斯（Morales，2019）等研究了墨西哥20年的宏观政策变化给其产业生态系统带来的影响和变化。国内学者主要从生态位和生态系统发展两个方面对产业生态系统进行研究，如在生态位方面，田家林等运用区位熵分析法对长三角服务性产业进行分析，赵长铁（2021）等运用生态位强度、宽度和综合值对高技术产业进行评价分析，丁敬达（2022）等运用生态位宽度对学术期刊进行评价分析，张光宇（2021）等运用熵值—突变级数法对新型研发机构的核心能力进行分析。此外，周璞等（2021）、蔡海生等（2020）、解学梅等（2021）、温科等（2020）和李博等（2017），分别对国土空间、富硒土壤资源、创新系统和海洋产业等进行研究。通过文献分析可知，国内学者主要聚焦宏观层面，研究目的都是使经济、环境和社会的发展能够促进产业生态系统持续协调发展，但产业系统所具有的整体性、复杂性、层次性等为深入研究带来了一定的困难，而已有研究如董长根等（2020）、李旭雅（2021）和汤铃等（2010），分别采用降维、组合赋权和协调度等方法，对产业生态系统研究提供了重要的方法理论基础。

高精尖产业的本质，是一种创新驱动的产业（贾品荣，2021）。创新驱动的产业对产业生态要求很高。迄今为止，我国对高精尖产业的支持主要侧重于高精尖技术的突破与产业化。实际上，高精尖产业的发展不仅依赖于科学技术的突破，包括营商环境、配套投入和互补性产品等在内的整个配套与支撑体系也至关重要。只有健康的产业生态系统才能支撑新兴技术、新兴商业模式、新兴企业的成长与变革，进而推动高精尖产业的繁荣。因此，本章从产业生态系统视角研究高精尖产业，构建高精尖产业生态系统发展的关键要素指标体系，评价分析北京高精尖产业生态系统发展状况。

8.1.2 高精尖产业创新生态系统指标体系建构

8.1.2.1 指标体系构建的原则

高精尖产业生态系统发展的指标体系的构建应该遵循系统性、科学性以及可操作性三个原则。

（1）系统性原则。产业生态系统是参照自然生态系统而形成的人造的产业系统，是一个完整的系统工程，不仅要考虑某一个创新主体，而且要考虑整个高精尖产业的运行环境、未来成长等因素。

（2）科学性原则。在构建指标体系时要符合管理学等科学辩证方法，尽量使得指标体系逻辑严谨，满足高精尖产业生态系统日常运行的基本规则，并且能做到以数据为基础的客观分析和以经验能力为基础的主观分析相结合，满足实际发展需要。

（3）操作性原则。所构建的评价指标体系是基于现实基础并充分考虑信息和数据的来源可靠性和可获取性。

8.1.2.2 从六维度构建高精尖产业创新生态系统指标体系

基于产业生态系统发展理论构建高精尖产业创新生态系统评价指标体系，包括多样性包容性、营养物质、新陈代谢、能量转换、主体要素间的关联、环境支撑六大关键要素（见表8-1），前四大要素描述高精尖产业创新生态系统所具有的基础条件。其中，多样性包容性指高精尖产业创新生态系统发展的创新主体多元化；营养物质指维持高精尖产业创新生态系统的必备条件；新陈代谢用来表征高精尖产业创新生态系统的生命周期特性；能量转换指高精尖企业的投入产出效率及区域技术创新能力等，表征高精尖产业创新生态系统能量的输入与输出；主体要素间的关联指基于需求导向的高精尖产业创新生态系统内部各主体之间的共生关系，用于描述主要物种结构、种群内协作能力、调节与平衡能力。

表8-1　　　　　　高精尖产业创新生态系统评价指标体系

一级指标	二级指标	指标解释
多样性包容性	科研院所比重	北京科研院所数量全国占比
	高新技术企业比重	北京高新技术企业数量全国占比
	新型研发机构比重	北京新型研发机构数量全国占比
营养物质	高新产业园区比重	反映创新区域资源密集程度
	研发经费投入强度	反映创新经济资源密集程度
	研发人员全时当量	反映创新人才聚集程度
新陈代谢	高精尖新产品数量	反映北京当年的新产品数量
	高精尖新产品比重	反映北京新产品数量全国占比
	创业投资额比重	反映当年的创业投资情况
	科技型企业数量	反映高精尖产业生态系统的生命周期
	区域产业升级水平	反映区域产业结构与效率
能量转换	投入产出效率	反映高精尖产业能量的输入
	技术创新指数	反映高精尖产业能量的输出
主体要素间的关联	产业技术创新战略联盟数量	反映高精尖产业生态系统内部各主体之间结构
	众创空间数量	
	产学研结合水平	反映高精尖产业生态系统内部各主体之间的协作能力
	科技中介发展水平	反映高精尖产业生态系统内部各主体之间的共生关系
环境支撑	"互联网+政务服务"	反映高精尖产业服务效率
	科技创新平台数量	反映高精尖产业服务半径
	减税降费比重	反映高精尖产业营商环境

（1）多样性包容性指标。

①科研院所比重：通过北京科研院所数量在全国科研院所数量中

的占比情况来衡量。科研院所作为高精尖产业的创新主体之一，在我国产学研的创新体系中发挥着不可替代的作用，因此，通过科研院所比重可以直观地反映出北京多样性包容性的创新主体情况。

②高新技术企业比重：通过北京高新技术企业数量在全国高新技术企业数量中的占比情况来衡量。在我国，高新技术企业是指在国家重点支持的高新技术领域内，持续进行研究开发与技术成果转化，形成企业核心自主知识产权，并以此为基础开展经营活动，在我国境内注册1年以上的居民企业，是知识密集、技术密集的经济实体。

③新型研发机构比重：通过北京新型研发机构数量在全国新型研发机构数量中的占比情况来衡量。近年来，伴随着政府的一系列支持政策出台，新型研发机构加速在全国落地，规模效应初显，成为一股不可忽视的战略科技力量。与传统的研发机构相比，新型研发机构有许多新特点：投资主体相对多元，研发经费既有政府的，也有企业的；在管理体制上，实行理事会决策制或院所长负责制，拥有相对独立的财权、人事权；在研发活动中，可根据实际需求自主确定选题，动态设立调整研发单元，灵活配置科研人员、组织研发团队、调配仪器设备等，学术自主权较大。这些新特点使其在开展周期较长的基础研究、交叉学科研究、工程化与中试、产业化推广等方面独具优势。

（2）营养物质。

①高新产业园区比重：通过北京高新产业园区面积在全国高新产业园区面积中的占比来衡量。高新产业园区是以高新技术为基础，从事一种或多种高新技术及其产品的研究、开发、生产和技术服务的企业集合。高新产业园区是知识密集、技术密集的发展高新技术的产业开发区，是我国经济和科技体制改革的重要成果，是符合中国国情的发展高新技术产业的有效途径。

②研发经费投入强度：以北京高精尖产业研发经费投入在北京生产总值（GDP）中所占的比重来衡量。研发经费指统计年度内全社会

实际用于基础研究、应用研究和试验发展的经费支出，包括实际用于研究与试验发展活动的人员劳务费、原材料费、固定资产购建费、管理费及其他费用支出。

③研发人员全时当量：指研发全时人员工作量与非全时人员按实际工作时间折算的工作量之和。该指标比较直观地反映出从事高精尖产业的人才聚集程度。

（3）新陈代谢。

①高精尖新产品数量：指北京高精尖产业每年的新产品开发数量，可以直观地反映出高精尖产业生态系统的规模以及新陈代谢情况。

②高精尖新产品比重：通过北京高精尖新产品数量在全国高精尖新产品数量中的占比情况来衡量，反映出高精尖新产品数量与全国高精尖新产品数量的内部关系。

③创业投资额比重：反映了北京一年的创业投资情况，通过北京高精尖产业创业投资额在全国高精尖产业的创业投资额中的占比情况来衡量。创业投资是指向创业企业进行股权投资，以期所投资创业企业发育成熟或相对成熟后，主要通过转让股权获得资本增值收益的投资方式。与传统企业相比，创业企业具备高成长性，回报率较高，因而能够获得更多的投资。

④科技型企业数量：通过北京每年新成立的科技型企业数量来衡量。科技型企业是指产品的技术含量比较高，具有核心竞争力，能不断推出适销对路的新产品、开拓市场。企业营运期限和运营状况是我国科技型企业认定的必需条件之一，因此，科技型企业数量反映了高精尖产业生态系统的生命周期情况。

⑤区域产业升级水平：反映创新对工业经济发展的促进作用。参考纪玉俊等研究，以产业升级指标测度方法来计算区域产业升级水平，数据口径为规模以上工业企业，具体计算公式如下：

第8章 北京高精尖产业创新生态系统评价

$$IND = \sum_{i=1}^{3} \sqrt{L_i \times H_i}, \ i = 1, 2, 3 \qquad (8-1)$$

式中，IND 表示区域产业升级水平；H_i 代表第一二三产业的产值在地区生产总值中的占比；L_i 代表劳动生产率，指一定时期内工业总产值与年平均从业人员之比。

（4）能量转换。

①投入产出效率：反映北京高精尖产业的投入所带来的产出情况。投入产出效率的提高和经济结构的改善能够转变我国经济增长方式，提高经济增长质量，科学配置科技创新资源，提升科技创新资源产出效率，促进科技资源与其他经济发展要素组合以更好促进经济发展，是国家以及各级政府推动高质量经济发展的首要目标。由此，建立投入产出效率评价指标体系（见表8-2），并采用数据包络分析（DEA）方法计算高精尖产业的投入产出效率。

表8-2　　　高精尖产业投入产出效率评价指标体系

维度	一级指标	二级指标	三级指标
投入产出效率	科技创新投入	人力投入	研发人员数量
			高精尖企业从业人员年平均数量
		财力投入	研发经费内部支出
			新产品开发费用
			科技经费内部支出
		物力投入	固定资产投资
			国外技术引进费用
	科技创新产出	技术进步成果	有效发明专利数
			科技论文数
		应用创新成果	技术市场成交合同金额
			高精尖新产品产值

②技术创新指数：反映北京科技创新发展水平和动态。在国外创新指数的研究中，国家创新能力指数是从体制与政策评价的角度研究创新能力；欧盟创新指数是对欧盟成员国的创新绩效进行定量比较；全球知识竞争力指数测评的是知识创新能力；硅谷指数是评价硅谷的综合发展状况。在国内创新指数的研究中，赵彦云等（2008）建立了中国31省区市创新指数；中国城市发展研究会发布了《中国城市创新能力科学评价》；王兆华等（2003）建立了中关村指数；吴林海（2008）建立了张江指数；杭州市科技局发布了杭州创新指数。以上各种指数都有自己的评价侧重点，本研究借鉴李芹和刘志迎（2012）建立的创新综合指数来测算高精尖产业技术创新指数，计算公式如下：

$$T_h = \sum_{j=1}^{m} w_j x_{hj} \qquad (8-2)$$

式中，w_j 表示第 j 个指标的权重；x_{hj} 表示第 h 年第 j 个评价指标的指标值；T_h 表示第 h 年的创新指数。

（5）主体要素间的关联。

①产业技术创新战略联盟数量。产业技术创新战略联盟指由企业、大学、科研机构或其他组织机构，以企业的发展需求和各方的共同利益为基础，以提升产业技术创新能力为目标，以具有法律约束力的契约为保障形成的联合开发、优势互补、利益共享、风险共担的技术创新合作组织。推动产业技术创新战略联盟的构建是加强产学研用结合，促进技术创新体系建设的重要举措。

②众创空间数量。众创空间是顺应"创新2.0"时代用户创新、开放创新、协同创新、大众创新趋势，把握全球创客浪潮兴起的机遇，根据互联网及其应用深入发展、知识社会"创新2.0"环境下的创新创业特点和需求，通过市场化机制、专业化服务和资本化途径构建的低成本、便利化、全要素、开放式的新型创业公共服务平台的统称。

③产学研结合水平。产学研结合是科研、教育与生产等不同社会分工在功能和资源优势上的协同与集成,是实现技术创新在创新链上、中、下游有机衔接的科技创新体系,通过产学研结合能真正建立起以市场资源优化配置为主体的、统一的科技成果转化机制。产学研结合水平能够反映高精尖产业生态系统内部各主体之间的协作能力,用产学研合作绩效来衡量。构建北京高精尖产业产学研合作绩效评价指标体系如表8-3所示。

表8-3　　高精尖产业产学研合作绩效评价指标体系

维度	一级指标	二级指标	三级指标
产学研合作绩效	产学研合作投入	人员投入	高校专任教师数
			每万人从业人员中科技人员数
		经费投入	高校研发经费来自政府的资金比重
			高校研发经费来自企业的资金比重
			科研机构研发经费来自政府的资金比重
			科研机构研发经费来自企业的资金比重
			高新技术企业研发经费来自政府的资金比重
	产学研合作产出	科研产出	合作专利申请数
			高校发表论文数
			科研机构高新技术项目数
		经济产出	高新技术产品出口创汇总额
			高新技术产品销售收入占总收入的比重
		人员产出	培养技术人员数

④科技中介发展水平:反映高精尖产业生态系统内部各主体之间的共生关系。科技中介机构是产业界与科技界的一座"桥梁",可以优化创新环境,提高技术创新主体的创新能力,发挥市场调节功能,实现生产要素的优化配置,规范市场主体行为,实施对市场的监督和

调节。科技中介机构是国家技术创新体系的重要组成部分，规范和发展科技中介机构、促进科技成果转化为现实生产力已成为全国各省份的共识。在我国，北京、上海、深圳等地的科技中介机构发展较好，经常被作为评价其他地区的科技中介发展水平的标杆或者参照物，因此，本研究对北京科技中介发展水平的取值为100分。

（6）环境支撑。

①"互联网+政务服务"。该指标以"不见面"审批数与"只跑一次"的审批数来衡量。随着国家政策"放管服"改革持续推进，"互联网+政务服务"全面推行，服务质量和效率大幅提升，营商环境改善取得积极成效。"互联网+政务服务"针对支撑经济高质量发展的政府服务的质量、效率及透明度，是市场营商环境建设的重要抓手，反映最新改革创新政策的服务效率。

②科技创新平台数量。随着国家新型工业化产业示范基地的创建，促进产业发展和园区发展的公共服务载体的平台也应运而生，它是产业园区公共服务的重要载体和首选方式，对促进园区运营、产业集聚、改善环境以及招商引资等具有举足轻重的作用，因此，本研究将科技创新平台数量纳入高精尖产业生态系统发展评价指标体系中。本研究中的科技创新平台包含三种类型：一是共性技术研究开发平台，如重点实验室等；二是共性技术产业化子平台，包括中关村国家自主创新示范区、国家工程技术研究中心、国家工程研究中心等；三是共性技术服务平台，如生产力促进中心等。科技创新平台作为推进国家科技创新能力建设的重要抓手，对促进我国科学源头创新、支撑社会经济发展有着重要作用，已成为我国提高国家综合竞争力的重要力量。构建科技创新平台是区域科技创新能力建设的新任务，北京具备构建科技创新平台的领先优势。

③减税降费比重：通过北京当年减税降费金额在全国减税降费总额中的占比情况衡量。减税降费是深化供给侧结构性改革的重要举

措,能够减轻企业负担,激发微观主体活力,促进经济增长和创业创新,有效推动经济社会发展。资金是很多企业特别是科技创新型企业的头等问题,减税降费政策就如同实体经济循环的"开关"一样,它能吸引越来越多的新登记企业涌入,也让小微企业的成长之路变得更加顺畅,同时让科技企业拥有更多研发资金,推动高精尖逐渐成长为经济增长新动能。

8.1.3 北京高精尖产业创新生态系统评价数据与方法

8.1.3.1 数据来源

考虑到部分指标提法较新,如众创空间数量指标在 2015 年才提出,所以研究数据采集年份从 2015 年开始。由于统计年鉴数据通常具有 1 年的滞后性,因此研究数据来源于 2016~2020 年的《中国高技术统计年鉴》《中国科技统计年鉴》《中国火炬统计年鉴》《中国统计年鉴》《北京统计年鉴》以及北京市科学技术委员会和北京市政府相关部门网站发布的数据,同时采用均值插补法补全少量缺失值。

8.1.3.2 评价方法

结合有关文献以及北京高精尖产业创新生态系统发展情况,采用熵值法对 20 个评价指标进行赋权,而后运用限制因子和 TOPSIS 方法构建评价模型来评价分析北京高精尖产业生态系统发展水平。具体步骤如下:

(1) 设有 n 年、m 个指标,则 x_{hj} 为第 h 年的第 j 个指标的指标值($h=1,2,\cdots,n$; $j=1,2,\cdots,m$)。

(2) 标准化原始数据:

$$x_{hj}^* = \frac{x_{hj} - \min_h x_{hj}}{\max_h x_{hj} - \min_h x_{hj}} \qquad (8-3)$$

式中，$\max_h x_{hj}$ 表示第 h 年第 j 个指标的最大值，$\min_h x_{hj}$ 表示第 h 年第 j 个指标的最小值。

（3）计算第 j 项指标下第 h 年的指标值在此指标中所占的比重：

$$p_{hj} = \frac{x_{hj}^*}{\sum_{h=1}^{n} x_{hj}^*} \quad (8-4)$$

（4）计算第 j 项指标的熵值：

$$E_j = -k \sum_{h=1}^{n} p_{hj} \ln p_{hj} \left(k > 0, \ k = \frac{1}{\ln(n)}, \ E_j \geq 0 \right) \quad (8-5)$$

（5）计算第 j 项指标熵值的绝对值与 1 的差异系数：

$$B_j = 1 - ABS(E_j) \quad (8-6)$$

（6）计算第 j 项指标的熵权数：

$$W_j = \frac{B_j}{SUM(B_j)} \quad (8-7)$$

之后，用 TOPSIS 法进行综合评价。具体步骤如下：

（1）设由 n 年、m 个指标的评价对象构成矩阵 X：

$$X = \begin{bmatrix} X_{11} & \cdots & X_{1m} \\ \cdots & \cdots & \cdots \\ X_{n1} & \cdots & X_{nm} \end{bmatrix} \quad (8-8)$$

（2）对原始矩阵数据进行标准化：

$$X'_{nm} = \frac{X_{nm}}{SQRT[SUM(x_{1m}^2 + \cdots + x_{nm}^2)]} \quad (8-9)$$

（3）计算得到加权标准化矩阵数据：

$$X_{nm}^* = X'_{nm} \times W_j \quad (8-10)$$

（4）计算正理想解 X^+ 和负理想解 X^-：

$$X_j^+ = \{\max X_{xj}^* \mid i = 1, 2, \cdots, n\} \quad (8-11)$$

$$X_j^- = \{\min X_{xj}^* \mid i = 1, 2, \cdots, n\} \quad (8-12)$$

(5) 计算样本距正理想解和负理想解的欧氏距离:

$$S_i^+ = \sqrt{\sum_{j=1}^{M}(X_{xj}^* - X_j^+)^2} \quad i = 1, 2, \cdots, n \quad (8-13)$$

$$S_i^- = \sqrt{\sum_{j=1}^{M}(X_{xj}^* - X_j^-)^2} \quad i = 1, 2, \cdots, n \quad (8-14)$$

(6) 计算正理想解和负理想解的相对距离:

$$C_i^+ = \frac{S_i^-}{S_i^+ + S_i^-} \quad (8-15)$$

同时,采用学者林道辉等提出的主成分相关系数的判断方法,对北京高精尖产业生态系统限制因子进行评价分析。具体步骤如下:(1) 对数据进行标准化处理;(2) 对标准化后的数据进行主成分分析,得到主成分系数矩阵;(3) 根据得到的主成分 1 中各指标的系数分析北京高精尖产业生态系统的限制因子。

8.2 北京高精尖产业创新生态系统评价分析

8.2.1 发展综合评价

从图 8-1 可以看出,北京高精尖产业创新生态系统综合得分逐渐提升,说明北京高精尖产业创新生态系统整体向上向好的方向发展。从图 8-2 来看,北京高精尖产业创新生态系统综合得分增加值存在一定的波动,2016~2017 年的发展增速较快,综合得分增加了 0.0342 分,2017~2019 年的发展速度较缓,增加值下降到 0.0152 分,至 2020 年增加值有所回升,上升到 0.0311 分。由图 8-3 可以看出,各年度中 6 个一级指标对总得分的贡献程度不尽相同。其中,营养物质对于 2016 年整体分数起着较大作用；而到了 2019 年，营养物质得分只有 0.1831 分，比 2018 年下降了 0.5923 分，这也是 2019 年总体得分增加值下降的主要原因。总体而言，2020 年各个指标的得分都比较高，表明 2020 年北京高精尖产业创新生态系统的各关键要素都得到了比较全面的发展。

图 8-1 北京高精尖产业创新生态系统评价综合得分

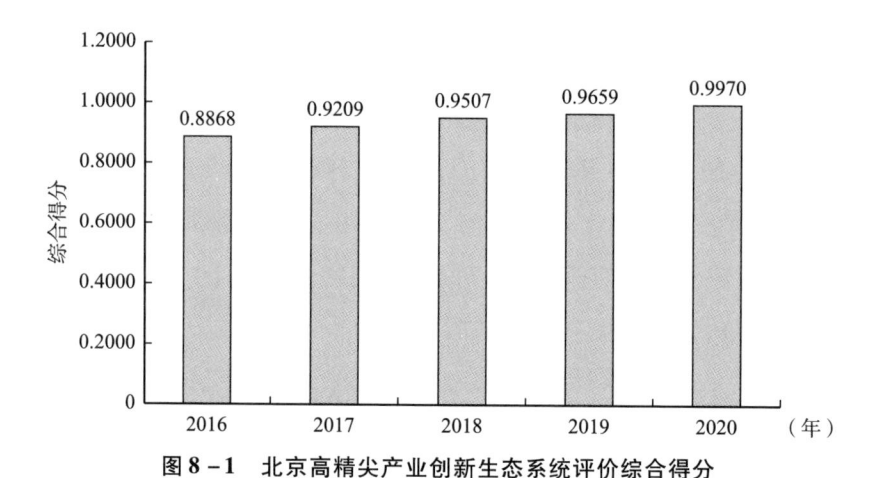

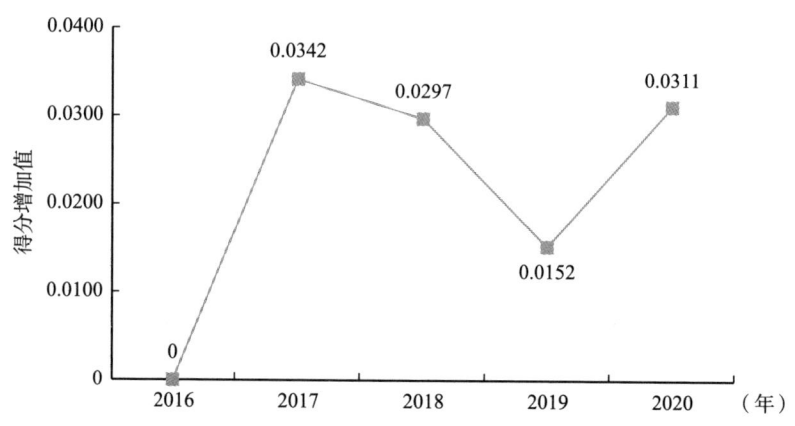

图 8-2 北京高精尖产业创新生态系统评价综合得分增加值

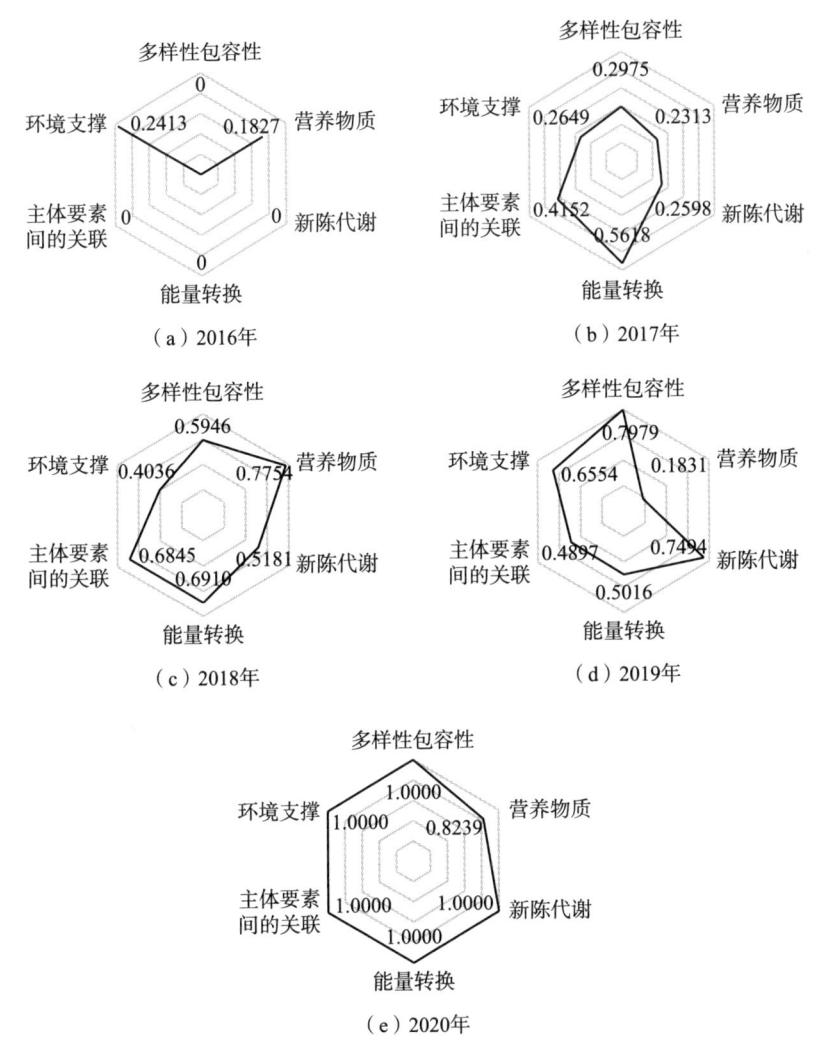

图 8-3　北京高精尖产业创新生态系统评价一级指标得分分布

8.2.2　发展限制因子

采用 SPSS 23 软件对标准化后的指标数据进行处理,得到二级评价指标在成分 1 中的系数。各二级指标均为正向指标,也就是属于发展类指标。由限制因子的判定原则可知,第 1 主成分的系数为负数的，表示其为产业生态系统的限制因子。由表8-4可以看出，研发人员全时当量、投入产出效率、产业技术创新战略联盟数量以及产学研结合水平在成分1中的系数为负，因此这4个指标为北京高精尖产业生态系统的限制因子。

表8-4　2016~2020年北京高精尖产业创新生态系统
二级评价指标在成分1中的系数

指标	系数	指标	系数
科研院所比重	0.0607	区域产业升级水平	0.0922
高新技术企业比重	0.0609	投入产出效率	-0.1238
新型研发机构比重	0.0609	技术创新指数	0.0642
研发经费投入强度	0.0800	产业技术创新战略联盟数量	-0.1289
高新产业园区比重	0.0509	众创空间数量	0.0212
研究人员全时当量	-0.0674	产学研结合水平	-0.1219
高精尖新产品数量	0.0609	科技中介发展水平	0.0993
高精尖新产品比重	0.0615	"互联网+政务服务"	0.1052
创业投资额比重	0.1113	科技创新平台数量	0.1057
科技型企业数量	0.0948	减税降费比重	0.0902

8.3　研究结论与政策建议

8.3.1　研究结论

本章基于产业生态系统的视角，构建高精尖产业创新生态系统的指标体系，包含多样性包容性、营养物质、新陈代谢、能量转换、主体要素间的关联、环境支撑六大关键要素，并采用熵值法对评价指标进行赋权，运用限制因子和 TOPSIS 方法构建评价模型，对 2016～2020 年北京高精尖产业创新生态系统水平进行评价。结果表明：北京高精尖产业创新生态系统综合得分逐渐提升，从 2016 年的 0.8868 分上升到 2020 年的 0.9970 分，整体向好发展；研发人员全时当量、投入产出效率、产业技术创新战略联盟数量及产学研结合水平为北京高精尖产业的限制因子，应重点突破。

8.3.2 政策建议

基于上述研究结论，提出如下政策建议：一要鼓励高精尖企业进一步加大对原始创新和自主攻关的投入，通过组建创新联合体等方式强化产学研合作，同时健全全社会多元化投入机制，尤其要大力发展新型研发机构，营造多元化的产业生态；二要加大科技成果的转化利用力度，进一步梳理产品开发计划，实现重点开发项目的再聚焦，提高研发的投入产出效率；三要加快推进信息技术和制造产业融合，加大新一代信息技术产业、集成电路产业、人工智能产业等数字经济创新联盟数量，赋能制造业高质量发展；四要完善促进技术进步产业政策，建立科技创新激励机制，推进高精尖企业与大学、科研院所、企业协同联动，共建国家实验室，加快产学研深度融合，建立以市场为导向、以企业为主体、产学研紧密结合的高精尖产业技术创新体系。

8.4 本章小结

本章构建高精尖产业创新生态系统的指标体系，遵循系统性、科学性以及可操作性三个原则：（1）系统性原则。产业生态系统是参照自然生态系统而形成的人造的产业系统，是一个完整的系统工程，不仅要考虑某一个创新主体，而且要考虑整个高精尖产业的运行环境、未来成长等因素。（2）科学性原则。在构建指标体系时要符合管理学等科学辩证方法，尽量使得指标体系逻辑严谨，满足高精尖产业生态系统日常运行的基本规则，并且能做到以数据为基础的客观分析和以经验能力为基础的主观分析相结合，满足实际发展需要。（3）操作性原则。所构建的评价指标体系是基于现实基础并充分考虑信息和数据的来源可靠性和可获取性。

根据构建的指标体系，本章评价分析了北京高精尖产业创新生态系统发展状况。经评价，北京高精尖产业创新生态系统综合得分逐渐提升，高精尖产业创新生态系统整体向上向好的方向发展。2020年北京高精尖产业创新生态系统的各关键要素都得到了比较全面的发展。值得注意的是，研发人员全时当量、投入产出效率、产业技术创新战略联盟数量以及产学研结合水平为北京高精尖产业创新生态系统的限制因子。

政策建议包括：一要鼓励高精尖企业进一步加大对原始创新和自主攻关的投入，通过组建创新联合体等方式强化产学研合作，同时健全全社会多元化投入机制，尤其要大力发展新型研发机构，营造多元化的产业生态；二要进一步梳理产品开发计划，实现重点开发项目的再聚焦，提高研发的投入产出效率；三要加快推进信息技术和制造产业融合，加大新一代信息技术产业、集成电路产业、人工智能产业等数字经济创新联盟数量，赋能制造业高质量发展；四要完善促进技术进步产业政策，建立科技创新激励机制，推进高精尖企业与大学、科研院所、企业协同联动，共建国家实验室，加快产学研深度融合，建立以市场为导向、以企业为主体、产学研紧密结合的高精尖产业技术创新体系。

第 9 章　北京智能装备产业创新生态系统评价及培育路径

智能装备产业是加快发展高端装备制造业的有力工具，对整个经济社会发展具有重要的作用。本章运用构建的高精尖产业创新生态系统评价模型，对北京智能装备产业生态系统发展进行综合评价，从北京智能装备产业发展现状和智能装备产业发展瓶颈入手，提出促进北京市培育和发展智能装备产业的路径。

9.1　智能装备产业创新生态系统评价模型构建

智能装备指具有感知、分析、推理、决策、控制功能的制造装备，它是先进制造技术、信息技术和智能技术的集成和深度融合。智能装备产业包含交通运输装备、新能源装备、机器人、数控机床、数字成型装备、智能仓储物流装备、精密基础元件和传动装置。

9.1.1　数据来源

由于目前还没有智能装备产业统计年鉴或者相关的行业统计数据，因此，本章对北京智能装备产业创新生态系统关键要素指标进行测度时，数据来源与高精尖产业生态系统数据大体一致，只是在处理个别指标数据时有所区别。比如,《中国高技术统计年鉴》在统计高技术行业时划分有医药制造业、电子与通信设备制造业、计算机及办公设备制造业以及医疗仪器设备及仪器仪表制造业。所以,本章在处理相关指标数据时只提取除了计算机及办公设备制造业以外的三个制造业数据之和来表示智能装备产业的数据,并由此计算得到智能装备产业投入产出效率,在处理少量缺失值数据时,同样采取均值插补法进行补全。

9.1.2 智能装备产业创新生态系统评价方法

本章借鉴国际公认的用于评估资源利用和持续发展的经典模型PSR(状态—压力—响应)模型理念,提出北京市智能装备产业创新生态系统关键要素障碍因子分析方法 DNMTRE 模型。障碍度表示单个指标对产业生态系统发展水平的影响程度。

障碍因子是通过因子贡献度、指标偏离度和障碍度来进行测量,具体建模步骤如下:

步骤1:设有 n 年,m 个指标,则 x_{ij} 为第 i 年的第 j 个指标的指标值,其中,$i=1,2,\cdots,n$;$j=1,2,\cdots,m$。

步骤2:标准化处理智能装备产业创新生态系统指标数据,得到标准化后的数据指标 x_{ij}^*。

步骤3:计算指标偏离度指标 D_{ij},它表示单个指标与系统发展目标的差距。

$$D_{ij} = 1 - x_{ij}^* \qquad (9-1)$$

步骤4:根据熵值赋权法为智能装备产业创新生态系统指标 x_{ij}^* 赋权,计算得到权重 W_j。

步骤5:计算单个指标对总目标的影响程度,也就是因子贡献度 F_j。

$$F_j = x_{ij}^* \times W_j \qquad (9-2)$$

第9章 北京智能装备产业创新生态系统评价及培育路径

步骤6：根据指标偏离度和因子贡献度计算障碍度 B_j。

$$B_j = \frac{D_{ij \times F_j}}{\sum_{j=1}^{20} D_{ij \times F_j}} \quad (9-3)$$

9.1.3 智能装备产业创新生态系统评价结果

采用熵值加权 TOPSIS 方法计算得出北京智能装备产业创新生态系统综合得分情况，如图 9-1 所示；北京智能装备产业创新生态系统综合得分增加值情况如图 9-2 所示；图 9-3 展示了北京智能装备产业创新生态系统一级指标得分情况的雷达图。

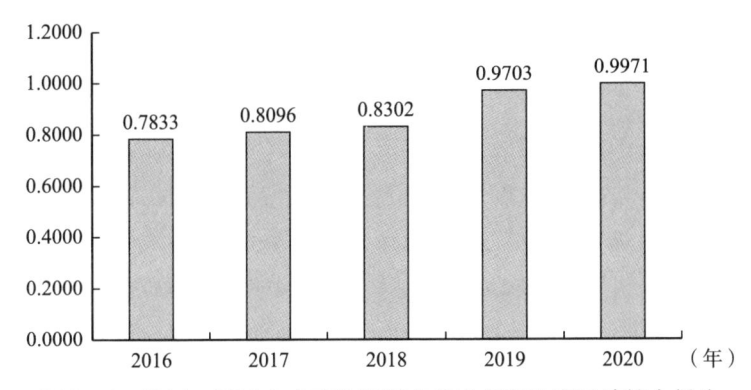

图 9-1 2016~2020 年北京智能装备产业创新生态系统综合得分

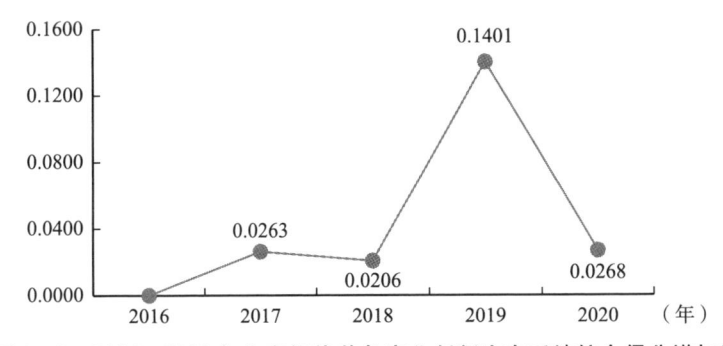

图 9-2 2016~2020 年北京智能装备产业创新生态系统综合得分增加值

205

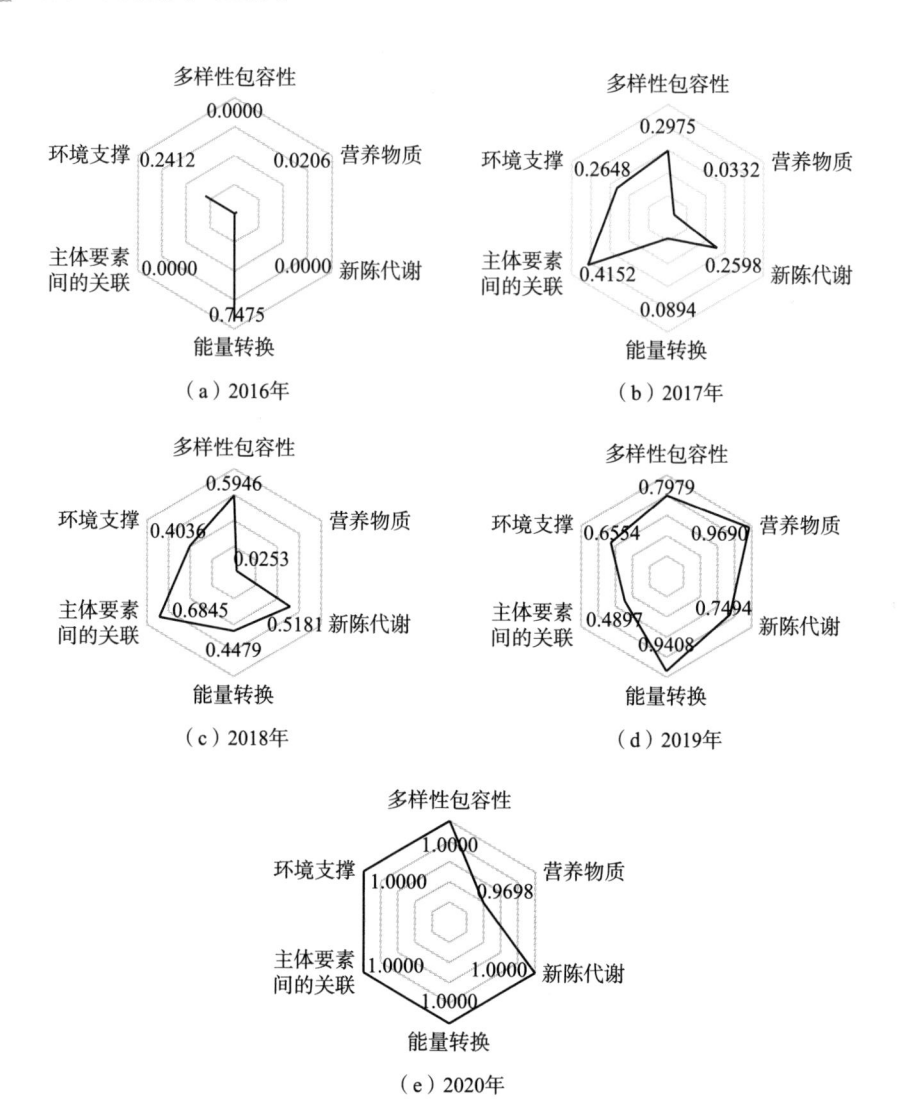

图9-3 2016~2020年北京智能装备产业创新生态系统一级指标得分情况

从图9-1可以看出,北京智能装备产业创新生态系统在2016~2020年综合得分是逐渐提升的,从2016年的0.7833上升到2020年的0.9971。这说明北京智能装备产业创新生态系统整体上是向好的方向发展。

第9章 北京智能装备产业创新生态系统评价及培育路径

从图9-2中的综合得分增加值来看，存在一定的波动。2016~2018年，北京智能装备产业创新生态系统增速平稳，分别增加了0.0263和0.0206；在2019年，北京智能装备产业创新生态系统速度较快，增加值达到0.1401，至2020年增速放缓到0.0268。

由图9-3可以看出，各年度中6个一级指标对总得分的贡献程度不尽相同。2016~2018年营养物质得分分别为0.0206、0.0332、0.0253；而2019年营养物质得分达到了0.9690，这也是2019年总体得分增加值极速上升的主要原因。总体而言，2020年各个指标的得分都比较高，这表明北京智能装备产业创新生态系统在2016~2020年间6个关键要素的发展比较均衡。

智能装备产业创新生态系统关键要素发展水平是多样性包容性、营养物质、新陈代谢、能量转换、主体要素间的关联以及环境支撑综合作用产生的结果，为探索北京智能装备产业创新生态系统发展过程中存在的阻力，就准则层障碍度及各具体指标层障碍度进行测算，进一步从时序及空间上厘清北京在智能装备产业生态化发展过程中的障碍因子。基于DNMTRE评价模型，按照一级指标层和二级指标层对影响北京智能装备产业创新生态系统发展水平的主要障碍因子进行诊断，并对其排序，计算结果见表9-1。

表9-1　　　　基于DNMTRE模型障碍度测算结果

目标层	一级指标	障碍度	二级指标	障碍度	排序
高精尖产业创新生态系统	多样性包容性 D	0.12453	科研院所比重 D_{11}	0.04149	16
			高新技术企业比重 D_{12}	0.04152	14
			新型研发机构比重 D_{13}	0.04152	15
	营养物质 N	0.15523	研发经费投入强度 N_{21}	0.07558	3
			高新产业园区比重 N_{22}	0.04518	12
			研发人员全时当量 N_{23}	0.03447	17

续表

目标层	一级指标	障碍度	二级指标	障碍度	排序
高精尖产业创新生态系统	新陈代谢 M	0.32721	高精尖新产品数量 M_{31}	0.08708	2
			高精尖新产品比重 M_{32}	0.08722	1
			创业投资额比重 M_{33}	0.05594	5
			科技型企业数量 M_{34}	0.04826	10
			区域产业升级水平 M_{35}	0.04870	9
	能量转换 T	0.10030	投入产出效率 T_{41}	0.05768	4
			技术创新指数 T_{42}	0.04262	13
	主体要素间的关联 R	0.14707	产业技术创新战略联盟数量 R_{51}	0.03091	20
			众创空间数量 R_{52}	0.03397	18
			产学研结合水平 R_{53}	0.03117	19
			科技中介发展水平 R_{54}	0.05102	6
	环境支撑 E	0.14529	"互联网+政务服务" E_{61}	0.04888	8
			科技创新平台数量 E_{62}	0.04907	7
			减税降费比重 E_{63}	0.04149	11

由表9-1中北京智能装备产业创新生态系统各项指标障碍度测算结果可知，DNMTRE模型子系统层对北京智能装备产业创新生态系统发展水平的障碍度各不相同，多样性包容性、营养物质、新陈代谢、能量转换、主体要素间的关联以及环境支撑的障碍度分别为0.12453、0.15523、0.32721、0.10030、0.14707和0.14529，这表明影响北京智能装备产业生态化进程的主要障碍是新陈代谢这一关键要素。同时，本章对DNMTRE系统二级指标的障碍度进行了排序，从中可以看出，高精尖新产品比重和高精尖新产品数量这两个指标的障碍度分别排在第一和第二位，创业投资额比重的障碍度排在第五位，也就是说，北京智能装备产业创新生态系统的发展水平受到这几个指标的影响较大。

9.2 北京智能装备产业发展现状及发展瓶颈分析

本章立足于北京智能装备产业，从产业发展的实际情况出发，从北京智能装备产业发展现状和智能装备产业发展瓶颈入手，找寻北京市培育和发展智能装备产业的路径。

9.2.1 北京智能装备产业发展现状

随着我国经济的发展，制造业科技水平也在不断提升，目前智能制造已经成为未来制造业发展的重要方向，以智能制造为代表的先进制造业肩负着中国制造业新旧动能转换的重任，是中国从制造业大国迈向制造业强国的重要抓手，也是中国经济"加速跑"的动力引擎。同时，智能制造还是北京市国际科技创新中心建设的重要支撑，是首都经济高质量发展的重要方向和产业转型升级的根本保障。近年来，北京将重点聚焦在新一代信息技术、医药健康、集成电路、智能网联汽车、智能制造与装备、绿色能源与节能环保等领域，制定并实施了一系列政策以进一步打造先进制造产业集群，支持传统制造业应用先进制造技术加快转型升级成为先进制造业。

2017年，北京市启动实施"智造100"工程，并取得了显著成效。截至2020年，北京全市已累计实施近100个智能制造应用示范项目，打造63个智能制造标杆企业，涌现了一批立足北京、服务全国的高水平系统解决方案供应商和单项冠军企业，其中，福田康明斯入选世界经济论坛"灯塔工厂"，小米"黑灯工厂"成为世界级行业标杆。北京市国家级智能制造系统解决方案供应商数量位居全国第一，形成了"优势产品+标杆工厂"的发展模式，培育出了万亿级的智能制造产业集群。虽然北京传统优势产业智能化转型升级加速推进并取得显著成效，但距首都经济高质量发展的要求仍然存在差距。

因此，为积极对接国家"十四五"智能制造规划思路，贯彻落实《中共北京市委关于制定北京市国民经济和社会发展第十四个五年规划和二〇三五年远景目标的建议》精神，北京市密集出台了一系列政策。2021年8月18日，北京市政府发布了《北京市"十四五"时期高精尖产业发展规划》，指出在智能制造与装备产业方面，北京将聚焦发展智能机器人与自动化成套装备、智能专用设备、智能制造系统解决方案、智能终端、航空航天、轨道交通等领域，以"优品智造"为主攻方向，全面增强装备的自主可控、软硬一体、智能制造、基础配套和服务增值能力，以装备的智能化、高端化带动北京制造业整体转型升级。2021年8月31日，北京市经信局对原"智造100"工程进行全面升级，发布了《北京市"新智造100"工程实施方案（2021~2025年）》。该方案从应用侧推动制造业智能化转型升级、供给侧提升智能制造供给能力和智能制造生态体系角度打造智能制造万亿级产业集群，全面普及数字化、网络化、绿色化，深度实现智能化，推动制造业企业逐步转型、梯次升级，建立引领全国、领先全球的智能制造标杆示范，培育服务全国、辐射全球的智能制造供给能力，构建具有全球影响力的智能制造产业生态，树立"北京智造"新名片。该方案的实施将进一步有助于北京市在"十四五"时期，从"做强北京智造产业群体、加快五个突破、构建一个全新格局"三个方面促进"北京智造"高质量发展。

【专栏9-1】

北京大力促进机器人产业创新发展

2023年8月16日，北京市经济和信息化局印发《北京市促进机

第9章 北京智能装备产业创新生态系统评价及培育路径

器人产业创新发展的若干措施》（以下简称《措施》），在创新突破、"机器人＋"、产业集聚、要素保障等方面提出若干措施，扶持促进机器人产业发展。

《措施》提出，支持机器人企业融资上市，组织实施"挂牌倍增计划"，为机器人企业做好上市服务，对进入北京"专精特新"专板、全国中小企业股份转让系统和上市的优质企业予以奖励。

1. 支持技术攻关与产业集聚

《措施》明确，加大机器人领域"专精特新"企业培育力度，组织专业机构为机器人创新型中小企业和"专精特新"企业提供孵化、投资等服务，根据服务绩效对符合条件的机构予以奖励。

在支持机器人企业融资上市方面，《措施》提出，设立100亿元规模的机器人产业基金，首期规模不低于20亿元，支持创新团队孵化、技术成果转化、企业并购重组和发展壮大。组织实施"挂牌倍增计划"，为机器人企业做好上市服务，对进入北京"专精特新"专板、全国中小企业股份转让系统和上市的优质企业予以奖励；支持机器人专精特新企业快速申报北交所，提高发行上市审核效率；鼓励有条件的区培育机器人中小企业特色产业集群。

在加快机器人技术体系创新突破方面，《措施》提出，组织实施机器人产业"筑基"工程，发布产业关键技术攻关清单，围绕机器人操作系统、高性能专用芯片和伺服电机、减速器、控制器、传感器等关键零部件，以及人工智能、多模态大模型等相关技术，支持企业组建联合体，通过"揭榜挂帅"聚力解决机器人产业短板问题和"卡脖子"技术难题；根据攻关投入予以支持，最高3000万元。

推动机器人产业集聚发展也是政策支持重点。《措施》提出，加强机器人工业用地开发和供给，提升产业空间承载能力，率先在具备条件的区域建设机器人产业基地，吸引全球机器人产业链企业落地布局。

2. 推动机器人进入千行百业

《措施》提出，加快"机器人+"场景创新应用，推动机器人"千行百业"示范应用，结合智能制造、智慧农业、智能建造、智慧医疗、智慧物流、智慧养老、智慧商业、智慧应急等，开放一批机器人创新应用场景，组织机器人场景供需对接。根据《北京市"机器人+"典型场景应用目录》，将应用成效突出、具有较强影响力的典型场景纳入目录并进行推广。

（资料来源：根据公开资料整理）

未来，北京市将推动"千"家规模以上制造业企业智能化转型升级，支持企业开展核心价值环节、关键工艺与工序段、生产单元与产线、车间与工厂的持续改造。到 2023 年前，北京市将力争打造 10 家世界顶级智慧工厂、100 家智能工厂或数字化车间，推动 1000 家企业升级；到 2025 年，基本实现规模以上企业智能化转型升级全覆盖，全市智能制造产业集群规模突破 1 万亿元。

【专栏9-2】

国家在高端装备制造智能化方面的政策一览

自 2009 年以来，国家和各级政府部门针对行业发展的实际需求，制定了一整套装备制造业发展的战略和方针，推动了我国制造业的转型。2009 年，国家对设备制造业进行了全面的调整和振兴。2010 年，国家关于加速培育和发展战略新兴工业的决策，明确了要大力发展先进制造业。2012 年，《智能制造行业发展计划》和《智能制造专项计划》提出要着重发展智能化制造和智能化技术，并制定以智能制造为基础的发展战略。

第9章　北京智能装备产业创新生态系统评价及培育路径

2015年，国务院发布实施制造强国战略第一个十年行动纲领《中国制造2025》，提出实现制造强国的战略任务和重点之一是要推进信息化和工业化的深度融合，要把智能制造作为两化深度融合的主攻方向。

2016年，工信部、财政部发布《智能制造发展规划（2016—2020年）》，提出智能制造发展"两步走"战略。第一步，到2020年，智能制造发展基础和支撑能力明显增强，传统制造业重点领域基本实现数字化制造，有条件、有基础的重点产业智能转型取得明显进展；第二步，到2025年，智能制造支撑体系基本建立，重点产业初步实现智能转型。

2017年，国务院发布《关于深化"互联网+先进制造业"发展工业互联网指导意见》，提出要加快建设和发展工业互联网，推动互联网、大数据、人工智能和实体经济深度融合，发展先进制造业，支持传统产业优化升级。

中央经济工作会议于2018年首次提出"新基建"这一概念，反复多次在中央级会议或文件明确表示加强"新基建"。"新基建"提出的5G、特高压、城际高速铁路和城际轨道交通、新能源汽车充电桩、大数据中心、人工智能、工业互联网七个方向的建设内容，适应中国当前社会经济发展阶段和转型需求，在补短板的同时将成为社会经济发展的新引擎。

2018年，工信部印发《工业互联网发展行动计划（2018—2020年）》。2019年，工信部印发《"5G+工业互联网"512工程推进方案》，推动"5G+工业互联网"融合创新发展。2020年，工信部印发《工业互联网创新发展行动计划（2021—2023年）》，该计划提出实施工业互联网网络互联互通、工业互联网标识解析体系增强、工业互联网平台体系化升级、国家工业互联网大数据中心建设、工业互联网新模式推广、工业互联网融通应用、工业互联网标准化、工业互联网技术产品创新、工业互联网产业生态培育、工业互联网安全综合保障能力提升等10项工程。

2021年，工信部、国家发展改革委等8部门联合印发《"十四五"智能制造发展规划》（以下简称《规划》）。《规划》提出，到2025年，70%的规模以上制造业企业基本实现数字化网络化，建成500个以上引领行业发展的智能制造示范工厂，培育150家以上专业水平高、服务能力强的智能制造系统解决方案供应商，建设一批智能制造创新载体和公共服务平台，构建适应智能制造发展的标准体系和网络基础设施，完成200项以上国家、行业标准的制（修）订，建成120个以上具有行业和区域影响力的工业互联网平台。

《规划》明确提出实施智能制造技术攻关行动、智能制造示范工厂建设行动、行业智能化改造升级行动、智能制造装备创新发展行动、工业软件突破提升行动、智能制造标准领航行动。

在财政金融支持方面，《规划》提出：加强国家重大科技项目、国家重点研发计划等对智能制造领域的支持；落实首台（套）重大技术装备和研发费用加计扣除等支持政策；鼓励国家相关产业基金、社会资本加大对智能制造的投资力度；发挥国家产融合作平台作用，引导金融机构为企业智能化改造提供中长期贷款支持，开发符合智能制造特点的供应链金融、融资租赁等金融产品；鼓励符合条件的企业通过股权、债权等方式开展直接融资。

2023年1月，工信部等17部门联合印发《"机器人+"应用行动实施方案》（以下简称《方案》）。《方案》提出，到2025年，制造业机器人密度较2020年实现翻番，服务机器人、特种机器人行业应用深度和广度显著提升，机器人促进经济社会高质量发展的能力明显增强。聚焦10大应用重点领域，突破100种以上机器人创新应用技术及解决方案，推广200个以上具有较高技术水平、创新应用模式和显著应用成效的机器人典型应用场景，打造一批"机器人+"应用标杆企业，建设一批应用体验中心和试验验证中心。

在制造业领域，《方案》明确要求，研制焊接、装配、喷涂、搬运、磨抛等机器人新产品，推动在汽车、电子、机械、轻工、纺织、建材、医药等已形成较大规模应用的行业，卫浴、陶瓷、光伏、冶炼、铸造、钣金、五金、家具等细分领域，喷釉、修坯、抛光、打磨、焊接、喷涂、搬运、码垛等关键环节应用，推进智能制造示范工厂建设。

（资料来源：根据公开资料整理）

9.2.2　北京智能装备产业发展瓶颈

智能装备是未来发展的重点，对于促进产业布局的合理性和企业生产的高级化至关重要，智能装备水平已成为当今衡量一个国家工业化水平的主要标志。尽管北京智能装备产业发展正加速崛起，但在发展过程中仍存在着不少的问题，这些制约了北京智能装备产业的发展。

9.2.2.1　北京智能装备产业发展瓶颈

(1) 部分关键零部件依赖进口。

智能装备行业难以满足制造业发展的需求，智能制造装备整机和成套装备配套的关键零部件、元器件仍需大量进口，在高端传感器、数字控制系统、减速器、伺服系统等核心技术上受制于人。目前我国90%的工业机器人的核心部件（例如减速器和数控系统）、80%的集成电路芯片制造装备的控制系统、40%的大型石化装备数控系统、70%的汽车制造关键设备数控系统、核电等重大工程的自动化成套控制系统及先进集约化农业装备数控系统严重依赖进口。产业基础薄弱，智能装备整机和成套设备配套的关键零部件、元器件大量进口，高档数控机床配套的高档功能部件70%需要进口。

(2) 专业性人才供给不足。

智能装备产业的人才面临着巨大缺口,造成对关键技术领域缺乏有力的支撑。智能装备行业尤其在产品研发、设计过程中要求从业企业相关专业人才具有机械、电气、光学、自动控制、信息化等复合知识背景、对下游行业制造过程具有深度的理解以及丰富的实施经验。系统整体设计带头人以及各专业领域相关人才对于行业企业来说并不是很容易获得,并且需要企业进行有针对性的培养,这对行业的快速发展产生了一定的不利影响。人力资源和社会保障部发布的《人工智能工程技术人员就业景气现状分析报告》显示,目前我国人工智能人才缺口超过500万人,国内的供求比例为1:10,供需比例严重失衡。高端人才大力引进、基础性人才需要培养,只有破解智能装备发展人才制约瓶颈,才能促使提升智能装备产业核心竞争力。

(3)"大而不强"的特征明显。

虽然目前我国已经成为制造业大国,但"大而不强"依然是困扰我国制造业发展的主要矛盾。据中国机械工业联合会的数据显示,在高端装备领域,我国80%的集成电路芯片制造装备、40%的大型石化装备、70%的汽车制造关键设备及先进集约化农业装备仍然依靠进口。此外,我国装备自给率虽然达到了85%,但主要集中在中低端领域,高端装备制造产业与国外的技术差距至少在10年以上。集成供应商不足、关键技术装备和工业软件对外依存度高、自主化产品市场占有率偏低以及体系建设尚未完成等问题日益凸显。部分领域存在产能过剩的隐患,目前,智能装备产业重点细分行业缺少能提升国内企业对市场的信心、限制海外企业过度扩张的国家层面的战略规划与产业规范。以工业机器人为例,全国范围内包括上海、江苏、浙江、辽宁、广东等十余个省市均已将工业机器人产业作为当地重点发展对象,并相继布局了工业机器人项目,这势必会导致工业机器人呈现"井喷式"发展,从而造成质低价廉的恶性竞争,如果不加强顶层设计和行业规范,很有可能出现类似光伏、风电等产业产能严重过剩的情况。

9.2.2.2　北京智能装备产业发展瓶颈分析

(1) 研发投入不足导致关键技术对外依存度高。

智能装备产业整体技术水平与世界先进水平还有一定的差距。首先,研发资金投入不足。只有少部分企业的研发投入能达到销售收入的5%以上,与工业发达国家的研发比例相比有较大差距,造成企业缺乏重大装备核心技术,自主品牌缺乏,导致在当前制造业智能化过程中,需要大幅度依赖国外的关键技术、先进制造设备和核心材料等,对外依赖度高。其次,创新投入不足。仪器仪表行业研发投入占销售收入的比重仅为2.5%;国内仪器仪表行业创新人才队伍占从业人员的比重仅有5%,与工业发达国家的20%相比有较大差距。

(2) 产业变革导致人才供需失衡。

伴随着社会经济领域的飞速发展,科学技术的迅速进步,产业结构的剧烈变革,高精尖产业领域创新型人才和应用型人才供给跟不上变革步伐的现象正越发突出。我国工业化起步晚,技术积累相对薄弱,先进技术的产业化能力与工业强国存在显著差距,我国智能制造业面临着严峻的挑战。当前,智能制造装备人才供需结构性失衡,中低端人才"产能过剩",而专业技能人才、创新技术人才和中高端人才"供给不足"。

(3) 创新能力不足导致"大而不强"。

北京智能装备的性能和稳定性难以满足装备制造业智能化发展的需求。造成这种现象的原因,一方面是我国制造业整体起步晚,技术积累相对薄弱,重大装备核心技术不掌握,导致缺乏自主品牌,另一方面是北京市制造业的自主创新能力有待提高,产业高端价值链的主导权不够,导致行业整体技术水平与世界先进水平有一定差距。创新能力不足和智能装备产业核心技术缺失成为制约制造业发展的关键因素。北京智能装备产业跟不上智能制造发展的要求，智能制造最终还是要落到制造技术和装备上，虽然北京市在互联网、物联网、大数据、云计算等数字化技术以及5G的深入应用上处于优势地位，但制造最后的执行单元还是机床，如工业机器人、3D打印、大余量高速切削机床、芯片光刻机、高精度的测量测试设备等，这些技术仍落后于欧美和日本企业。

9.3　北京智能装备产业培育路径

智能制造是第四次工业革命的核心技术，而智能装备是制造业转型升级的关键，同时也是首都转型发展的关键支撑。在国际科创中心建设、数字城市建设、"两区"建设中，智能装备都是最重要的动力引擎。北京要打造高质量发展新高地，必须紧紧依靠科技创新和智能制造的坚实支撑，依靠技术和人才的不断供给，以"魂"促"根"，发挥首都优势，创出北京特色。"十四五"时期探究北京智能装备产业发展的培育路径，不仅是北京市推进智能装备高质量发展的重要支撑，也是保障首都产业成功转型提高经济实力的必然要求。虽然智能装备行业前景光明一片，但在加快推动北京智能制制造装备发展过程中仍然存在着不少问题，如何提升企业智能装备制造水平、培养相关专业技术人才以及提升企业的核心技术自主创新能力等，是目前需要进一步探究的。本章针对北京智能装备产业培育路径的选择提出以下三大路径。

9.3.1　加大资金支持力度，为企业拓宽优质金融信贷供给

（1）鼓励金融机构与市产业主管部门共享智能装备产业企业融资

情况。依托北京市高精尖产业项目库建立市产业主管部门与金融管理部门融资服务对接平台，共享项目和企业信息，建立投贷联动服务机制。金融管理部门引导金融机构与在库项目精准对接，设计专属融资服务产品，加大信用贷款、中长期贷款支持力度，探索将智能装备产业融资服务情况纳入对金融机构的考核体系。(2) 引导智能装备企业加大研发投入。进一步提高企业承担政府科研项目的比例，完善智能装备科技创新税收政策，做好企业研发费用和技术开发费用的认定等工作，统筹协调支持智能制造装备产业技术创新的各项政策，形成政策的协同效应。(3) 多方面鼓励社会投入。建立相应机制，将社会各类资金引导至相关产业领域，综合利用基金、贴息、担保等方式，促进金融机构创新金融服务，增加对该领域企业的金融支持，拓宽企业的投融资渠道。

9.3.2 培养智能装备产业高技能人才，为产业发展提供人才支撑

随着智能装备产业的全球竞争日益激烈，对跨学科研究模式的需求也必然日益扩大。实现智能装备产业科技创新研究的主要原动力是人才，强化人才队伍建设需要从以下方面着手：(1) 需要政府创造良好的校企合作环境，不仅要增强前沿高校研究与企业实践研究的相辅相成，还要强化智能装备的人才培养和服务，破解高端人才匮乏、复合型和创新型人才短缺等的制约。(2) 积极开展智能装备相关专业建设，引导高校、科研院所与骨干企业、隐形冠军企业开展校企联合、定向委培和学徒培养，定期选拔技能人才到全球智能装备发展领先的国家或地区开展培训学习，以打造多层次的智能装备人才队伍，支撑智能装备产业的可持续发展。(3) 通过多种渠道积极引进海内外高端

领军人才和研究团队，引进的人才或研发团队应具有全球领先的核心技术，能解决北京智能装备产业发展中的瓶颈问题。面向产业发展的需求，进一步完善学历教育和职业培训体系，加强对技术技能人才和工程师的培养，全面提升智能装备产业劳动者的整体素质。（4）建立健全高素质研发人才引进、培养以及管理体系。企业通过不断引进高素质研发人员，优化人才培养机制，建立完善的人才管理体系，加快培养创新型科技人才、紧缺专业人才和跨学科人才，提高研发人员水平，同时通过采取适当的激励机制，加大对于科研人员的激励，对企业研发创新有突出贡献的高精尖人才进行奖励，激发企业研发人员的创新热情和动力。

9.3.3 完善智能制造装备技术体系，提升自主创新能力

着力提升自主创新能力，完善智能制造装备技术体系，需要从以下方面着手：（1）建立协调机制，制定智能制造装备重点技术创新路线图。建立北京各相关部门共同参与的协调机制，协调创新资源统筹与共享、关键技术研究与成果产业化等问题；面向智能装备的重大行业应用，围绕关键智能技术领域，制定和实施重点技术创新路线图，在明确战略目标和主要手段的基础上，构建关键智能技术创新总体蓝图。（2）实施智能核心装置与成套设备创新发展和应用示范工程。集中力量突破新型传感器及系统等核心智能测控装置与部件，组织实施应用示范工程。（3）支持发展一批共性技术研究开发组织和国际合作交流。面向集成电路、新材料、生物医药等工艺需求，发展智能制造专用成套装备和解决方案，培育以用户需求为牵引的"制造商+用户""产品+服务"智能制造产业生态。（4）支持协同创新，鼓励多种形式的研发活动。支持智能装备上下游企业与行业用户合作建立产业技术创新联盟，围绕重点行业应用和关键技术实施协同创新；以企

业为主体新建一批智能制造装备领域的国家工程技术研究中心，提升智能制造装备领域的基础研发和集成创新能力，推动创新成果的转移扩散；坚持开放创新，鼓励企业在海外设立研发机构、并购技术企业等。

智能制造产业的蓬勃发展，为新时期北京智能装备产业迎来了大好的发展时机。随着北京不断加大对科技创新领域的投入，各行各业对于创新发展的认知也都更加深入，相关企业转变发展方向，有关部门提供政策资金保障，全市上下形成合力，将有助于进一步推动新时期北京智能制造产业的发展。

9.4 本章小结

智能装备产业是加快发展高端装备制造业的有力工具，对整个经济社会发展具有重要的作用。本章运用构建的高精尖产业创新生态系统评价模型，对北京智能装备产业创新生态系统发展进行综合评价。北京智能装备产业创新生态系统在2016~2020年综合得分是逐渐提升的，从2016年的0.7833上升到2020年的0.9971。这说明北京智能装备产业创新生态系统整体上向上向好的方向发展。2020年各个指标的得分都比较高，这表明北京智能装备产业创新生态系统在2016~2020年6个关键要素的发展比较均衡。

为探索北京智能装备产业创新生态系统发展过程中存在的阻力，就准则层障碍度及各具体指标层障碍度进行测算，进一步从时序及空间上厘清北京市在智能装备产业生态化发展过程中的障碍因子。结果显示：多样性包容性、营养物质、新陈代谢、能量转换、主体要素间的关联以及环境支撑的障碍度分别为0.12453、0.15523、0.32721、0.10030、0.14707和0.14529，这表明影响北京智能装备产业创新生态化进程的主要障碍是新陈代谢这一关键要素。同时，对于二级指标的障碍度进行了排序，高精尖新产品比重和高精尖新产品数量这两个指标的障碍度分别排在第一和第二位，创业投资额比重的障碍度排在第五位。北京智能装备产业创新生态系统的发展水平受到这几个指标的影响较大。

  针对北京智能装备产业培育路径的选择提出三大路径：加大资金支持力度，为企业拓宽优质金融信贷供给；培养智能装备产业高技能人才，为产业发展提供人才支撑；完善智能制造装备技术体系，提升自主创新能力。

第 10 章　培育高精尖产业创新生态系统的战略对策

培育高精尖产业创新生态系统的战略对策包括创新平台提升战略、成果转化促进战略、区域产业链接与互动战略、可持续的产业能力培育战略。

10.1　创新平台提升战略

发展高精尖产业生态的一大原动力之一是创新力量，而如何发挥好运用好创新力量，则需要为该创新力量的运用搭建相应的创新平台。针对这一关键，北京搭建大量的孵化园区与创新园区，通过对创新力量的整合，实现了创新平台这一高精尖产业生态上游部分的力量整合。

树立与创新规律相匹配的平台治理理念。平台能否发挥所期望的效果，关键靠治理。应改变传统的条件设施平台建设范式，拓宽创新平台建设的内涵，支持建设跨学科、跨产业、跨主体融通平台。在加快技术型平台建设的同时，加大对工程化平台的支持力度，引导社会力量建立相应的场景示范平台，实现对创新链的全方位托举和承载。加强对存量平台资源的整合，重组重点实验室体系，整合新建一批重点实验室，开展国家重点实验室重组试点，在基础研究领域加快形成具有特色的实验室体系。

完善常态化的创新平台支持机制。国际经验表明，重大创新平台一般应保持十年的稳定支持，年支持经费一般不低于总投资额的十分之一。推进创新平台建设应算好"经济账"，考虑未来的持续投入。应将国家及省级重点实验室等重大创新平台打造为"科研特区"，赋予其充分的人财物自主权和独立科研管理事权，通过稳定的资金、政策等支持，保障常态化的创新产出和支撑。构建创新平台分类评估和支持体系，引导研究导向、技术导向、应用导向的各类平台聚焦主业，实现特色化发展。

强化具有市场竞争力的创新平台经济职能。在创新平台的建设过程中，不能仅限于考量技术先进性，也要将知识产权、技术标准、技能培训、供应链等经济职能纳入考虑。应对标国际一流平台载体和跨国机构，在优势研发力量的基础上，学习借鉴英国弹射中心的经验，建立跨领域研究、发展和技能培训中心，拓展相关产业价值链。

提升创新平台的使能技术开发和扩散功能。创新平台最大的功能就是知识、技术、技能和经验的溢出，全面提升全要素生产率。使能技术是指一项或一系列的应用面广、具有多学科特性、为完成任务而实现目标的技术，具有知识积累厚、研发强度高、创新周期短、资本投入大、技能要求高、关联领域广等特性，依靠创新平台能有效弥补市场中使能技术供给不足的问题。当前，数字转型和绿色转型成为全社会的普遍需求，推进创新平台建设应加强对数字技术、绿色技术等使能技术的开发和扩散。将数字孪生、低碳技术等使能技术应用于全生命周期的研究开发过程中，并在自身运营过程中实现数字化和绿色化转型，成为全社会"双碳"战略的践行标杆。加快推动传统工业部门的使能技术应用，引领新兴部门使能技术的示范推广。构建领域内科研和创新数据交汇设施，提升设施、数据、人才的共享共用效率。

基于这一实践经验，北京市在发展高精尖产业生态系统的战略对策中，首要的就是提升创新平台对于创新力量的整合效应，彻底落实

第10章 培育高精尖产业创新生态系统的战略对策

创新平台的提升战略。

一方面，搭建创新平台需要进行政策方面的协同组合，从政策引导层面出发，主要分为核心的人才引导政策，关键的土地引导政策和重要的资金引导政策。从人才引导政策出发，构建开放便利的海外人才引进服务管理机制，建立人才编制"蓄水池"。创新平台的提升高度依赖于具有多种知识结构、高知识水平及具有较强信息素养的人才来加强整个创新平台的内在创新动力，通过不同知识结构的人才协作，融合进入新产品与新技术的创新过程中，基于人才实现知识技能向高精尖产业技术的价值转化。从土地引导政策出发，需要为创新平台搭建好实践空间，新增建设用地指标予以倾斜，符合条件的项目优先予以保障需求。在每一个空间内，各个创新主体能够最大程度上发挥自己的创新潜能，各类产业技术设备能够有更好的调试和运用场景，最终实现创新各类要素在这一空间内最大限度地碰撞。与此同时，在整体的平台空间上，规划好各类不同的产业技术分类创新的区域，基于产业链上下游相互协作的原则，实现各类技术在产业链上运用的无缝衔接与实践场景对应，真正满足集群效应对创新平台提升的要求。在资金引导政策上，对于重大的技术项目与产业研究，把握好这些项目中的关键环节，对其提供充足的资金支持和财税减免，包括对于高精尖技术项目初创时的融资支持，技术攻关攻坚时的资金流通支持等，帮助创新平台排除一切可能影响各类创新力量顺利运用的阻碍。

另一方面，北京创新平台提升战略以高精尖产业发展的实际需求为主要导向。这些需求往往在整个产业生态系统中，以企业为主的生产制造主体高度联系在一起。这就需要在创新平台搭建时，不仅考虑到当前环境下各类产业制造主体所需的技术，还要以更加长远的视角来判断整个高精尖产业生态未来的发展趋向与相应高精尖技术运用的未来前景。这些判断从总体上来看，也即平台的搭建需要把握好整个产业生态系统轮换的周期和技术的迭代。在整个产业生态周期当中，平台能够为高精尖产业的发展提供实时动态的技术创新支持，落实好平台提升战略的要求。

10.2　成果转化促进战略

北京高精尖产业生态的成果转化促进战略，实际上就是对于创新技术以及创新支持力量如何发展北京市高精尖产业的重要解答。北京市在落实成果转化促进战略中所依赖的重要主体之一就是创新孵化园区，这些创新孵化园区的职能，不仅是整合已有的创新要素，并形成创新平台，同时还要求在平台中所落实的一系列技术成果转化为具有可应用性的产业制造成果。这其中包含两种转化，第一种是要素向技术的转化，第二种是技术向生产力的转化。成果转化促进战略着眼于这两种关键的转化，这两种转化也是该战略成功实施的关键所在。

对于第一种要素向技术的转化，首先应厘清哪些是影响高精尖产业技术发展的各类要素，除了传统的资金、人才等，还包括信息化水平、技术融资结构、校企合作程度等更加复杂的现代技术影响要素，尤其是信息要素，无论是对要素的组合结构的考察、各类要素组合产生的经济效益预估、现有技术和国际前沿技术的发展经验，还是对未来的运用场景评估，这些都需要信息要素进行反馈，来综合判断要素向技术的转化大致的经济和成本，与第二种技术向生产力的转化紧密联系在一起。企业是创造性技术研发活动和产品开发的主体，在存量科技成果加速促进转化的同时，要激发增量创新成果产生和形成的内生动力。坚持需求牵引和问题导向，引导人才、项目、政策等各类创新资源要素向企业集聚，不断释放和激发企业的创新潜能。企业既是创新链产业链融合的主体，也是加速科技成果向现实生产力转化的主体。习近平总书记指出，创新链产业链融合，关键是要确立企业创新

第 10 章　培育高精尖产业创新生态系统的战略对策

主体地位[①]。要处理好创新主体和推进创新主导的关系，加快构建龙头企业牵头、高校院所支撑、各创新主体相互协同和利益联结的创新联合体，高水平高标准规划实施技术攻关转化工程，支持行业领军企业联合高校院所开展协作攻关，发挥市场驱动的作用，让企业真正成为技术创新决策、研发投入和成果转化的主体。同时，还需要对于这些要素相应的组合模式具有清晰的认识，如何实现资金、人才、信息等要素的最佳组合，是引导这些要素向高精尖技术成果进行转化的基础要求。要完善要素投入、激励保障等长效机制。在进行第一种成果转化的过程当中，北京高精尖产业最依赖的就是人才的作用，无论是技术设备还是各类资金支持，都需要基于人才的知识储备来进行创新流程的递进，国家重点实验室等重要研究平台集中在高校院所，企业基础研究经费少、平台较弱、工作稳定性差、评职称难等使得企业难以吸引高层次研发人员和高水平的创新创业人才。要从根源入手形成科技成果转化的变革转化和范式升级。通过政策引导和制度推进，促进"科技成果转化"模式向企业主导的"全产业链技术创新"模式的战略转变。在该过程当中提供良好的创新环境，管理人才的结构，组织好人才在这当中的配合创新协作，使人才能够充分发挥创新要素组合的潜能，从而实现高精尖创新价值的转化。

而对于第二种技术向生产力的转化，首先要处理好政府和市场的关系，进一步打通科技和经济社会发展之间的通道。要推动有效市场和有为政府更好结合，充分发挥市场在资源配置中的决定性作用，更好发挥政府作用，通过市场需求引导创新资源有效配置，形成推进科技创新的强大合力。进一步突出企业的技术创新主体地位，推动人财物等各种创新要素向企业集聚，使企业真正成为技术创新决策、研发投入、科研组织、成果转化的主体。

---

① 习近平. 加快建设科技强国，实现高水平科技自立自强[J]. 求是，2022（9）.

此外，技术向生产力的转化还需要创新平台和高精尖产业的互动，北京的各类平台依照产业当中发展所面临的难题和相应技术运用的实践成果，判断是对于原有技术的革新，还是新的技术创新。但无论是哪一种，在新的技术进行改进创新之后，需要将技术重新纳入实践运用场景当中，对技术展开试点性考察。还要考虑技术的可延展性，是否能够将技术大规模推广，并且应用到各个产业当中，要考虑到该技术在整条生产链当中或其他的生产环节所产生的配合是否符合能够满足整个生产协调的要求，同时还需要考虑到运用该技术所带来的效益是否可以满足使用该技术投入的成本，也即该技术的经济性考察。而这些要求将会反过来作用于技术第一轮转化当中，要求在技术创新的源过程中必须要考虑运用到生产制造场景当中，这些技术可以带来的价值究竟几何，这也是目前成果转化战略落实的最主要难点之一。

10.3 区域产业链接与互动战略

推动创新链和产业链的精准对接、双向融合，既是存量优化的有效举措、增量调整的现实路径，也是实现经济高质量发展的必然选择。习近平总书记强调，要围绕产业链部署创新链、围绕创新链布局产业链，推动经济高质量发展迈出更大步伐[1]。创新核心技术，需要科技创新与产业创新的有效衔接。在区域产业链接和互动战略的落实当中，北京市基于两种不同的维度进行高精尖产业生态的布局。

一方面，"十四五"规划明确指出，把区域经济发展作为实现社

---

[1] 习近平：在深圳经济特区建立40周年庆祝大会上的重要讲话 [EB/OL]. (2020-10-14). https://www.gov.cn/xinwen/2020-10/14/content_5551299.htm.

第 10 章 培育高精尖产业创新生态系统的战略对策

会主义现代化的重要途径,以区域协调发展战略为引领,区域重大战略为核心,实现优化区域经济布局的目标。高精尖产业是辐射带动力强的产业集群,具有高水平创新驱动的属性,对经济具有极强的拉动作用,不仅能实现中心城市的经济高质量发展,而且能带动周边地区的产业联动转型。基于京津冀协同发展的战略高度,把握好自身作为创新中心和科技中心的主要地位,技术创新资源是北京实现辐射带动津冀协同发展的关键,而技术创新链的资源传导与扩散又离不开整个产业链的体系,所以,做好京津冀地区协同创新的关键就是要构建起技术创新链与产业链相互之间的高效链接,围绕着技术创新链构建产业链。推动区域间的产业协作,对实现区域合作而言相当重要。引导区域间产业有序转移承接合作,可推动区域经济体制机制建设,激发各地区经济协调发展的内生动力,促成政策与政策之间形成合力、地区与地区之间加强联动。以产业协作健全区域合作互助机制,还可优化城市群协调治理模式,深入开展城市间对口支援,打破行政性垄断,促进资本跨区域有序自由流动。在高精尖产业链接和生态系统当中,明确自身产业链上游技术革新与技术时点运用的智能,将部分已经成熟的产业向河北和天津转移,协助河北和天津实现高精尖制造业集群的构建与发展,充分呼应北京市高精尖发展的基础要求,协助河北和天津实现高精尖制造业集群的构建与发展,将河北和天津作为整个京津冀区域内高精尖产业生态系统构建的主要组成部分。同时反过来分析,加大与河北和天津两地的互动,有利于北京市的高精尖产业跨区域性的链接与合作,产业生态当中的产业分工使得大型区域性的产业集群开始构建,在不同的生产制造环节当中,每个部门在不同的区域内承担不同的职能,区域性的要素在这一空间中能够自由地转移流通。

另一方面,在北京区域内,根据不同地区产业发展的历史特点和现实基础,对北京各个区进行功能规划和定位划分,但这种功能规划并不是绝对的,而是有重叠与交互,各种产业的发展离不开产业之间的配合，产业布局依然需要遵循产业链上下游协同发展的基本原则。集聚化，推进高精尖产业向科技园区集聚发展，构建合理的空间格局体系和结构网络；联动化，统筹城市群与产业发展，关注点向实现城市群多要素转变；差异化，根据城市不同地域的特点，因地制宜地采取相应的重构路径和模式；生态化，将产业培育、空间优化与生态价值保护有机结合。所以，在各个区域内，这些产业往往是本地区构建高精尖产业集群的基础，这些产业包括智能制造业，还有信息技术产业等。保持疏解一般制造业和发展先进制造业的战略定力，以更高、更优标准推动一般制造业企业疏解，加快传统产业转型升级，大力发展"智能+"产业，促进产业节能减碳，提高产业质量效益和核心竞争力。同时，各个区域之间产业发展的主导方向也各有不同，例如以核心的医疗健康产业为例，产业划分包括了医疗健康设备、健康医药和医疗技术服务等多个方面，各区域的方向不同从而产生了差异性互动协作的空间，不同的企业可以根据自身的业务特点，与相同产业下不同业务的企业开展搭配合作，实现产业集群内部的自我连接和自我互动。

京津冀协同发展是我国重大区域发展战略，产业对接协作是这一战略的核心内容之一，产业升级是三地的共同任务。这一战略在京津冀地区的落实，同时还具有广泛的示范效应和推广试点的条件。对区域性核心城市而言，往往需要疏解不必要的职能，专注于自身高精尖潜力的发展，同时对于周围的城市发展产生大规模的辐射效应，加快自身产业的内部重组与结构变革，从而带动产业链要素的重组变革。然而，对于周围的城市来说，仅仅简单承接北京转移的一般产业是远远不够的，迫切需要发展高精尖产业带动区域科技创新与成果转化，促进区域产业联动，形成经济协同发展、错位发展、融合发展的格局。加快整个产业生态系统职能的分工，则可以避免区域性产业集群的内部消耗与竞争，提高资源的利用效率并促进各个区域内产业的链接与互动，最终带动整个区域的高精尖产业生态系统的构建。

10.4 可持续的产业能力培育战略

在高精尖产业可持续的产业能力培育的战略当中，对于产业持续发展动能的培育是整个战略的核心。持续发展的动能可以分成创新动能和制造动能两大关键动能。在北京市发展高精尖产业生态系统的实践当中，对于产业持续发展动能的培育，主要的方法是构建起从创新到生产、从要素到产品全环节的体系。

从具体环节来看，高精尖产业不同于一般的产业，在整个产业生产制造的流通环节中，部分要素的重要性将会占据极大的比重，放大这些要素所产生的作用，特别是当培育可持续的产业发展能力时，可持续性的创新能力需要依赖源源不断的人才供应，而人才的供应主要依赖于校企之间的合作和对外来人才的吸引政策机制建设，以国家战略需求为主导，联合高校、科研机构和企业，健全产学研用一体化创新机制，共同打造开放协作共享的创新平台，既可以解决全链条协同创新力不足的问题，也是探索科研方面社会主义市场经济条件下以新型举国体制集中力量办大事的有效途径。着力增强产业技术创新能力，壮大企业研发机构，增加创新主体数量。着力营造创新创业生态，持续壮大创新主体、建好创新平台、引育创新人才，打造与国际接轨的技术创新中心、产业创新中心、制造业创新中心、工程研究中心、企业技术中心、重点实验室等一流创新平台，引进培育一流科技领军人才、创新团队，打造一流高新技术产业基地、创新成果转化基地、产教融合基地等高能级创新载体平台。

可持续的创新能力需要强有力的资金支持，持续加大财政资金对高精尖产业的支持力度，提高产业资金政策的普惠性、易得性。依照法律规定对市政府确定的重大项目加大股权投资、贷款贴息等支持力度。加大对智能化绿色化技术改造、高精尖产业创新平台建设、"首台（套）、首试产、首流片、首批次"新产品和产业园区基础设施建设的支持力度，支持企业开展智能化绿色化诊断评估服务和数字化赋能服务。鼓励"链主"企业在京导入强链补链项目。加强现有产业引导基金统筹使用，建立市场化基金运作平台，吸引社会资本参与投资本市鼓励发展的重点产业。鼓励无政府引导基金出资的社会私募基金投资本市高精尖产业项目。鼓励对重大项目建立投贷联动服务机制，支持银行等金融机构针对高精尖企业需求研究开发专属融资服务产品。

可持续性的生产能力依赖于合理的要素流通保障机制，使得要素资源能够优先配置到效率更高或者关键领域的生产环节当中；而产品的流通机制则决定了沟通整个产业制造能力需求端的能力，生产端与需求端的持续性充分对接，才能使生产创新的价值得到市场的认可，产业能够根据市场需求的反馈进行实时动态的调整，最终实现整个产业生态系统中的良性循环。要素产生流动的前提是客观落差，譬如成本差、时间差、市场容量差、管制强度差、服务效能差等。落差产生势能，势能转化为动能。创新要素在流动中突变，功能在传导中涌现，共识牵引共同行动，垂直分工和水平分工兼而有之的新混合分工体系得以建立。在核心城市的带动下，城市群以拼接出符合总体利益的最优版图为目标，连接周边、链接全球，向下兼容、向上迭代，人才、技术、资本、信息等要素得以流通。一方面，通过区域协同创新，适配差别化项目，克服"合成谬误"，如目标同构、战略雷同、政策相似、措施拷贝，避免低水平、低能效的重复建设，把长板拉得更长。另一方面，借助内外交互大循环，抓紧补短板，最终打造出韧性、紧实、强交互、多源多心多维多向的创新网络。

在这一战略的指导下，北京市依托庞大的高校资源、人才政策以及良好的创新营商环境构建等措施来保障两种创新动能的发展，并且深度挖掘内外部的市场需求，坚持"引进来""走出去"，深度融入区域发展，做好开放协同文章，包括：高水平推动数字贸易示范区建设，增强北京在全球数字领域的先导性、话语权和影响力；推动中日、中德等国际合作产业园建设，集聚一批国际化经营的单项冠军、专精特新企业，努力建成开放合作的重要窗口；推动北京高精尖产品、技术和服务主动参与全球市场竞争，在竞争中提升产品质量；鼓励企业加快海外知识产权布局，参与国际标准研究和制定。着力推动产教和产城融合，加快完善上下游企业联盟机制、供应链合作伙伴关系，协同构建产业集群。不断提升辐射带动能力、综合承载能力、产业互补协作能力，疏通原有的产品流通渠道，逐步向着全环节的产业发展体系迈进，培育高精尖产业发展可持续的能力。

10.5　本章小结

培育高精尖产业创新生态系统的战略对策包括创新平台提升战略、成果转化促进战略、区域产业链接与互动战略、可持续的产业能力培育战略。

强化具有市场竞争力的创新平台经济职能。在创新平台的建设过程中，不能仅限于考量技术先进性，也要将知识产权、技术标准、技能培训、供应链等经济职能纳入考虑。应对标国际一流平台载体和跨国机构，在优势研发力量的基础上，建立跨领域研究、发展和技能培训中心，拓展相关产业价值链。

着力增强产业技术创新能力，壮大企业研发机构，增加创新主体数量。营造创新创业生态，持续壮大创新主体、建好创新平台、引育创新人才，打造与国际接轨的技术创新中心、产业创新中心、制造业创新中心、工程研究中心、企业技术中心、重点实验室等一流创新平台，引进培育一流科技领军人才、创新团队，打造一流高新技术产业基地、创新成果转化基地、产教融合基地等高能级创新载体平台。

附录1：

《关于进一步推动首都高质量发展取得新突破的行动方案（2023—2025年）》

为进一步深入贯彻党的二十大关于经济高质量发展取得新突破的目标任务，落实党中央、国务院新部署新要求，把握和应对首都高质量发展面临的机遇和挑战，结合北京实际，制定本行动方案。

一、总体要求

以习近平新时代中国特色社会主义思想为指导，全面贯彻落实党的二十大精神，深入贯彻习近平总书记对北京一系列重要讲话精神，坚持稳中求进工作总基调，坚持问题导向、目标导向、效果导向，以新时代首都发展为统领，努力使京津冀成为中国式现代化建设的先行区、示范区，推进"五子"联动服务和融入新发展格局，把实施扩大内需战略同深化供给侧结构性改革有机结合起来，扎实推动经济质的有效提升和量的合理增长，在高质量发展中促进共同富裕，为率先基本实现社会主义现代化奠定坚实基础。到2025年，推动京津冀协同发展迈上新台阶，推动世界主要科学中心和全球主要创新高地建设取得新突破，率先构建更具国际竞争力的现代化产业体系取得新进展，促进投资和消费不断涌现新亮点，加快"两区"建设迸发新活力，具有首都特点的现代化经济体系基本形成。

附录1：《关于进一步推动首都高质量发展取得新突破的行动方案（2023—2025年）》

二、持续强化创新和产业补链强链，推动京津冀协同发展迈上新台阶

更加自觉把首都发展放到京津冀协同发展战略中考量，充分发挥北京"一核"辐射带动作用，打好疏解整治促提升"组合拳"，推动北京"新两翼"建设取得更大突破，加强协同创新和产业协作，区域创新链、产业链、供应链深度融合，现代化首都都市圈加快构建，引领全国高质量发展的动力源加速构筑。

1. 坚定不移疏解非首都功能。深化完善激励约束政策体系，通过市场化、法治化方式增强向外疏解的内生动力。扎实开展疏解整治促提升专项行动。完成核心区控规三年行动计划任务，优化提升长安街、天安门等重点地区和二环沿线环境，完成核心区平房院落6000户申请式退租（含换租）和3600户修缮。制定首都花园城市建设的指导意见，集中打通一批绿道、步道，构建森林环抱的花园城市。

2. 推动北京"新两翼"建设取得更大突破。将雄安新区纳入北京高水平人才高地建设，设立北京海外学人中心雄安中心，开展专家人才走进雄安、走进城市副中心活动，加大"人才京郊行"项目对城市副中心支持力度。支持"三校一院"交钥匙项目，提升办学办医水平，加快建设雄安新区中关村科技园，实现京雄高速全线通车。统筹推动符合城市副中心功能定位的市属国企存量总部和增量板块落地。城市副中心北京艺术中心、北京城市图书馆、北京大运河博物馆投入运营，行政办公区二期完成搬迁，东六环入地改造、城市副中心站综合交通枢纽等重大项目建成，轨道交通M101线加快实施。建设通州区与北三县一体化高质量发展示范区，加快轨道交通平谷线、厂通路等基础设施互联互通。

3. 加快构建现代化首都都市圈。以区域交通设施一体化为支撑，打造环京地区通勤圈、京津雄功能圈、节点城市产业圈。建设"轨道

上的京津冀"，加快轨道交通三期项目建设和市郊铁路项目谋划，推进干线铁路、城际铁路、市郊铁路和城市轨道交通"四网融合"。城际铁路联络线一期工程完工，建成朝阳站、丰台站等配套交通枢纽项目。依托京津、京保石、京唐秦、京雄等交通廊道，从不同方向打造高质量发展经济廊道。推动国际性综合交通体系建设，推进世界级机场群与港口群直连直通和联动发展，完善"七站两场一枢纽"之间以及与周边重要功能区之间的直连直通。

4. 构建京津冀协同创新共同体。协同推动京津冀国家技术创新中心建设。鼓励引导创新主体在京津冀建立成果孵化与中试基地，支持共建重大科研基础设施、产业技术创新平台。鼓励科研机构和企业共同组建产学研创新联合体、联合实验室，打造一批有自主知识产权和国际竞争力的创新型领军企业。建立完善京津冀科技成果转化"供需对接清单"机制，支持科技成果转化服务平台开展跨区域服务。

5. 推动京津冀产业链强链补链延链优链。深入实施国家先进制造业集群发展专项行动。围绕"北京智造"优势产业，与津冀共同梳理完善产业链图谱，"一链一策"制定产业链延伸布局和协同配套政策，筹备召开产业链联合招商大会。建设京津冀燃料电池汽车示范城市群，共建京津冀工业互联网协同发展示范区、京津冀生命健康产业集群。优化京津冀协同发展产业投资基金等政府性基金引导作用，鼓励市场基金在京津冀设立发展。

6. 创新区域一体化发展体制机制。积极推动非首都功能疏解、交界地区管控、生态环境联防联控联治、产业协作等方面政策创新，建立利益共享机制。出台京津冀一流营商环境建设行动方案。深化京津冀政务服务协同，扩大政务服务"跨省通办""同事同标"范围。推动京津冀自由贸易试验区、综合保税区联动发展，深化制度集成创新和成果共享，探索"一地创新、三地互认"。研究完善大兴国际机场临空经济区管理体制，探索政府授权市场化运作的体制机制，更好发

附录 1：《关于进一步推动首都高质量发展取得新突破的行动方案（2023—2025 年）》

挥企业化开发运营管理平台作用。以大兴国际机场综合保税区为试点制定跨省域行政事权管理方案和利益共享机制。

三、加快提升创新驱动发展的能力和水平，推动世界主要科学中心和全球主要创新高地建设取得新突破

统筹发挥首都教育、科技、人才优势，打造一批世界一流开放共享重大创新载体平台，突破一批关键核心技术"卡脖子"难题，集聚一批具有全球影响力的高水平国际化人才，壮大一批示范引领型科技创新企业雁阵，落地一批支撑全面创新的改革举措，国际科技创新中心基本形成，成为世界科学前沿和新兴产业技术创新策源地、全球创新要素汇聚地。

7. 建强建优战略科技力量。全力保障国家实验室高标准高水平实现在轨运行，服务国家实验室体系化发展，支持实验室积极承担国家和北京市重点攻关项目。加快编制怀柔综合性国家科学中心创新发展实施方案，坚持边建设边运行边出成果边扩大影响力，积极争取发起或参与国际大科学计划，创新设施平台开放运行管理举措，探索差异化开放共享和奖励支持机制。出台支持世界一流新型研发机构高质量发展实施办法，支持本市新型研发机构在人工智能、区块链、量子信息、生命科学等领域承担国家战略任务。打造一批跨领域、大协作的创新平台。

8. 深化原创性、引领性科技攻关。出台北京市基础研究领先行动方案，对标关键核心技术需求倒逼应用基础研究发展，加快产出一批原创理论和成果。实施关键核心技术攻坚战行动计划，聚焦新一代信息技术、医药健康、新材料、新能源、智能网联汽车等领域，突破一批"卡脖子"技术。积极争创国家未来产业先导区，在通用智能、量子科技、未来网络、未来生命、低碳能源、前沿材料等领域统筹本市创新资源，加快前沿技术突破和技术成果转化。

9. 强化企业科技创新主体作用。针对本市重点发展的高精尖产业，通过企业技术中心培优、产业筑基、机制创新搭台、中试验证加速、应用场景建设等工程，构建产业科技自主创新体系。支持科技领军企业组织开展创新研发活动，围绕产业链关键环节提出创新需求，联合高校和科研院所以及上下游企业组建产业创新中心、工程研究中心、技术创新中心等形式的创新联合体，探索由企业主导的产学研深度融合新范式。出台进一步支持外资研发中心发展的若干措施，支持知名跨国公司和国际顶级科研机构在京首次设立实体化外资研发中心或提升创新能级，支持外资研发中心承担科技研发、国际合作、应用场景示范等政府科技任务。为外资研发中心提供集专利预审、快速确权、快速维权于一体的一站式综合服务。

10. 构建科技企业全周期支持与服务体系。出台进一步培育和服务独角兽企业的若干措施，为创新能力强、发展潜力大的硬科技独角兽企业提供战略级服务，使独角兽企业数量位居世界前列。支持专精特新企业进一步强化专业化优势，聚焦细分赛道进一步提升工艺、技术、配方领先水平。推动现有孵化器加快升级发展，实现重点区域和领域全覆盖，布局建设一批标杆孵化器，持续培育高精尖产业和未来产业领域的硬科技初创企业。

11. 激发人才创新活力。统筹人才管理及教育、科技、经济、信息化等领域人才支持计划，聚焦"卡脖子"关键核心技术、高精尖产业发展重点领域进行集中支持和服务保障。集聚战略科学家和一流科技领军人才，唱响唱亮"未来科学大奖"品牌，扎实做好北京学者选拔培养。认定一批产教融合型企业，依托职业院校建成一批产教融合实训中心。支持有意愿的科研人员带技术、带产品、带团队创业，引进和培养一批服务科学家创业的企业首席执行官。探索推出"人才创业险"，对创新创业损失的研发费用给予赔偿，对保费给予一定补助，为人才创新创业免去后顾之忧。便利外籍人才工作许可办理，对重点

附录1：《关于进一步推动首都高质量发展取得新突破的行动方案（2023—2025年)》

区域下放外国人来华工作许可审批权限。

12. 持续推进高水平科技自立自强先行先试改革。将符合条件的中关村新一轮先行先试政策扩大到示范区全域施行，统筹推动各区结合自身发展定位和产业特点制定承接工作方案。推动建立符合科技创新规律的科研经费管理模式，市级财政资金支持的科研项目推行经费"包干制"试点，建立完善结果导向的科研项目绩效评价机制。落实落细本市促进科技成果转化条例，在中关村国家自主创新示范区核心区重点高校院所、医疗卫生机构持续推进职务科技成果转化管理试点，持续推动中央在京单位开展促进科技成果转化条例适用工作。

13. 完善科技金融体系。出台中关村科创金融改革试验区实施方案。创新普惠融资风险补偿机制，引导金融机构加大对普惠小微贷款倾斜力度。吸引主权财富基金加大对本市科创企业支持力度，更好发挥国有资本杠杆作用，带动社会资本投早投小。建设私募股权转让平台，推动二手份额转让基金（S基金）发展。与投资机构建立被投企业联合赋能机制，依托"服务包"平台，形成重点被投企业"接诉即办"服务体系。

四、积极发展高精尖产业，率先构建更具国际竞争力的现代化产业体系取得新进展

把握产业数字化、智能化、绿色化、融合化发展趋势，推动先进制造业竞争力实现整体提升，战略性新兴产业、未来产业持续壮大，产业关键核心技术取得重大突破，数字经济成为发展新动能，推动平台经济规范健康持续发展，服务业优势进一步巩固，科技支撑农业高质量发展能力显著提升，以高精尖产业为代表的实体经济根基更加稳固。

14. 充分激活数据要素潜能。完善数据资源统筹机制，汇聚多层次、多类别、多来源的公共数据，探索数据资源资产化、市场化、产

业化发展的有效模式和可行路径。率先开展国家数据基础制度先行先试，探索打造数据训练基地。北京国际大数据交易所进一步完善数据产品交易规则和业务规范，建立数据确权工作机制，争取升级成为国家级数据交易所。研究制定数据出境安全评估制度落地举措，积极争取开展数据出境安全评估权限先行先试。鼓励制造业企业应用智能生产设备及信息化管理系统建设数字型总部。鼓励央企、国企、互联网平台企业以及其他有条件的企业和单位，在京成立数据集团、数据公司或数据研究院。

15. 夯实先进数字基础设施。完善高品质通信基础设施体系，推进双千兆计划，加快布局5G基站，争取建设国家新型互联网交换中心，超前布局6G未来网络。提升算力资源统筹供给能力，统筹各类政务云、公有云、私有云等算力中心资源，支持海淀区建设北京人工智能公共算力中心、朝阳区建设北京数字经济算力中心。统筹推进人工智能、区块链、大数据、隐私计算、城市空间操作系统等新技术基础设施建设。加快布局智慧城市共性基础设施，建立智慧城市感知设施"一套台账"，加快打造"码链一体"城市码服务平台。

16. 更好促进平台经济规范健康持续发展。鼓励平台企业牵头建设技术创新中心、产业创新中心、创新联合体等，加大研发投入，开辟更多新领域新赛道。鼓励平台企业推出数据存储、产销对接、出海服务、创新试错等符合中小企业需求的数字化服务，有效带动中小企业联动创新。搭建平台企业与各类企业合作交流平台。完善投资准入、新技术新业务安全评估等政策，健全透明、可预期的常态化监管制度。

17. 落实集成电路产业发展部署。制定研发、攻关、金融等系列综合政策。提升自主可控供应链体系化保障能力。加强集成电路产业项目建设。推动形成具有综合竞争力的集成电路产业集群。

18. 加快生物医药产业做强做大。加强优质医疗资源与医药健康

附录1：《关于进一步推动首都高质量发展取得新突破的行动方案（2023—2025年）》

产业协同发展，全面贯通事业链创新链产业链。推动核酸和蛋白质检测、合成生物学、新型细胞治疗等领域取得创新突破。支持国际研究型医院等关键平台建成运营，积极推进研究型病房建设，大力引进培育技术转移服务、国际化临床服务、细胞基因检测平台、医疗器械样机制作平台等方面专业技术服务机构。着力提升重点产业园区电力、热力、医疗废弃物处置等基础设施承载能力，建设生物制药标准厂房，加快推动产业化项目落地。发挥药品医疗器械创新服务站作用，争取创新药品和医疗器械加速审评政策试点。

19. 促进智能网联汽车产业引领发展。前瞻推进智能网联汽车立法工作。推动高级别自动驾驶示范区建设，对新建和改建道路严格按照示范区相关标准进行路侧智能化设备建设。持续推动北京经济技术开发区超高速无线通信技术（EUHT）专网建设，努力打造可向全国推广应用的技术标准。落实新能源汽车高质量发展实施方案，加快新能源汽车优质项目建设，持续提升核心零部件自主可控水平，引导带动一批高附加值零部件和新能源智能汽车供应链企业在京津冀布局。

20. 抢抓人工智能产业发展机遇。支持创新主体重点突破人工智能前沿基础理论及关键核心技术。加快培育人工智能产业方阵，持续构建人工智能产业生态，鼓励软件企业基于大模型开发打造新产品。推动大模型赋能智慧城市、金融、自动驾驶等重点领域发展，组织商用场景对接。基本建成具有全球影响力的人工智能创新策源地。

21. 推动机器人产业创新发展。加紧布局人形机器人整机，组建北京市人形机器人产业创新中心，分类推进医疗健康、协作、特种、物流机器人，组织实施"百种应用场景示范工程"，推动机器人创新产品应用示范和系统集成模式推广。

22. 加大绿色科技创新应用力度。印发本市新型储能发展总体方案，支持高效率、长寿命、低成本储能技术研发应用，建设固态锂离子电池标准化厂房等重点项目。推动智能电网技术突破和应用，加快突破百万级电动汽车的车网互动、高效柔性智能配电网态势感知和运行优化技术。积极推广超低能耗建筑，加快发展装配式建筑。推进国家氢燃料电池汽车质量检验检测中心建设，落实氢燃料电池汽车示范应用资金支持政策，围绕长途、重型运输等场景，利用公交、环卫、客货运等自属场站、园区或既有加油（气）站，推动加氢站建设布局，力争实现氢燃料电池汽车累计推广量突破1万辆。推广循环用水、废污水再生利用、高耗水生产工艺替代等节水工艺和技术，开展污泥协同处理和资源化利用。

23. 巩固扩大金融业发展优势。推动金融街功能优化、转型升级和活力提升，主动对接国家金融基础设施落地，建设国家级金融科技示范区。在丽泽金融商务区高水平规划建设数字金融示范区。推动中央商务区（CBD）商务金融创新发展。在城市副中心建设全球绿色金融和可持续金融中心、全球财富管理中心。加快发展绿色金融，建立完善环境社会治理（ESG）相关标准体系，推动有条件的金融机构不断提高环境信息披露水平。鼓励国际领先的绿色标准认证和评级机构在京发展。

24. 推动专业服务业优化升级。提高研发、设计、技术转移、科技咨询、创新创业等科技服务领域市场化、数字化、网络化水平，打造一批有影响力的先进综合服务商，为科技创新企业提供全方位专业服务。提高法律服务、管理咨询、人力资源、知识产权、检验检测等综合服务水平，聚集世界领先服务机构和国际顶尖专业人才，打造2~3个专业服务综合性示范区。

25. 加快推动"两业融合"。聚焦新一代信息技术与制造业服务业融合等8个重点领域，在园区内支持共性产业服务平台建设，支持腾退空间和低效楼宇改造，培育形成10家市级"两业融合"示范园区、100家市级"两业融合"试点企业。

26. 加快推进农业农村现代化。学习浙江"千万工程"经验，结

附录 1：《关于进一步推动首都高质量发展取得新突破的行动方案（2023—2025 年）》

合本市实际制定相关文件，出台新一轮乡村振兴战略规划。全力打造"种业之都"，实施种质资源保护利用、种业创新攻关、种业企业扶优、创新基地提升、创新环境优化等五大行动，核心种源和关键核心技术攻关取得重大进展。加快推进农业中关村建设，支持平谷区创建国家农业高新技术产业示范区，实现京瓦农业科技创新中心建成投用，落地农业微生物国际创新研究院等平台。用好点状配套设施用地政策，推出一批精品旅游路线和乡村民宿，推进乡村旅游提档升级。以生态涵养区为重点，率先形成生态产品总值（GEP）进考核、进补偿等典型案例，率先在平原区与生态涵养区开展生态产品总值（GEP）和地区生产总值交换补偿，实施特定地域单元生态产品价值（VEP）核算及应用指南。

五、协调推动以高质量供给引领和创造新需求，促进投资和消费不断涌现新亮点

不断释放消费和投资潜能，着力推动消费"上台阶、提质量"，更好发挥北京在数字消费、服务消费、绿色消费、国际消费等方面的优势，在国际消费中心城市建设中走在前列；着力推动投资"稳规模、优结构"，打好投资调度、要素保障、项目储备、投融资改革"组合拳"，充分发挥投资对优化供给结构的关键作用。

27. 加快打造"双枢纽"国际消费桥头堡。对接旅客商务、购物、文旅、休闲等消费需求，融合星级酒店和康养、休闲娱乐等丰富消费业态，拓展机场消费场景。推动天竺综合保税区布局升级型消费产业，升级跨境电商销售医药产品试点，打通汽车平行进口和销售链条，创新保免税相衔接政策。力争开工建设大兴国际会展中心和国际消费枢纽项目。

28. 打造消费新地标。在城市南部和海淀区山后区域改造提升、补充新建一批商业综合体，各平原新城至少有 1 条商业步行街，支持

重点商圈按照本市商业消费空间布局专项规划进行改造提升。全市实现一刻钟便民生活圈全覆盖。启动环球度假区二期建设。

29. 促进数字新型消费。推动建立一批北京特色直播电商基地，鼓励电商平台在京设立研发中心、结算中心。鼓励企业依托人工智能等技术开发消费类电子产品、搭建虚拟现实数字生态，扩大在远程医疗、教育技术等场景的应用。激活科幻消费潜力，推广"中国科幻大会"等品牌活动矩阵，与影视、阅读、科普、研学、文旅等场景深度结合，建设全球科幻创意争相迸发的中心节点。

30. 更大力度推广绿色消费。扩大新能源汽车使用，坚持公共领域带动，全面提升补能基础设施服务能力，营造便利的新能源汽车使用环境。构建高质量充电基础设施体系，重点覆盖居住区、办公区，促进充电基础设施投资多元化。实施"京彩·绿色"消费券政策，持续扩大参与企业范围。加快推动废旧家电回收处理体系建设，组织开展"小旧家电回收进社区"活动，发挥生产企业作用，依托产品销售和维修服务网络等优化回收渠道。

31. 打造一批新的文旅体精品。加强文物数字化保护和展示。打造"首演首秀首发"平台，提升"演艺之都"国际影响力。扩大高质量旅游景区梯队，丰富内容、提升品质，推动乡村旅游提质升级。充分发挥北京"双奥之城"特色优势，积极申办和组织一批具有国际影响力的重大体育赛事活动，重点打造城市绿心、南海子等一批体育消费聚集区，推广桨板、冰球、攀岩等潮流时尚运动。

32. 着力提升康养服务质量。将医养结合机构逐步纳入远程协同服务范围，在照护指导、复诊送药、远程会诊等领域开展服务管理模式创新，推动AI辅助医疗器械研发和临床使用。研究制定老年人家庭适老化改造阶梯式补贴政策，鼓励社会力量参与老年人家庭适老化改造。

33. 大力发展居住服务业。鼓励市场主体提供丰富多元的居住服务，

附录1：《关于进一步推动首都高质量发展取得新突破的行动方案（2023—2025年）》

鼓励和引导企业参与老旧小区物业管理、市政养护、停车场管理等。

34. 发展壮大符合首都功能定位的品牌展会。加快推进新国展二、三期建设，完善场馆周边住宿、餐饮、办公、商业等高品质配套设施建设，打造顺义国际会展商务区（EBD）。支持本市会展企业与国际知名会展组织和头部企业开展深度合作，引进符合首都发展定位的国际知名展会。优化会展业发展环境，编制大型展会集成审批事项清单，大型展会活动实现"一件事"集成办事。

35. 建设高效顺畅的现代物流体系。加快推进平谷马坊等6个物流基地规划建设和转型升级，加大政府投资支持力度，加快完善物流基地配套公共服务和基础设施。试点推动物流业、高端制造业深度融合创新发展。加快推进京津冀铁路货运环线建设，强化与天津港、唐山港等联动发展，加快发展公铁海联运、航空货运，推动加密中欧班列。推动航空货运、邮政快递等领域龙头企业对接国际物流通道，加快境外节点设施布局。探索利用城市轨道交通非高峰时段开展快递运输试点，推进城市货运绿色化、集约化转型。

36. 不断优化投资结构。引导扩大产业项目投资，提升民间投资中制造业、软件信息服务业、科技服务业等重点产业投资比重，集中支持一批重点产业集聚区建设。

37. 着力加强要素保障。统筹一批耕地占补平衡、能耗等指标，优先保障具备条件的市重点工程，鼓励指标跨区调节合作。全力争取中央预算内投资、地方政府专项债券、制造业中长期贷款等各类国家政策性资金，每季度组织重点项目融资对接会，保障项目融资需求。

38. 做实做细重大项目谋划储备。加大高端制造、智慧城市、韧性城市、轨道交通和微中心、能源结构优化等重点领域项目谋划储备力度，加快推进本市现代化基础设施体系建设。每年新增储备项目总投资超万亿元，其中50亿元以上项目超50个。储备库中现代化基础设施、现代化产业项目各达到100个以上、总投资均超5000亿元，

"三城一区"项目达到200个以上、总投资超5000亿元。建立储备在库项目评估体系，提高储备谋划水平、提升项目成熟度，年度开工出库项目总投资超过当年投资预期目标。

39. 加快实施城市更新行动。抓紧制定出台项目审批、规划用地、技术规范、导则等配套文件。印发本市建筑规模管理办法，加快建立市区城市更新项目库，滚动推进城市更新项目落地实施，建立完善城市更新投资统计机制。完成不少于60万平方米危旧楼房改建和简易楼腾退，完成2000年底前建成的约4000万平方米老旧小区改造任务。完成26个商圈改造提升，重点推进150处老旧厂房改造，实施10个低效产业园改造示范项目，推动300万平方米老旧楼宇更新改造。实施城市公共空间更新，为市民提供丰富宜人、充满活力的城市公共空间。

40. 开展片区综合性城市更新试点。聚焦重点领域、重点地区，强化资源统筹，开展30个区域综合性城市更新项目。在核心区选取改造需求量大、资金不平衡的重点区域，按照"规划引领、政府主导、市场化运作"工作路径，统筹运用实施单元内规划流量指标，实行跨项目、跨区域建筑规模调配，统筹各类城市更新内容，推动核心区城市更新取得新成效。

41. 深化改革创新激发投资活力。大力促进社会投资，每年向民间资本推介两批科技创新与高精尖产业、基础设施、公共服务、城市更新等领域重点项目，总投资2000亿元以上。深化引导社会资本积极参与基础设施不动产投资信托基金（REITs）试点，重点培育一批民间资本参与的产业园区、消费基础设施项目，对于本市企业成功发行基础设施REITs产品的，一次性给予不超过300万元的财政补贴。研究深化投资项目审批改革方案，推动"区域评估+标准地+承诺制+政府配套服务"改革，不断提升承诺制试点项目占全市企业投资项目比重。

附录1:《关于进一步推动首都高质量发展取得新突破的行动方案(2023—2025年)》

六、不断加大改革攻坚和扩大开放的深度广度,加快"两区"建设迸发新活力

用足中央赋予北京的"两区""三平台"、北京证券交易所等资源优势,加强改革开放政策系统性集成,稳步扩大规则、规制、管理、标准等制度型开放,引进一批标志性、引领性、首创性外资项目,继续深入打造国际一流营商环境,让企业群众能办事、快办事、办好事、办成事,激发全社会创造力和发展活力。

42. 开展国际高水平自由贸易协定规则对接先行先试。推动国家服务业扩大开放综合示范区2.0版方案获批,在安全前提下争取一批开放事项,向国家争取扩大增值电信业务开放,扩展本外币一体化资金池、合格境内有限合伙人(QDLP)与合格境外有限合伙人(QFLP)试点,持续打造国际商事仲裁中心,争取更多境外职业资格纳入认可目录3.0版。

43. 实施高水平开放园区载体功能提升行动。增强自由贸易试验区三片区七组团、临空经济区、综合保税区开放载体功能,理顺园区之间管理服务、平台运营对接机制,促进境内外货物、服务、资金等要素高效有序流动。天竺综合保税区力争获评全国A类综合保税区,大兴国际机场综合保税区入区项目、货物进出口快速形成实际增长量,中关村综合保税区努力打造成为全国以研发创新为特色的综合保税区,亦庄综合保税区力争获批。

44. 推动"三平台"等国际交流合作迈上新台阶。全面提升中国国际服务贸易交易会国际化、市场化水平,完善产品展示、签约洽谈、业务延伸、企业落地等全链条服务,打造永不落幕的服贸会。高水平办好中关村论坛,持续发挥好面向全球科技创新交流合作的国家级平台作用,持续扩大国际科技交流合作,高位链接全球创新资源,完善常态化办会机制,打造永不落幕的国家级权威论坛。提升金融街

论坛全球影响力，形成顶尖投资人云集、投资机会富集的国际性平台。把北京文化论坛打造成建言文化发展、推动文化创新的一流平台，塑造为具有中国风韵、国际影响的文化品牌。打造更多具有影响力的国际性论坛，探索依托怀柔科学城打造国际性的自然科学论坛，依托北京绿色交易所打造国际性的气候变化和碳减排论坛，依托未来科学城打造国际性的能源转型发展论坛。

45. 促进外资外贸高质量发展。制定本市外商投资条例。以外资准入负面清单、产业禁限目录为基础探索制定外商投资实施细化指引。完善"投资北京全球合作伙伴"机制，高质量举办"投资北京全球峰会"，拓展覆盖全球主要国家（地区）的投资促进渠道，充分调动在京中介机构、境内外商协会、龙头企业等多元主体参与招商，打造系列投资促进活动品牌。建立本市重大外资项目专班，积极争取将符合条件的重大项目纳入国家专班调度，促进航空维修、医药和医疗器械、金融等领域一批外资重点项目加快落地。发挥"双自主"企业供应链优势，扩大汽车、摩托车等出口资质企业的规模和数量，加强新能源车国际市场开拓。以国家进口贸易促进创新示范区为引领，优化机电设备、优质消费品、关键零部件等产品进口。支持引导跨境电商海外仓、独立站等新模式加速发展。增强服务贸易创新发展动能，在金融、电信、保险等新兴服务贸易领域进一步提升国际竞争力，巩固服务外包产业基础，提升"北京外包"服务水平。

46. 完善企业上市服务。建立市区两级信息共享和工作协同机制，及时高效解决企业上市中的历史遗留、法律纠纷等问题。优化企业上市前服务，加快推动本市信用立法，探索在市场监管、规划、生态等高频领域推行以市场主体专用信用报告代替合法合规证明。

47. 做大做强北京证券交易所。依托北京证券交易所打造科创企业资本市场服务体系，高标准建设上市服务基地。持续优化北京证券交易所市场生态，加快推进北京专精特新专板建设。建立健全优质企

附录1:《关于进一步推动首都高质量发展取得新突破的行动方案（2023—2025年）》

业储备库、培育库、推荐库,将行业标杆企业纳入市级"服务包",持续跟踪培育,推动形成北京板块"明星企业"群。分层给予新三板挂牌企业奖励资金支持,加强北京证券交易所上市资金补贴支持。鼓励证券公司、基金公司、会计师事务所、律师事务所等机构及业务团队为科创企业提供全生命周期金融服务,鼓励本市国资投资平台等积极参与新股发行战略投资和后续定增。推动完善北京证券交易所功能,争取落地北京证券交易所政府债券交易和REITs发行交易功能,建立京津冀REITs产业联盟,推动更多优质项目在北京证券交易所落地。

48. 全力塑造"北京服务"营商环境品牌。加快落实营商环境6.0版改革实施方案,完成药店、便利店等40个"一业一证"场景改革,推出企业上市综合服务等20个以上"一件事一次办"集成服务事项,推进餐饮、旅游等50个"6+4"一体化综合监管改革场景落地。以市场化、法治化、国际化、智慧化为导向,以"北京标准""北京效率""北京诚信"为支撑,塑造首善标准、国际一流的"北京服务"品牌。依托"服务包"机制,不断提升服务意识、服务专业性。健全政府与民营企业、外资企业等各类企业常态化沟通交流机制,完善涉企政策听取企业家意见建议的工作机制。持续开展妨碍统一市场和公平竞争的政策措施清理,承接市场准入效能评估国家试点。加快数字服务、数字营商、数字监管建设,推行在线智能办事,实现市区两级政务服务事项100%"全程网办",社保、医疗、住房、就业、税务等领域600个以上服务事项"掌上办"。

49. 深化园区体制机制改革。推动中关村世界领先科技园区建设方案出台实施,聚焦前沿技术创新、高精尖产业发展方面奋力走在前列。推进中关村各园区空间布局优化调整,打造集中连片、配套完善的产业发展空间,提高地均产出率和产业集中度。组建具有较强招商引资、投融资能力的专业化运营平台公司,提升园区治理能力。在不改变用地性质、符合高精尖产业定位的前提下,探索"工业上楼"模式，研究用地指标统筹方案，适度提高高精尖产业用地容积率。制定增强平原新城综合承载能力和吸引力的政策措施，推动产业园区提质增效，加强与津冀创新链产业链融合发展，更好发挥辐射带动作用。

50. 更好统筹发展与安全。压紧压实安全生产责任，大力推动公众安全意识和从业人员安全责任、安全技能提升，开展常态化应急培训演练，切实消除影响首都安全生产和消防工作的隐患，坚决防范和遏制重特大事故。建立多层次金融风险防控体系，通过大数据、人工智能等技术手段，精准识别、有效防范化解金融风险。提升战略和应急物资储备和统筹调度能力，支持平谷区试点建设国家"平急两用"发展先行区。

附录2：

北京市"十四五"时期
高精尖产业发展规划

序　言

"十四五"时期是我国开启全面建设社会主义现代化国家新征程、向第二个百年奋斗目标进军的第一个五年，也是北京落实首都城市战略定位、建设国际科技创新中心、构建高精尖经济结构、推动京津冀产业协同发展的关键时期。在全球创新版图重构以及我国加快构建双循环新发展格局的时代背景下，北京高精尖产业要坚持以首都发展为统领，巩固产业调整转型的良好势头，准确把握新发展阶段，深入贯彻新发展理念，主动融入新发展格局，全力推进高质量发展，切实肩负起国家赋予的使命和责任。

本规划根据《中共北京市委关于制定北京市国民经济和社会发展第十四个五年规划和二〇三五年远景目标的建议》《北京市国民经济和社会发展第十四个五年规划和二〇三五年远景目标纲要》制定，提出的高精尖产业主要涉及先进制造业、软件和信息服务业、科技服务业，是对"十三五"时期十大高精尖产业内涵的拓展和提升，实施期限为2021年至2025年，远景展望到2035年。

一、发展基础与形势要求

（一）发展基础

党的十八大尤其是 2014 年习近平总书记视察北京并发表重要讲话以来，全市统筹疏解非首都功能、构建高精尖经济结构、推动京津冀产业协同发展，高精尖产业进入创新发展、提质增效新阶段，为"十四五"时期构建现代产业体系奠定了坚实基础。

产业发展能级实现新跃升。2020 年全市高精尖产业实现增加值 9885.8 亿元，占地区生产总值比重达到 27.4%，较 2018 年提高 2.3 个百分点；培育形成新一代信息技术（含软件和信息服务业）、科技服务业两个万亿级产业集群以及智能装备、医药健康、节能环保、人工智能四个千亿级产业集群。

产业创新能力明显提高。2020 年高精尖产业研发经费投入占收入比重 7.3%。创建 3 个国家级制造业创新中心、92 个企业技术中心和 8 个工业设计中心，布局人工智能、量子、脑科学等一批新型研发机构。拥有独角兽企业 93 家，数量居世界城市首位。涌现出柔性显示屏、国内首款通用 CPU（中央处理器）、新冠灭活疫苗、5G+8K（第五代移动通信技术+8K 超高清分辨率）超高清制作传输设备、新型靶向抗癌新药、手术机器人、高精密减速器等具有全球影响力的创新成果。

产业项目落地取得丰硕成果。落地投产新能源整车产线，建成全球首个网联云控式高级别自动驾驶示范区。建设国内规模最大的 12 英寸集成电路生产线、8 英寸集成电路国产装备应用示范线。国家级专精特新"小巨人"、制造业单项冠军、智能制造示范项目和系统解决方案供应商数量全国领先，涌现出福田康明斯"灯塔工厂"、小米"黑灯工厂"等行业标杆。率先启动建设国家网络安全产业园，聚集全国半数以上网络安全和信创企业。落地工业互联网标识解析国家顶级节点、国家工业互联网大数据中心和安全态势感知平台等一批重大基础设施平台。

产业提质增效迈出坚实步伐。2016年至2020年全市累计退出一般制造业企业2154家。2020年规模以上工业人均产值、规模以上制造业地均产值较2015年分别增长59%、19.2%；规模以上软件和信息服务业人均营业收入较2015年增长99.1%。

京津冀产业协同开创全新局面。京津冀三地协同推进规划共编、项目共享、企业互动、园区共建，"2+4+N"产业合作格局初步形成；城市副中心产业"腾笼换鸟"全面推进，积极对接雄安新区规划建设；汽车、医药、装备、大数据和云计算等领域的产业合作和项目落地取得重大突破。

（二）形势要求

"十四五"乃至更长时期，北京高精尖产业仍将处于大有可为的战略机遇期。从全球看，世界正经历百年未有之大变局，国际环境日趋复杂，经济和科技竞争更趋白热化，信息、生物、新材料、新能源等领域的技术突破与交叉融合，将对产业转型升级和变换发展赛道产生深刻影响；从国内看，我国经济已进入高质量发展新阶段，着力构建新发展格局，加快发展现代产业体系，将为北京高精尖产业创新发展注入新活力。经过前期的创新积累和产业孵育，北京高精尖产业发展进入了创新自主化的攻坚期、产业集群化的发力期和数字智能化的迸发期。

同时，北京高精尖产业综合实力与首都高质量发展的要求仍然存在差距：先进制造业核心竞争力不强，对本市国际科技创新中心和现代产业体系建设支撑不够；从科技研发到落地转化的创新闭环尚未完全打通，高精尖产业持续发展动能不足；产业数据赋能与智慧提升的潜能尚待挖掘，新产业新业态倍增发展势能释放不够；产业链、供应链"卡脖子"问题依然存在，产业链活力和韧性有待提升。

坚持世界眼光、高点定位，北京必须保持发展高精尖产业的战略定力，深入落实京津冀协同发展战略，坚定不移疏解非首都功能，加快科技创新构建高精尖经济结构，探索实践具有首都特色的产业转型升级之路，塑造参与全球产业合作和竞争新优势。

二、总体要求

（一）指导思想

以习近平新时代中国特色社会主义思想为指导，全面贯彻党的十九大和十九届二中、三中、四中、五中全会精神，深入贯彻习近平总书记对北京重要讲话精神，以首都发展为统领，以推动高质量发展为主题，以北京城市总体规划为遵循，以改革创新为动力，以加快数字产业化、产业数字化为主线，推动产业"换核、强芯、赋智、融合"，加快产业基础再造提升、产业链条优化升级、智能绿色全面覆盖、制造服务深度融合、区域发展开放联动"五个突破"，推进动力转换、效率提升、结构优化"三大变革"，实现高精尖产业质量、能量、体量"三量提升"，打造一批具有全球竞争力的万亿级产业集群和领军企业，巩固壮大实体经济根基，支撑构建具有首都特色、高端创新引领的现代产业体系，全面服务首都率先构建新发展格局，纵深推动京津冀协同发展，加快推动国际科技创新中心建设，为我国提升创新链产业链供应链现代化水平、增强自主可控能力，更好建设制造强国、质量强国、网络强国和数字中国做出北京贡献。

（二）基本原则

坚持新发展理念不动摇。促进产业链与创新链协同提高科技创新转化效能，促进制造业与服务业协调融合提高新业态活力，促进绿色低碳循环发展提高清洁生产水平，促进区域协同开放提高产业链韧性弹性，促进制造能力和服务能力跨区域共享提高产业资源配置效率。

坚持创新引领不动摇。全面对标全球产业创新前沿，着力发展引领技术创新、带动能力强劲的行业，加快培育掌握核心竞争力和重要知识产权的全球顶尖企业，主动布局国家重大战略项目和前沿技术，积极培育新业态新模式，努力在新一轮竞争中抢占先机。

坚持京津冀产业协同不动摇。立足京津冀全局谋划产业布局，增强与天津、河北的全面深度联动，促进三地产业链共建、供应链共享、价值链共创，推动京津冀产业协同朝着更加均衡、更高层次、更高质量的方向迈进。

坚持高端智能绿色不动摇。保持疏解一般制造业和发展先进制造业的战略定力，严格执行新增产业的禁止和限制目录，以更高、更优标准推动一般制造业企业疏解，加快传统产业转型升级，大力发展"智能+"产业，巩固高精尖经济结构，促进产业节能减碳和绿色发展，提高产业质量效益和核心竞争力。

坚持统筹发展和安全不动摇。牢固树立总体国家安全观，把安全发展贯穿于高精尖产业体系构建全过程，建设更高水平、更具韧性的产业链供应链，实现关键环节自主安全可控，提升风险应对能力，把握发展主动权。

（三）发展目标

2025年主要目标：以高精尖产业为代表的实体经济根基更加稳固，基本形成以智能制造、产业互联网、医药健康等为新支柱的现代产业体系，将集成电路、智能网联汽车、区块链、创新药等打造成为"北京智造""北京服务"的新名片，产业关键核心技术取得重大突破，国产化配套比重进一步提高，生产效率达到国际先进水平，绿色发展更加显著，京津冀产业协同发展和国际产能合作迈向更高层次。

2035年远景目标：在全国率先实现新型工业化、信息化，基本实现产业治理体系和治理能力现代化，具有首都特点的高精尖产业体系更加成熟，产业综合竞争力位居世界前列，保持与首都经济社会发展阶段相适应的先进制造能力，广泛形成智能、绿色生产方式，产业自主创新能力显著提升，京津冀产业协同发展新格局全面形成。

"十四五"时期高精尖产业发展主要指标

一级指标	二级指标	2025年	2035年(远景目标)	指标性质
综合能力	高精尖产业增加值占地区生产总值比重（%）	30以上	40以上	预期性
	万亿级产业集群数量（个）	4~5	8~10	预期性
	制造业增加值占地区生产总值比重（%）	13左右（力争15左右）	合理区间	预期性
	软件和信息服务业营业收入（亿元）	30000	持续增长	预期性
	新增规模以上先进制造业企业数量（个）	500	持续增长	预期性
创新发展	规模以上高精尖企业研发费用投入占收入比重（%）	8.5	10	预期性
	每亿元工业产值有效发明专利拥有量（件/亿元）	10	12	预期性
	软件和信息服务业每万人有效发明专利拥有量（件/万人）	1300	持续增长	预期性
	新增国家级专精特新"小巨人"企业数量（家）	300	持续增长	预期性
	国家级制造业创新中心数量（个）	5	持续增长	预期性
提质增效	规模以上工业全员劳动生产率（万元/人）	70	100以上	预期性
	市级以上开发区地均产值（亿元/公顷）	2.3	3.5	预期性
	高技术制造业增加值占规模以上工业增加值比重（%）	30	40	预期性
绿色发展	万元工业增加值能耗下降率（%）	5（较2020年）	10（较2020年）	约束性
	万元工业增加值水耗下降率（%）	5（较2020年）	10（较2020年）	约束性
	万元工业增加值二氧化碳排放强度降低率（%）	达到国家要求	达到国家要求	约束性
	万元工业增加值挥发性有机物排放强度降低率（%）	达到国家要求	达到国家要求	约束性

附录2：北京市"十四五"时期高精尖产业发展规划

续表

一级指标	二级指标	2025年	2035年（远景目标）	指标性质
融合发展	世界级智能制造标杆工厂数量（家）	10	20	预期性
	具有国际影响力的工业互联网平台数量（个）	1—2	—	预期性
	重点行业典型企业的关键工序装备数控化率（%）	85	95	预期性
开发开展	高新技术产品出口额占货物出口总额比重（%）	25	30	预期性
	高精尖领域新设立规模以上外资企业数量（个）	100	200	预期性
	具有显示度的国际合作产业园数量（个）	2	持续增长	预期性
区域协同	关键产品零部件本地区配套化水平	持续提升	持续提升	预期性
	支持龙头企业在京津冀布局产业协同发展示范集群数量（个）	3	10个以上	预期性

三、打造面向未来的高精尖产业新体系

把握产业转型升级和变换发展赛道机遇，培育跨界融合、协同共生的新业态；促进产业上下游贯通，构建研发、制造、服务等各环节联动迭代的新链条；强化数字化赋能，打造创新驱动产业发展的新范式。积极培育形成两个国际引领支柱产业、四个特色优势的"北京智造"产业、四个创新链接的"北京服务"产业以及一批未来前沿产业，构建"2441"高精尖产业体系，打造高精尖产业2.0升级版。

（一）做大两个国际引领支柱产业

1. 新一代信息技术

以聚焦前沿、促进融合为重点，突出高端领域、关键环节，扶持壮大一批优质品牌企业和特色产业集群，重点布局海淀区、朝阳区、北京经济技术开发区，力争到2025年新一代信息技术产业实现营业

收入2.5万亿元。

（1）人工智能。以加快建设国家人工智能创新应用先导区为重点，构筑全球人工智能创新策源地和产业发展高地。支持"卡脖子"攻关，全面突破智能芯片、开源框架等核心技术，构建自主可控的产业链体系；建设国家级人工智能前沿研究中心、超大规模人工智能模型训练平台；力争在数理与数据融合、类脑智能模型、新型机器学习、可解释人工智能等方向跻身国际前列。支持"数据集"生产，建设数据生产与资源服务中心、数据专区，推动政府机关和企事业单位高价值数据开放，引导社会单位通过数据交易、组建联盟等方式共享数据集。支持"引领性"示范，建立测试评估机构，提升人工智能标准化能力；推动城市运行、智慧医疗、智慧交通、智慧民生、智慧教育等领域示范建设，培育壮大一批创新发展示范企业。发展"深融合"产业，建设国家人工智能赋能中心，推动应用牵引创新；发展人工智能与实体经济深度融合新业态，培育3家左右人工智能+芯片、人工智能+信息消费、人工智能+城市运行的千亿级领军企业，推动产业生态链基本完善；建设原始创新聚集区、示范应用先行区、先进制造前沿区、特色发展实验区和创新提升拓展区。加大"强支撑"保障，建设人工智能产业中心、应用中心、产业联盟及国家级人工智能创新应用先导区实验室；依托北京智源人工智能研究院等新型研发机构，推动《人工智能北京共识》等伦理安全规范落地，支持建设我国首个人工智能治理公共服务平台，争创全球人工智能治理典范。

（2）先进通信网络。推进先进通信网络产品及关键部件研制与示范应用。支持海淀中关村科学城、北京经济技术开发区、中关村朝阳园等区域，实施5G核心器件专项，加快5G大规模天线系统、射频芯片及元器件、滤波器、高端模数/数模转换器等研发及产业化，提升中高频系统解决方案能力，推动5G中高射频器件产业创新中心和研发制造基地建设；前瞻布局6G（第六代移动通信技术）相关产业，抢占6G标准高地,发展6G网络架构、高性能无线传输技术、网络覆盖扩展与天地融合技术等方向,研制6G、卫星通信网络系统等前沿产品。

(3)超高清视频和新型显示。以提升能级、联动发展为重点,形成关键原材料、关键工艺设备和高端驱动芯片的上游产业集群,并向智能终端、超高清电视和汽车电子等下游产业贯通。支持海淀中关村科学城、大兴新媒体产业基地、北京经济技术开发区等区域,推进北京超高清视频制作技术协同创新平台、北京超高清电视应用创新实验室建设;研发4K/8K超高清视频摄录设备、编辑制作设备、编解码设备;提前布局8K技术标准,加快8K超高清视频制作技术研发。提高新型液晶材料、柔性显示薄膜等配套能力,研发8K显示驱动芯片、编解码芯片、SoC芯片(系统级芯片)、3D结构光摄像模组、图像传感器等核心元器件,突破Micro LED(微米发光二极管)、高亮度激光等新一代显示技术。支持超高清视频与5G协同发展以及在冬奥会等重大活动的示范应用。

(4)产业互联网。以发展基于行业知识和自主技术的行业细分平台为重点,打造新平台型企业群体。构建多层次工业互联网平台体系,培育面向特色场景的工业互联网平台,推动跨行业跨领域平台迭代升级与服务优化;壮大服务业互联网平台体系,在协同办公、产品采购、智慧居住等细分领域打造一批国内领先的平台。鼓励产业互联网技术创新,推动智能传感器、边缘操作系统、工业软件、工业芯片等基础软硬件研发;加强机理模型、先进算法及行业数据的验证迭代;支持建设低代码开发平台,培育优质工业APP(应用程序),推进产业互联网开源生态体系建设;支持虚拟现实、人工智能、数字孪生、区块链等新技术与产业互联网融合开发新产品和解决方案,开展测试验证和商业化推广。建设京津冀工业互联网协同发展示范区,搭建典型应用场景,围绕供应链推动企业上云上平台,实现设计、检测、制造等单元的网络化组织，形成跨区域跨主体的协同生产体系。

（5）网络安全和信创。以国家网络安全产业园为载体，加快企业集聚和龙头企业培育，重点布局海淀区、北京经济技术开发区、通州区。加快突破高性能操作系统、嵌入式操作系统、数据库、中间件、办公软件等基础软件以及智能设计与仿真工具、制造物联与服务、工业大数据处理等工业软件核心技术，优化国产软硬件集成适配、工业软件标准和测评机制，构建安全可控的软件生态体系。发展自主安全芯片，突破国产CPU技术短板，开展工业控制芯片、汽车芯片等关键领域技术攻关。发展国家可信技术创新与应用平台，突破密码、可信计算、数据安全、系统安全、网络安全等信息安全核心技术，发展操作系统安全、新一代身份认证、终端安全接入等新型产品和服务，开发网络空间主动防御与保障等应用平台。

（6）北斗。以完善北斗产业生态为目标，组建北斗产业创新中心，建设全国领先的产业公共服务平台；建设高水平、国际化、智能化的北斗产业创新基地，打造北斗产业创新创业孵化平台和集聚发展的核心枢纽。鼓励北斗与5G、物联网、地理信息、车路协同、无人系统等技术融合创新应用，建设"北斗+"和"+北斗"重大应用场景，提升北斗应用的产业赋能和综合服务能力，探索通信、导航、遥感一体化应用，培育综合时空信息产业生态。

（7）虚拟现实。重点布局石景山中关村虚拟现实产业园，做优做强"虚拟现实+"产业。支持发展近眼显示、渲染计算、感知交互、网络传输、内容制作等关键细分领域；发展面向5G的云化终端与轻薄化光学终端器件、内容生产工具；持续丰富虚拟现实产品及服务供给，支持文化娱乐、工业互联网、新零售等应用服务；强化虚拟现实与5G、人工智能、超高清视频等新一代信息技术的深度融合。

2. 医药健康

发力创新药、新器械、新健康服务三大方向，在新型疫苗、下一代抗体药物、细胞和基因治疗、国产高端医疗设备方面构筑领先优势，推动医药制造与健康服务并行发展。北部地区重点布局昌平区、海淀区，南部地区重点布局大兴区、北京经济技术开发区，力争到2025年医药健康产业实现营业收入1万亿元，其中医药制造达到4000亿元。

（1）创新药。以MAH制度（药品上市许可持有人制度）全面实施为契机，完善CRO（合同研究组织）、CMO/CDMO（合同生产组织/合同研发生产组织）等平台服务体系，推动重点品种新药产业化。推进多联多价疫苗和新型疫苗研发及产业化，布局应对突发性传染病的疫苗研发生产体系；建设抗体药物产业化平台，支持抗体药物新靶点和新适应症的产品开发，布局新兴抗体药物研制；搭建基因编辑平台，加快间充质干细胞、CAR-T（嵌合抗原受体T细胞治疗）、溶瘤病毒产品、非病毒载体基因治疗产品研制；加速研发治疗恶性肿瘤、心血管病等重大疾病的创新药，发展首仿药和高端仿制药；持续推进中医药经典名方、制剂工艺和新剂型开发；支持特殊人群临床短缺药物、高端制剂和给药系统的研发及产业化。推动疫苗新品种产业化生产基地、大分子抗体药物生产基地、大分子生物药CDMO平台等重大项目建设。

（2）新器械。聚焦高值耗材、高端医疗影像设备、体外诊断、生命科学检测仪等领域培育一批国产标杆产品。支持生物可吸收支架、心脏起搏器、骨科材料、神经及软组织功能修复材料等高值耗材研发；发展以超导磁共振为代表的高端影像设备，鼓励填补国内空白的创新影像设备产业化，推动磁共振成像、数字平板放射成像系统、数字减影血管造影X线机、口腔锥束CT系统（断层扫描系统）等升级换代，搭建医学影像大数据云平台，研制手术机器人等创新产品；推动即时检验系统等体外诊断产品及试剂升级换代，加强体外诊断设备、检测试剂和数据分析系统的整合创新；支持发展高通量基因测序仪、新型分子诊断仪器等生命科学检测仪。

（3）新健康服务。推动医工交叉创新融合发展，建设集"医教研产用"于一体的生命科技创新平台型医院；发展互联网医疗，"智能+"健康管理、医疗人工智能、数字化中医诊疗等服务业态；率先推动应用5G、人工智能的心脑血管重大疾病防控、智能可穿戴监测、急救诊断、辅助诊断等场景落地；培育美丽健康产业，支持医药健康创新技术向个性化美容健康领域延伸。

（二）做强"北京智造"四个特色优势产业

1. 集成电路

以自主突破、协同发展为重点，构建集设计、制造、装备和材料于一体的集成电路产业创新高地，打造具有国际竞争力的产业集群。重点布局北京经济技术开发区、海淀区、顺义区，力争到2025年集成电路产业实现营业收入3000亿元。

（1）集成电路创新平台。以领军企业为主体、科研院所为支撑，建立国家级集成电路创新平台；支持新型存储器、CPU、高端图像传感器等重大战略领域基础前沿技术的研发和验证，形成完整知识产权体系。

（2）集成电路设计。重点布局海淀区，聚力突破量大面广的国产高性能CPU、FPGA（现场可编程逻辑门阵列）、DSP（数字信号处理）等通用芯片及EDA工具（电子设计自动化工具）的研发和产业化；面向消费电子、汽车电子、工业互联网、超高清视频等领域发展多样化多层次行业应用芯片；支持技术领先的设计企业联合产业链上下游建设产业创新中心。

（3）集成电路制造。坚持主体集中、区域集聚，围绕国家战略产品需求，支持北京经济技术开发区、顺义区建设先进特色工艺、微机电工艺和化合物半导体制造工艺等生产线。

（4）集成电路装备。支持北京经济技术开发区建设北京集成电路装备产业园，建设国内领先的装备、材料验证基地，打造世界领先的工艺装备平台企业和技术先进的光刻机核心部件及装备零部件产业集群；加快完善装备产业链条，提升成熟工艺产线成套化装备供给能力以及关键装备和零部件保障能力。

2. 智能网联汽车

坚持网联式自动驾驶技术路线，推动车端智能、路端智慧和出行革命，加速传统汽车智能化网联化转型。重点布局北京经济技术开发区和顺义、房山等区，培育完备的"网状生态"体系，持续扩大高端整车及配套零部件制造集群规模，支持上游汽车技术研发机构开展前端研发、设计，鼓励汽车性能测试、道路测试等安全运行测试及相关机构建设，建设世界级的智能网联汽车科技创新策源地和产业孵化基地。力争到2025年汽车产业产值突破7000亿元，智能网联汽车（L2级以上）渗透率达到80%。

（1）智能网联汽车整车。以北京经济技术开发区、顺义创新产业集群示范区、房山高端制造业基地等区域为重点，聚焦纯电动、氢燃料电池、智能网联等新兴技术领域，支持多品种、多技术路线并行发展。推动传统企业加速转型升级，加速提升汽车智能化渗透率。继续加快现有新能源整车项目建设，引进互联网造车新势力，推动北汽集团在京落地新款车型项目，实现汽车产业规模扩大和结构优化。

（2）智能网联设施和关键部件。以北京经济技术开发区为重点，深入推动车路协同技术路线在京落地实践，探索车路功能最佳耦合，搭建并开放应用场景，完善智能网联汽车配套体系。在全球率先实践网联云控技术方案，规划建设"车路云网图"五大支撑体系，部署智能化路侧感知及通讯基础设施，打通技术和管理关键环节，形成城市级工程试验平台，引导企业在技术路线上采用一体化解决方案，建成高级别自动驾驶示范区；突破先进传感器、车规级芯片、自动驾驶车控和车载操作系统、智能计算平台、车载智能终端、汽车开发工具等领域关键技术，推进全固态电池等动力系统技术提升，提高新型电池、电机、电控和能量管理系统等关键部件配套能力；发挥整车企业牵引作用，加快核心零部件本地化配套，做强零部件供应链体系。

（3）智慧出行服务。按照"需求牵引、融合发展"的思路，丰富智能网联汽车应用场景，打通场景与数据连接，挖掘场景数据应用价值，支持智能网联汽车研发验证。鼓励经过充分验证的智能网联汽车在政策先行区率先开展试运行及商业运营服务，通过示范加快新技术、新模式推广应用。

3. 智能制造与装备

以"优品智造"为主攻方向，全面增强装备的自主可控、软硬一体、智能制造、基础配套和服务增值能力，以装备的智能化、高端化带动北京制造业整体转型升级。重点布局北京经济技术开发区和昌平、房山等区，力争到2025年智能制造与装备产业实现营业收入1万亿元，其中智能装备部分达到3000亿元。

（1）智能机器人与自动化成套装备。智能机器人领域聚焦构建医疗健康机器人、特种机器人、协作机器人、自主移动机器人四大整机加关键零部件的"4+1"发展格局，构建具有北京特色的机器人产业生态。重点发展骨科手术、神经外科手术、纳米、外骨骼等医疗健康机器人，警用、消防、空间/水下/核环境作业等特种机器人，柔性力感知、仿生柔性交互等协作机器人，智能停车AGV（自动导引运输装备）等自主移动机器人。突破仿人/仿生机器人前沿技术，提高专用伺服电机和驱动器、高精密减速器、传感器、编码器、末端执行器等关键零部件配套能力。自动化成套装备领域促进高端数控机床、传感与控制系统、检测与装配设备等自主研发与产业化。

（2）智能专用设备。提高新能源、科学仪器、应急救援、文物保护等细分领域智能专用设备供给能力。重点布局昌平能源谷、怀柔高端科学仪器和传感器产业基地、房山高端制造业基地、北京经济技术开发区等区域。发展大功率风力发电机组及关键部件、发电机高性能控制技术和基于大数据的风电场群智能运维装备；建设国家级高端科学仪器和传感器产业基地，聚焦光电、质谱、真空、低温等领域研发一批关键技术和高端产品，开展国产仪器验证与综合评价；开发新型应急指挥通信、特种交通应急保障、专用紧急医学救援、自然灾害监测预警、信息获取与抢险救援等应急装备；研制基于物联网的馆藏文物预防性监控与保护装备、文物无损便携专用检测分析设备、文物防震装备系统等创新产品。

（3）智能制造系统解决方案。加快互联网科技企业与传统制造业企业赋能融合，鼓励行业设计院所、软件供应商和成套装备制造商提升系统集成能力，培育一批专业性强、行业特色鲜明、世界一流的系统解决方案供应商；打造覆盖产品全生命周期的智能制造集成服务体系，发展预测性维护、远程维护、协同设计制造、制造资源租用等新模式，提高本市智能制造系统解决方案的输出能力。

（4）智能终端。鼓励 VR/AR 智能头显（虚拟现实/增强现实智能头显）、可穿戴设备、物联网产品等新型智能终端的原创设计与开发，促进产业链协作，支持企业从单一产品向多样化产品生态圈拓展，重点布局海淀中关村科学城、北京经济技术开发区、昌平未来科学城等区域。支持消费电子企业产品序列化、生态化发展，促进北京经济技术开发区通过整机带动和应用牵引，突破 5G 终端先进制造工艺、核心芯片、基础元器件、操作系统等核心软硬件短板，开发轻薄便携、智能互联的创新产品；推进新一代信息技术与智能终端融合创新，丰富 5G 终端产品供给与应用平台。支持行业应用智能终端企业专业化、精密化发展，研发智能传感设备、实时通信与传输设备、智能控制与处理设备、高精度安检安防系统等创新产品，拓展面向行业应用的智能终端管理、监测、运维等服务。

（5）航空航天。聚焦商业航天卫星网络、航空核心关键部件、无人机等领域，发挥央企主力军作用、激发民企创新活力，重点布局顺义、大兴、丰台、海淀等区。商业航天卫星网络领域以卫星网络星座和运营平台建设为引领，发展商业液体火箭、卫星、地面终端设备、核心软硬件的研制、系统运控、运营服务等关键环节；与5G、车联网等产业协同，拓展一批卫星网络应用场景；推进空间计算、空间大数据应用等领域产业数字化和数字产业化；优化"南箭北星"产业布局，建设商业航天产业基地。航空核心关键部件领域发展航空发动机叶片、航空器材、航空电子等核心部件制造，做强飞机维修、发动机维修和加改装产业，培育航空大数据等数字经济。无人机领域健全产业链，推动小型航空发动机、氢燃料动力系统、飞行控制、机载探测感知设备等核心部件在京产业化，发展新能源无人机，推动冬奥会、冬残奥会等重大活动和应急抢险等场景应用，加快适航审定、标准制定、安全认证、检测评估等中心建设。

（6）轨道交通。以丰台区为重点，以列车通信和控制系统等核心部件领域为突破口，向高端整车及关键零配件制造、工程技术服务、运维管理等上下游产业链延伸。通信信号和智能控制系统领域提高自主可控能力，加快下一代列车运行控制、车车通信、互联互通全自动运行、自主感知智能列车安全保护等领域科技研发和产业化。高端车辆及关键零部件领域强化整车研发设计和集成能力，开发跨座式单轨、悬挂式单轨（空轨）、磁悬浮等城市/城际轨道交通车辆产品，加快轨道交通行走、制动、牵引、线路等技术创新，研发轻量化车体、新一代轮对轴承检测设备、车辆部件自动化检修设备等；把握列车进入架修和大修密集期趋势，提高轨道交通智能运维能力。轨道交通工程装备领域发展复合式盾构机、双模盾构机、双护盾硬岩TBM（隧道掘进机）等，研发双轮铣装备、全浮动共振破碎机等创新产品。

4. 绿色能源与节能环保

以推动绿色低碳发展、加速实现碳中和为目标，以智慧能源为方向，以氢能全链条创新为突破，推进新能源技术装备产业化，打造绿色智慧能源产业集群。重点布局昌平、房山、大兴等区，力争到2025年绿色能源与节能环保产业实现营业收入5500亿元。

（1）氢能。重点布局昌平能源谷、中关村房山园和大兴国际氢能示范区，以冬奥会、冬残奥会筹办和京津冀燃料电池汽车示范城市群建设为牵引，开展绿色氢能全场景示范应用；加快蓝氢、绿氢制备项目建设，发展氢燃料电池发动机、电堆、双极板、车载储氢瓶及站内储氢罐、新型电解制氢装置、高压加注成套设备等新材料和装备。北部地区全面布局氢能产业科技创新应用，南部地区打造氢能高端装备制造与应用，统筹推进京津冀区域氢能供应、整车制造和应用示范，实现氢能制、储、运、加、用全产业链布局。

（2）智能电网和先进储能。支持能源技术与新一代信息技术融合，重点布局昌平能源谷、房山高端制造业基地、怀柔科学城中心区等区域，发展柔性输变电设备、智能变电站成套装备、配电网成套设备、储能设备，推动智能变压器、超导直流限流器和超导电机等示范应用；发展智能化风电、光伏等新能源并网关键装备，推动大容量超级电容储能装备研制和产业化；鼓励电力能源服务的新型商业运营模式，建设能源互联网云平台、智慧能源数字孪生平台，实现能源智慧化管理，建设一批新能源微电网示范项目和综合智慧能源示范园区。

（3）绿色制造系统解决方案。培育并支持绿色制造系统解决方案供应商开展产品绿色设计与制造一体化、绿色关键工艺系统、先进适用环保装备系统、水资源优化系统、终端产品资源化利用、数字化绿色提升等领域集成应用，提升行业绿色发展基础能力，帮助企业加强生产过程精细化调控，提高电气化率和余热余压、新能源、可再生能源使用比例。

（4）智慧化节能环保综合服务。鼓励节能环保服务由单一领域向水、气、土、废多领域协同和工业源、移动源、生活源等多面源系统解决转变，培育智慧化综合服务商；鼓励服务商应用数字技术促进能效提升、清洁生产、节水治污、循环利用等智慧化，形成"监、治、控"全过程一体化智能管控。

（三）做优"北京服务"四个创新链接产业

1. 区块链与先进计算

聚焦算力、算法、算据三大领域，发展先进计算专用芯片等算力新器件，强化智能算法体系结构，提升算据字节量，重点布局海淀、朝阳等区，支持区块链与先进计算和工业互联网、车联网、电子商务、人工智能等领域融合应用，力争到2025年区块链与先进计算产业实现营业收入超过6000亿元。

（1）先进计算系统。围绕计算芯片架构设计、创新发展处理器及系统级仿真器，升级人工智能框架、芯片、工具集的性能，搭建硬件仿真、建模和测试平台，促进产品算力、算法处理速度和精度提升，建设先进计算专用服务器产业化基地；建设基于专用超高速区块链芯片的区块链算力平台、人工智能算力中心、通用智能系统平台等新型算力平台，形成全面智能的计算服务，推动算力技术和服务相关企业聚集。

（2）区块链开源平台。充分发挥北京微芯区块链与边缘计算研究院等新型研发机构作用，构建并完善长安链软硬件技术体系，围绕区块链高性能、安全性、隐私保护、可扩展性等方向，支持共识机制、分布式存储、跨链协议、智能合约等技术迭代；建设长安链开源底层技术平台以及基于RISC－V（第五代精简指令集）的区块链专用芯片、模组、硬件和长安链技术体系；建设区块链支撑服务BaaS平台（区块链即服务平台）、统一数字身份等关键基础性数字化平台，形成赋能数字经济和数字政府的区块链应用方案。

（3）区块链应用。全市范围布局区块链全场景建设，聚焦政务服务、金融服务等重点领域，推动电子签章、城市码、碳交易、供应链金融、跨境贸易等典型应用场景落地；引导更多企业通过参与区块链应用场景建设持续打磨技术，开展更大范围推广应用，培育形成一批全国领先的"区块链+"企业，构建区块链一体化产业链体系；推进长安链生态联盟建设，推动产学研用相关主体协同创新，形成更大范围的区块链产业开放生态。

2. 科技服务业

面向高精尖产业发展需求，重点布局"三城一区"、城市副中心，形成5个以上定位清晰、布局合理、协同发展的产业集聚区，建成一批专业化、集成化、市场化的综合服务平台，培育一批行业龙头企业，形成一批科技服务新业态、新模式，塑造北京科技服务品牌，力争到2025年科技服务业实现营业收入超过1.25万亿元。

（1）研发设计、检验检测与工程技术服务。研发服务围绕前沿新材料、智能制造等领域，支持建设一批协同创新平台，鼓励开展高端仪器设备、共性关键技术研发攻关；设计服务围绕高精尖重点产业，培育一批设计领军人才和机构、专业技术服务平台，加快北京市设计创新中心建设，提供大数据需求分析、设计工具、模拟仿真、快速制造等全产业链技术服务。检验检测服务支持机构向设计、研发、生产等全过程延伸，鼓励行业组织、新型研发机构、检验检测机构等联合开展新产品、新技术的行业标准及检验检测方法研究。工程技术服务支持机构从咨询、策划、规划向工程管理、数字化交付等全过程服务转变，鼓励提供智能化、数字化服务。

（2）创业孵化、技术转移与科技金融服务。创业孵化服务大力提升硬科技孵化能力，支持龙头企业建设一批市场化、专业化、国际化的硬科技孵化器，开放供应链资源、产业投资基金和市场渠道，引领大中小企业融通创新；技术转移服务支持高等院校、科研院所建设技术转移部门，面向科技成果的评估、筛选、对接、运营等提供专业化服务；科技金融服务支持银行、保险、担保等机构服务科技创新企业融资，支持多层次资本市场建设，支持符合条件的科技创新企业利用"科创板"和"新三板"做大做强。

（3）知识产权服务与科技咨询服务。知识产权服务支持利用新一代信息技术，提升源头追溯、实时监测、在线识别、网络存证、跟踪预警等知识产权保护能力，加快建设国家级知识产权交易中心，拓展知识产权质押融资、资产证券化等服务创新；科技咨询服务重点发展战略咨询、管理咨询、工程咨询、信息咨询等专业化咨询，鼓励科技咨询机构应用新一代信息技术开展网络化、集成化服务。

3. 智慧城市

在北京全域打造智慧城市应用场景，鼓励全域场景创新，吸引各行业、各领域新技术在京孵化、开展应用，加速形成创新生态，带动相关产业在京落地发展，力争到2025年，智慧城市产业实现营业收入3500亿元，带动上下游产业接近万亿，打造30个以上可复制、可推广的标杆工程，培育多家千亿市值企业。

（1）底层通用技术。加强与行业领军企业对接合作，重点突破操作系统、智能感知系统、隐私计算等薄弱环节。探索建设空间计算操作系统平台，支撑数字化、智能化应用场景，探索用软件定义和驱动物理世界；建设未来智能系统平台，融合行业数据集、国际领先算法模型以及大规模算力等资源要素，提供底层通用的人工智能技术创新服务；建设隐私计算基础平台，打通"数道""链道"，形成多域协同、自主可控、安全隐私的可信智能计算基础环境。

（2）城市感知体系建设。建设综合多种传感器的城市感知网络，带动传感器等感知终端以及相关通用光电器件等感知设备发展。建立全市感知终端"一套台账",强化各部门、各类型感知终端统筹管理;推进智慧杆塔等感知底座组网建设,实现多种设备和传感器"一杆多感"综合承载;建设全市统一的感知管理服务平台,实现感知数据共享和应用;提升城市感知的智能监测和边缘计算能力,提升城市感知大数据融合分析效率;重点加强对交通状况、自然资源、生态环境、城市部件等要素的实时感知,形成动态城市画像,形成全网共享、全时可用、全程可控的一体化智能交互能力,支撑城市精细化管理和精准服务;依托城市码推进"人""企""物"城市基础感知数据的融合关联和共享,构建万物互联的感知体系。

(3)城市数据融合服务。深化数据专区对金融科技、公共服务等重点领域的数据供给,推动向企业、科研院所和公众开放数据,培育数据交易市场和生态,吸引和培育中小企业集群化发展。

(4)城市运营开放平台。开放交通、市政、医疗、教育等领域应用场景,鼓励优质企业"揭榜挂帅""毛遂自荐"参与场景建设,利用"大场景"开放培育"大产业";推进智慧城市实验室等平台建设,为企业、科研院所提供数据和基础设施,基于开放场景进行新技术研发和产品设计,建立创新产品、方案与场景对接机制,快速将创新成果转化成实际应用,在智慧交通、智慧应急、智慧社区、智慧家居、智慧教育、智慧康养等领域孕育一批智慧城市运营商,构建服务公众智慧生活的创新生态系统。

4. 信息内容消费

以国际消费中心城市建设和全国首批综合型信息消费示范城市建设为契机,以数字赋能消费创新发展为主线,促进"文化+科技"深度融合发展,加大数字化智能化产品和服务创新,增加消费新供给。重点布局海淀区、朝阳区、石景山区、通州区,着力推动本市龙头企业进入国内互联网行业第一梯队,力争到2025年信息内容消费产业实现营业收入超过5000亿元。

（1）原创精品游戏与世界级电竞平台。聚焦北京市精品游戏研发基地、北京网络游戏新技术应用中心等载体，搭建3D互动原创游戏创作平台、新技术游戏设计研发服务平台，鼓励游戏引擎、游戏设计等核心技术自主研发，利用人机交互、全息成像、虚拟现实等创新技术推出10款游戏精品；推动游戏知识产权向影视、动漫、体育赛事等延伸应用，开展游戏知识产权主题的信息消费体验活动；建设电子竞技软件服务平台和虚拟现实电竞体验中心，推动海淀、石景山等区搭建电竞产业高端发展平台，举办具有国际影响力的顶级电竞赛事。

（2）信息消费体验服务。利用人工智能、人机交互等技术建设信息内容消费载体，建设5个信息消费体验中心，积极推动传统购物中心和商业综合体的数字化改造升级，支持应用VR/AR的信息消费体验活动。

（四）抢先布局一批未来前沿产业

瞄准国际前沿抢占产业发展制高点，超前部署一批具有深远影响、能够改变科技、经济、社会、生态格局的颠覆性技术方向，构建基于新原理、新技术的新业态新模式，为高精尖产业持续发展培育后备梯队。生物技术与生命科学领域支持研发全新的生物大分子鉴定和序列读取技术，在核酸与蛋白质检测和测序的核心领域发展国际领先的合成生物学和蛋白设计技术，研发以单细胞为代表的痕量检测、测序和组学技术及高效、安全、可控的基因编辑技术。碳减排与碳中和领域研发推广碳追踪、碳捕捉等相关技术产品，支持开发碳排放监测和信息管理系统，培育碳追踪、碳减排数据分析和综合服务机构，发展先进能源技术，推进能源供给多元化、清洁化、低碳化。前沿新材料领域重点突破石墨烯等纳米材料、生物医用材料、3D打印材料（增材制造材料）、超导材料、液态金属、智能仿生材料等方向，创新环保低碳材料制备工艺，培育一批专精特新企业。量子信息领域完善量子信息科学生态体系，加强量子材料工艺、核心器件和测控系统等核心技术攻关，推进国际主流的超导、拓扑和量子点量子计算机研制，开展量子保密通信核心器件集成化研究，抢占量子国际竞争制高点。光电子领域积极布局高数据容量光通信技术，攻克光传感、大功率激光器等方向材料制备、器件研制、模块开发等关键技术，推动硅基光电子材料及器件、大功率激光器国产化开发。新型存储器领域开展先进DRAM（动态随机存取存储器）技术研发，推进17nm/15nm DRAM研发与量产，突破10nm DRAM部分关键技术。脑科学与脑机接口领域聚焦认知科学、神经工程、生机交互、类脑智能理论与医学应用等，加快无创脑机接口方向创新成果在临床医学、航空航天、智慧生活领域的成果转化和产业应用。

四、优化区域协同发展新格局

落实北京城市总体规划，推动区域特色化、差异化、联动化，构建"一区两带多组团、京津冀产业协同发展"新格局。

（一）着力提升"一区"产业能级

在北京经济技术开发区和顺义区深入推进创新型产业集群示范区建设，积极承接三大科学城创新成果外溢，加快科技创新成果产业化，提升自主创新能力和产业能级，打造具有全球影响力的技术创新和成果转化示范区。

1. 北京经济技术开发区。发挥体制机制优势，打造具有全球影响力的高精尖产业主阵地。突出"创新+制造"业态，以信息化、智能化为驱动培育新动能，加快推动北京自由贸易试验区高端产业片区亦庄组团建设，聚焦新一代信息技术、集成电路、智能网联汽车、医药健康、智能制造与装备等领域，打通创新链、产业链、资金链、政策链，强化协同互动，抓住核心环节，加快培育具有战略领航性、示范带动性、科技引领性的产业集群，引领全市产业向中高端迈进。

2. 顺义区。用好首都国际机场交通枢纽，加强产业空间资源整合，加快传统产业转型升级；依托天竺综合保税区、首都机场临空经济示范区和中关村顺义园等载体，聚焦智能网联汽车、第三代半导体、航空航天等领域，对接三大科学城创新成果转化需求，集聚全球高端资源，引导重大项目集中布局，加快产业链、创新链融合，培育一批创新型产业集群和战略性新兴产业。

（二）全力打造南北两个产业聚集带

北部地区对接三大科学城创新资源，推动海淀、昌平、朝阳、顺义等区打造研发创新与信息产业带；南部地区依托北京经济技术开发区，推动丰台、大兴、房山等区打造先进智造产业带。

1. 北部研发创新与信息产业带

（1）海淀区。发挥高等院校及科研院所聚集优势，依托中关村科学城建设，聚焦大信息和大健康，发展新一代信息技术、区块链与先进计算、集成电路设计、医药健康等产业。以关键核心技术突破和创新生态体系构建为主线，着力强化全球创新资源链接，推动高水平科创平台建设，聚集国际顶尖人才，提升专业化孵化服务水平，打造承载国际科技创新中心功能的核心载体和全球创新网络的中国坐标。

（2）昌平区。发挥地处怀柔科学城、中关村科学城之间的桥梁与节点优势，强化以未来科学城为核心的技术研发创新平台作用，依托生命谷、能源谷、中关村昌平园等载体，重点发展医药健康、绿色能源、智能制造与装备等产业，依托小汤山工业园发展美丽经济，整合创新资源并加快开放共享，促进央企、民企、高校等主体协同创新，培育高价值创造环节，突破重点领域关键技术，提升国际科技创新影响力，建设全球领先的技术创新高地、协同创新先行区、创新创业示范城、智能制造示范区。

（3）朝阳区。发挥商务中心区总部经济、涉外要素密集优势，纵深推进国际科技创新展示、交流与合作平台建设，将国际金融、国际商务等功能优势向产业优势转化，依托中关村朝阳园，聚焦新一代信息技术产业，发展信息内容消费、产业互联网、区块链与先进计算、智慧城市等领域，高标准规划建设金盏国际合作服务区，积极推进政策创新，吸引一批功能性项目和代表性企业，在数字贸易试验区建设中形成朝阳经验，加快建设中关村朝阳国际创投集聚区，形成国际化数字总部企业集群，努力建设成为国际化企业创新中心。

2. 南部先进智造产业带

（1）丰台区。发挥新兴金融承载和带动优势，依托中关村丰台园等载体，加快构建轨道交通、航空航天等特色产业体系。建设前沿技术孵化、创新成果转化、产业创新平台，提升技术转移、工程技术和专业服务能力，推动中后端集成和中试熟化环节，建设中关村丰台数字经济社区，构建创新产业生态，打造具有全球影响力的轨道交通创新中心和航空航天创新中心。

（2）大兴区。发挥产业承载空间资源和大兴国际机场世界级枢纽优势，重点发展医药健康产业，培育壮大氢能、商业航天等领域，推动北京自由贸易试验区高端产业片区大兴组团建设，重点依托大兴生物医药基地、大兴机场临空经济区、大兴新媒体基地、北京中日创新合作示范区、大兴国际氢能示范区、商业航天产业基地等载体，加快集聚一批高端市场主体、加速实施一批重大功能项目、重点培育一批新兴业态、大幅提升一批重点产业能级，完善产业基础配套设施，强化国际资源链接，不断提高"新国门·新大兴"产业影响力。

（3）房山区。加快产业转型升级，壮大高质量发展新动能，依托良乡高教园、新材料基地、高端制造业基地等载体，重点发展智能制造与装备、前沿新材料、智能网联汽车,培育发展氢能、医药健康,建设一批特色园区,优化"前店后厂"模式,搭建创新成果转化平台,推动创新成果示范应用和产业化落地,打造南部重要的创新成果转化基地。

(三) 加快建设一批特色鲜明产业组团

支持通州区、石景山区以及生态涵养区发挥区域资源优势,聚焦细分领域打造一批特色鲜明、具有国际竞争力的产业组团。

1. 通州网络信息安全产业组团。依托国家网络安全产业园区,聚焦基础软件、网络安全服务和综合运营平台等细分领域,承接网络安全和信创产业重大项目布局,建设国家网络安全高端产业集聚示范基地和网络安全领军人才培育基地。持续拓展产业外延,培育云计算、大数据、应用软件等网络信息安全应用产业集群。

2. 石景山虚拟现实产业组团。依托中关村虚拟现实产业园等载体,以硬件研发为支撑,以内容应用开发为核心,强化关键器件、底层技术与工具的培育孵化,推进内容制作与渠道服务的拓展,突破全息成像、裸眼3D、交互娱乐引擎开发、文化资源数字化处理等关键技术,推动VR/AR在游戏动漫、教育、旅游休闲等方面创新应用和融合发展,促进技术迭代和商业模式优化,催生虚拟现实新产品、新业态、新模式,打造具有区域特色和示范带动效应的虚拟现实产业发展高地。

3. 怀柔高端科学仪器和传感器产业组团。发挥怀柔科学城科学设施平台创新成果溢出优势,面向大科学装置仪器设备多、安装调试周期长、维修保养要求高的应用场景需求,聚焦高端科学仪器和传感器细分领域,全力打造"怀柔仪器"品牌,培育一批站在全球产业链顶端的"硬科技"企业和"明星产品",吸引产业链上下游资源集聚,打造集投资、研发、设计、制造、展示和交易于一体的高端科学仪器和传感器产业高地。

4. 延庆无人机产业组团。依托民用无人驾驶航空试验区，发挥空域优势及多元应用场景优势，发展无人机核心技术及关键零部件研制、集成测试等领域，吸引中心城区无人机产业外溢，承接无人机重大科研成果应用示范和产业化。把握"无人机+"跨界融合趋势，发展无人机植被保护、监测、应急救援等业态，推进无人机应用场景建设，将中关村延庆园打造成为集研发、设计、生产、集成、检测、赛事、应用于一体的无人机产业创新服务综合基地。

5. 平谷智慧农业产业组团。以平谷农业科技创新示范区为平台，深入推进大数据、物联网、人工智能、5G等信息技术集成应用，提升现代种业、农业智能装备、生物技术、营养健康、食品安全监测等全产业链数字化水平，建设一批智慧型设施农业示范项目，形成智慧农业特色产业集群，构建新一代信息技术带动、一二三产融合协同创新的新业态、新模式，打造具有全球示范性的数字农业产业体系。

推动市域内"研发+高端制造"跨区协同。支持区位毗邻、资源互补的区开展产业协同试点示范，打造一批跨区的产业协同发展走廊。重点支持"丰台区+房山区"在轨道交通领域、"海淀区+昌平区"在智能终端领域、"丰台区+北京经济技术开发区+大兴区"在航空航天领域、"朝阳区+顺义区"在智能制造与装备领域加强协作。

支持东城区、西城区发挥国际交流、信息、科技、人文优势，积极推动新一代信息技术与产业融合发展。支持怀柔区、密云区、平谷区、延庆区、门头沟区围绕发展定位，结合资源禀赋，积极承接国际科技创新中心建设的创新成果，培育壮大新兴产业，加快区域产业转型升级。

(四) 构建京津冀产业协同发展新格局

立足京津冀整体谋划高精尖产业发展，发挥北京"一核"辐射带动作用和先进制造、数字资源优势，以氢能、智能网联汽车、工业互联网等产业为突破口，推动创新链产业链供应链联动，加速科技赋能津冀传统产业，协同推进数字化、智能化、绿色化改造升级。采取"产业基金+智能制造"方式，鼓励北京企业通过"母子工厂"等模式在津冀布局一批带动力强的项目，吸引上下游企业聚集，共同完善区域产业生态，构建分工明确、创新联动的产业协同发展格局。

1. 推动三个重点产业协同率先突破

（1）氢能产业协同发展示范。推动京津冀规模化、协同化布局氢能产业，重点布局制备、运输、存储、加注和氢燃料电池产业链环节。北京聚焦氢能关键核心技术攻关和终端应用，推进氢燃料电池堆和高端整车制造；支持天津发展储氢材料设备、加氢站成套装备等先进装备制造；支持河北发展风能制氢、工业副产氢，加强氢能供给，研发高压车载储氢系统、高压气态和低温液态氢储运技术及管道输氢特种材料，壮大储氢上游环节。

（2）智能网联汽车产业协同发展示范。完善以智能网联汽车为核心的京津冀汽车产业生态圈，加快有条件自动驾驶的智能网联汽车研发生产和示范应用，提高自动驾驶功能装备率。北京重点突破传感器、处理器芯片等关键核心零部件，巩固车载计算平台、信息安全、车路协同等优势技术；支持天津建立比较完备的整车及重要零部件研发制造产业体系；支持河北发展车载光学系统、定位系统、互联网终端、集成控制系统等模块。

（3）工业互联网产业协同发展示范。加快推进京津冀联网协同智造，支持北京工业互联网和智能制造头部企业对接津冀生产制造资源，加速赋能津冀传统产业。北京重点培育一批工业大数据、智能传感与控制等跨行业跨领域的集成服务商；支持天津围绕重点工业领域数字化转型，加大智能制造解决方案应用推广；支持河北遴选一批龙头骨干企业、典型行业开展数字化车间和智能工厂建设。

附录2：北京市"十四五"时期高精尖产业发展规划

专栏1

京津冀协同智造示范工程

围绕以智能工厂为代表的数字化制造、以"母子工厂"为代表的分布式制造以及智能产品、智能服务、供应链协同等开展试点示范。聚焦氢能、智能网联汽车、工业互联网等新兴领域，探索以行业龙头企业为依托，与产业链上的津冀企业合作，推进企业生产设备智能化改造，构建跨区域联网智能制造系统。推广基于工业互联网的协同制造模式，建设一批智能化车间和智能化企业。积极推进网络基础设施建设，建设京津冀联通共享的工业互联网和工业云平台。力争到2025年，实施10个京津冀协同智造重大示范项目。

2. 构建环京产业协同发展三个圈层

（1）依托北京向外50公里左右的环京周边地区打造环京产研一体化圈层。以一体化为目标，加强与廊坊北三县、固安、保定涿州、天津武清等周边地区发展协作，促进北京"摆不开、放不下、离不远"的科技创新和高端制造产业链就近配套。梯次布局应急物资生产储备，增强必要的生活物资保障能力。加快高端要素和创新资源向城市副中心聚集，打造京津冀协同发展桥头堡，加强与廊坊北三县一体化联动发展，出台鼓励产业向廊坊北三县等环京周边地区延伸布局的政策。

（2）依托北京向外100公里到雄安、天津打造京津雄产业功能互补圈层。围绕疏解和承接功能，推动北京城市副中心与河北雄安新区"两翼"联动。强化京津联动，唱好"双城记"，推动天津滨海中关村科技园、宝坻中关村科学城、京津合作示范区等重点园区建设，全方位拓展合作广度和深度。

（3）依托北京向外150公里到保定、唐山、张家口、承德、沧州等城市打造节点城市产业配套圈层。沿京津、京保石、京唐秦等主要交通通道，推动产业要素沿轴向集聚，构筑产业配套圈。沿京津走廊，打造科技研发转化、先进制造业发展带，重点打造智能制造、航空航天、工业互联网产业链，北京重点发展智能整机、关键零部件、系统解决方案，支持天津重点发展高端结构件、新材料；沿京保石走廊，打造先进制造业发展带，强化北京创新资源与保定、石家庄产业发展结合，提高氢能、智能网联汽车、医药健康等合作水平，推动产业协作项目落地，北京重点发展储氢用氢技术、整车及关键零部件、创新药研发，支持河北重点发展制氢运氢、汽车配件、原料药；沿京唐秦走廊，打造产业转型升级发展带，共建唐山曹妃甸协同发展示范区，重点打造新材料、智能装备产业链，北京重点发展新材料和智能装备研发，支持河北重点发展材料生产、高端结构件加工；加快北京张北云计算产业基地、怀来大数据产业基地建设，发挥"科技冬奥"带动作用，深化智能网联汽车、绿色能源与节能环保等领域合作；支持北京沧州渤海生物医药园、承德云栖大数据基地、深州家具产业园等特色园区建设。

专栏2

"十四五"时期城市副中心（通州区）高精尖产业布局

以数字经济为方向，以绿色经济为特征，加快构建与主导功能定位相适应的现代产业体系，培育打造具有全球竞争力、体现"北京智造""北京服务"的标杆性品牌性产业。加强与廊坊北三县一体化联动发展，把城市副中心打造成京津冀协同发展的桥头堡。

1. "北京服务"领域

网络安全：依托国家网络安全产业园（通州园），推动网络安全产业集聚发展，完善网络安全创新研发、成果转化、创新孵化全产业链，推动信息安全领域核心技术突破和重大创新成果转化，发展新型安全服务综合运营平台。信息内容消费：用好城市副中心特色文旅资源，围绕数字游戏、互动娱乐、影视动漫、数字出版等，在文化旅游区、张家湾设计小镇、宋庄艺术小镇吸引聚集一批数字内容制作与传播平台企业，支持信息内容消费体验馆、创新孵化基地等载体建设。产业互联网：布局细分领域产业互联网平台，依托运河商务区等板块集聚绿色能源管理交易平台、商业服务平台、工业互联网平台等一批细分行业新平台型企业群体，辐射带动产业转型升级。

2. "北京智造"领域

医药健康：以医药健康产业集聚区为重点，聚焦生物医药、中医药现代化、高端医疗器械、健康诊疗服务等重点领域，推动生物制药技术和大健康产业智能化、服务化、高端化发展，培育一批龙头企业和先进产品。智能制造：依托光机电一体化基地，聚焦智能机器人关键及前沿技术、整机及系统集成、系统模块及零部件，加强重大技术装备研发创新，打造全国高端装备产业创新示范区和系统解决方案策源地。集成电路：推动台马科技板块与北京经济技术开发区协同打造集成电路产业集群，建设集成电路高端制造基地。

五、加快产业基础再造筑牢发展新根基

坚持软硬两条战线同时突破，夯实"核心技术、创新平台、企业主体、产业设施、产业人才"五大基础，攻克一批短板和"卡脖子"技术，锻造一批长板和"杀手锏"技术，增强高精尖产业自主可控能力，推动创新资源优势加速向产业竞争优势转化。

（一）夯实自主可控的核心技术基础

1. 推动"补短板""锻长板"齐头并进。发展高端芯片、核心技术零部件和元器件，提高关键基础材料的性能、质量稳定性与自给保障能力，研发推广数字化、网络化、智能化、绿色化新型先进工艺，突破制约产业链升级的瓶颈，提升北京企业在产业链关键环节的自主创新能力。编制高精尖产业"卡脖子"攻关清单，按照"成熟一个、启动一个"滚动实施，以整机攻关带动零部件突破，以软件定义带动系统研发，以适配验证促进技术迭代升级，逐项突破短板产品和技术，逐步提升国产化配套比重，实现一批"卡脖子"技术产品"从无到有、从能用到好用"。建立成熟完整的28nm及以上节点工艺体系，加快补齐大生产线供应链短板，推动实现关键装备、零部件和材料的自主可控；建设一条应用国产技术装备的智能工厂示范线；建设一条具有自主知识产权的智能网联汽车示范道路。聚焦人工智能、区块链、生命科学、量子信息等北京具备技术竞争优势的领域，制定完善"首台（套）、首试产、首流片、首批次"政策，持续支持领军企业和创新机构超前部署颠覆性领跑技术研发，储备和转化一批领跑全球的创新技术、先进产品，巩固扩大技术领先优势。

2. 建立创新攻关"揭榜挂帅"机制。聚焦高精尖产业重点领域，实施产业"筑基"工程。建立"整车整机企业发榜—创新企业或创新联合体揭榜—揭榜企业挂帅攻关—发榜企业认可采购"的机制，鼓励揭榜企业开展技术攻关"赛马"，加快新技术新产品研制突破进程。支持在京创新主体主动承担揭榜攻关任务，对揭榜攻关成功的技术和产品，同等条件下优先支持和推广。强化产业链创新协作，以重点基础产品和工艺的关键技术、产品设计、专用材料、先进工艺、公共试验平台、批量生产、示范推广的"一条龙"应用为抓手，促进终端设备和集成系统与基础技术协同创新，建立上中下游分工协作新模式。对高精尖产业重点攻关项目，建立政府与创新联合体对等持续投入模式。支持央地协同创新，共同承接国家重大战略项目。

专栏3

产业"筑基"工程

立足增强产业链、供应链自主可控能力，聚焦产业薄弱环节，开展关键基础技术和产品的工程化攻关。重点围绕高端通用芯片、高端仪器仪表、智能传感器、基础软件、工业软件、新材料等短板领域，研究制定高精尖产业"卡脖子"攻关清单和实施计划，完善部市合作、央地协同，鼓励"揭榜挂帅"等模式，加大产业共性技术供给，加快创新成果转化和产业化。力争到2025年，50个关键短板领域实现突破，10个核心技术产品基本满足高端装备制造和国家重大工程需要，产品稳定性、可靠性、耐久性大幅提升。

（二）筑牢产学研用联动的创新平台基础

1. 布局产业创新平台。围绕重点产业方向优化提升产业技术基础公共服务平台，构建以国家级制造业创新中心为核心节点、以市级产业创新中心为重要支撑、以社会企业研发机构为底层节点的创新网络体系。进一步提升产业技术基础、检验检测、产业大数据等公共服务平台的服务水平，强化产业共性技术的支撑能力。支持创新平台以关键共性技术和跨领域交叉技术的研发、转化、应用为重点，加速自研产品技术产业化。重点在石墨烯、光电子等领域新设立一批国家级和市级创新中心。鼓励各区或企业建设机制灵活、面向市场的新型研发机构。力争到2025年每个重点产业方向都有国家级或市级创新平台布局。

2. 畅通创新成果产业化渠道。建立"三城"创新成果转化的遴选机制，实施创新成果转化"接棒"工程，支持建立集中承接"三城"创新成果转化的园区,促进"三城"重大创新成果接力支持和优先在京转化。完善创新成果向企业转移扩散机制,支持高精尖企业引进先进适用技术,开展技术革新与改造升级。支持领军企业、转制科研院所联合上下游企业和高校院所等构建一批产业技术创新联盟,共同开展跨领域研究开发、成果应用与推广、标准研究与制定等,为联盟成员企业提供订单式研发服务。

专栏4

创新成果转化"接棒"工程

建立全市统一的高精尖项目库,引导市级部门组织的和资金支持的产业类项目纳入项目库。建立产业重大创新成果协同培育和转化机制,按照"坚持前端聚焦、推进中间协同、注重后端转化"的原则,依照项目成熟度整合研发、转化、产业化、应用场景资源分段接力支持,引导"三城"重大创新成果优先在京落地。力争到2025年,北京吸纳的技术合同交易额保持年均10%增速,落地一批"三城"重大创新成果在京转化项目,企业、高校、科研院所等主体创新成果转移转化能力显著提高。

(三)培育融通协调的企业主体基础

1. 集聚壮大一批产业链"链主"企业。出台鼓励领军企业创新发展政策,支持建立高水平研发机构,牵头开展关键核心技术攻关,培育集聚一批核心技术能力突出、引领产业发展、具有较强国际竞争力的产业链"链主"企业。鼓励"链主"企业整合产业资源和创新要素,推广供应链协同、创新能力共享、数据协同开放和产业生态融通发展等模式,带动上下游中小微企业协同发展;设立海外研究院、全球创新基金，主导或参与制、修订国际标准，开展全球化创新。支持企业瞄准产业链关键环节、核心技术和重大发明，面向海内外实施兼并重组，成为国际"链主"企业。

2. 培育扶持一批专精特新企业。鼓励中小微企业深耕行业领域做精做专、练好内功，在技术或市场方面掌握核心竞争力。实施专精特新企业培育计划，建立中小微企业梯次培育库，在智能制造与装备、智能网联汽车等领域做强做精一批专业能力强、产品技术过硬的零部件配套或软件开发企业群体，促进"小升规""规升强""强升巨"。支持企业成长为专精特新"小巨人"、单项冠军、独角兽企业，做好高成长企业的跟踪服务、统筹布局以及空间保障。完善创新支持政策，鼓励中小微企业组建多种形式的创新联合体，抱团开展联合创新。

3. 促进大中小企业融通发展。实施企业"登峰"工程，加快构建以"链主"企业带动、单项冠军企业跟进、专精特新"小巨人"企业集聚梯次有序、融通发展的产业生态。支持跨界供应商、新兴科技供应商等积极融入"链主"企业产业链，重塑供应链体系。鼓励"链主"企业由单纯的生产制造企业向生态型企业转型，为上下游企业提供质量管理、项目信息、金融服务、生产组织、商业信用等多元服务，凝聚形成产业生态。支持"链主"企业与上下游中小微企业组成联合体参与政府采购或承接重大项目。

专栏5

企业"登峰"工程

立足企业成长性与专业化"双轮"驱动，实施以领军企业、单项冠军企业、专精特新"小巨人"企业为培育对象的企业"登峰"工程。加大领军企业培育引进力度；筛选一批有发展潜力的企业作为重点培育对象，加强对重点培育企业的帮扶、指导、服务；支持企业通过兼并收购、孵化生态，提高竞争力；推动中小微制造业企业上规升级。力争到2025年，新增500家规模以上先进制造业企业、10家产值过百亿元的领军企业、50家单项冠军企业和300家专精特新"小巨人"企业，培育一批能够进入国内互联网行业第一梯队的头部企业。

（四）构建智能泛在的产业设施基础

1. 建设基础稳固的新型网络基础设施。加快基于IPv6（互联网协议第六版）的下一代互联网规模部署，新建5G基站6万个，有效面积覆盖率95%以上。建设以物联网、车联网、工业级5G芯片、网关、多接入边缘计算、卫星互联网为代表的通信网络基础设施，支持示范应用。构建服务京津冀、辐射全国产业转型升级的工业互联网赋能体系，加快建设工业互联网标识解析国家顶级节点、国家工业互联网大数据中心。

2. 打造数智融合的数据智能基础设施。推进数据中心从存储型到计算型升级，加快数据中心从"云+端"集中式架构向"云+边+端"分布式架构演变。强化以"筑基"为核心的大数据平台建设，逐步将大数据平台支撑能力向下延伸，夯实北京城市大脑应用基底。建设人工智能超高速计算中心、一体化大数据平台、区块链共性平台等数据智能基础设施。加快传统基础设施数字转型和智能升级，积极开展智慧城市、智慧民生、智慧产业等智慧应用。

3. 建设共享开放的生态系统基础设施。加强共性支撑软件研发，打造高可用、高性能操作系统，推动数据库底层关键技术突破。鼓励建设共享产线等新型中试服务平台。支持各类共享开源平台建设，促进形成协同研发和快速迭代创新生态。加强特色产业园区基础设施建设，完善协同创新服务设施。

4. 夯实自主可控的可信安全基础设施。系统布局覆盖终端、用户、网络、云、数据、应用的可信安全基础设施。促进网络安全产业集聚发展，培育一批拥有网络安全核心技术和服务能力的优质企业，支持操作系统安全、新一代身份认证、终端安全接入等新型产品服务研发和产业化，建立可信安全防护基础技术产品体系，支持建设一体化新型网络安全运营服务平台，提高新型基础设施建设的安全保障能力。

（五）构筑多层次高素质的产业人才基础

1. 凝聚优秀企业家和产业领军人才。弘扬企业家精神，营造尊重和激励企业家干事创业的社会氛围，汇聚和历练一批具有全球视野、追求卓越的企业家。建立国际化的产业领军人才引进意向清单，加大对全球高端创新人才的跟踪引进，集聚一批能够主持关键技术攻关、引领产业发展的领军人才队伍。在智能制造、集成电路、人工智能等重点行业建立首席专家特聘制度，通过首席专家的引领和带动，促进重点学科交叉、关键技术融合和系统集成创新。

2. 加大创新型科技人才的引进培养力度。鼓励在京高等院校开设高精尖重点产业学科，培养一批具有较强科技研发和创新能力的高校毕业生。围绕产业发展需求引入一批高水平的创新人才团队，通过"项目带头人+创新团队"的模式以才带才、以才育才。

3. 培养一批专业技能过硬的技术工人。开展产教融合建设试点，围绕集成电路、智能制造与装备、医药健康等重点领域加大紧缺专业人才培养力度，支持企业与职校联合建设一批高端制造人才实训基地，培养一批基本功过硬、精益求精的技术工人队伍。

六、全面提升产业链现代化水平新层级

以增强产业链关键环节自主创新能力为目标，推进"重点产业集群化、生产范式智能化、高端制造服务化、发展方式绿色化、产品服务品质化"五化发展，构建具有首都特色、掌握核心环节、占据高端地位的产业链。

（一）推动重点产业集群化

1. 培育一批万亿级产业集群。用好三大科学城建设的创新增量，释放重大科技设施平台创新势能，实施万亿级产业集群培育"五个一"工程，聚焦关键技术环节突破和服务模式升级，力争在智能制造与装备、医药健康、产业互联网、智能网联汽车等领域培育形成一批兼具规模体量与行业核心竞争力的万亿级产业集群，实现产业能级再上新台阶，带动全市产业能级提升和结构优化。

专栏6

万亿级产业集群培育"五个一"工程

立足产业优势和科技变革趋势，突出"聚焦、引领、突破"，围绕智能制造与装备、医药健康、产业互联网、智能网联汽车、绿色能源与节能环保、区块链与先进计算、集成电路、信息内容消费、网络安全和信创、智慧城市等领域，每个集群按照"一本实施方案、一套政策措施、一支产业基金、一批重大项目、一组重点承载区域"的思路，推进产业能级再上新台阶，形成一批具有核心竞争力的产业集群与龙头企业；技术上突破一批"卡脖子"和领跑技术，支撑国家科技自立自强；生态上补强产业链短板，提升产业链现代化水平。力争到2025年再造2~3个万亿级产业集群、2~3家万亿级市值企业。

2. 推动产业链向高价值攀升。梳理高精尖产业链关键环节及相关环节领军企业，绘制重点产业链图谱，明确本市企业在关键环节的分布情况，开展产业竞争力评估，巩固提升关键环节已有企业的核心竞争力，有针对性地培育引进一批占据关键环节的企业项目。支持更多中小企业纳入关键环节领军企业供应链体系，借助领军企业的质量与标准化体系全面提升中小企业产品服务品质，加快全产业链优化升级。

3. 增强产业链韧性和活力。建立重点产业供应链关键环节监测预警和协同保障体系，支持领军企业建立供应链"B计划"，围绕核心产品构建全球供应链风险管理体系，鼓励企业制定备份方案和替代清单，根据发展需要落地关键备份项目。统筹推进应急产业发展，促进应急装备与技术推广应用，加强医用物资等应急产品生产能力储备，建设区域性应急物资生产保障基地。力争到2025年，产业体系抗冲击能力显著增强，关键零部件和产业链关键环节在京津冀区域的配套化率显著提升。

4. 推动重点产业链强链补链。实施产业链强链补链工程，面向集成电路、智能制造与装备、智能网联汽车等重点产业"一链一策"定制产业链配套政策。支持产业链"链主"企业整合上下游资源，带动产业链关键核心配套企业就近布局，形成若干具有"竹林效应"的产业生态集群。针对先进制造业发展所必须的基础配套环节，探索通过统一规划、绿色生产、集中治理的方式在五环外（北京城市总体规划许可范围）或北京周边统筹布局。对特别重要且确需发展的配套项目，依法依规给予准入支持。支持各区聚焦主业精准强链补链，通过资金支持、开放市场等多种渠道与企业协同打造产业生态。

专栏7

产业链强链补链工程

立足协同补链和技术强链，促进产业链安全自主可控和整体升级。梳理本市企业在重点产业链关键环节的分布情况，形成重点产业链全景图，选择部分重点产业试点突破，建立"一链一策"方案，解决产业链企业共性难题，加大重点项目引进力度，补齐产业链短板，集成土地、财政、金融、人才、产业等政策，针对产业链"链主"企业和关键配套企业依法依规加大支持力度。力争到2025年，在10个产业链开展强链补链示范，探索形成以"链主"企业为头雁引领、上下游中小微企业紧密跟随的"产业雁阵"。

（二）加快生产范式智能化

1. 推进智能生产力提升。在高精尖产业应用智能化装备，建设智能化工厂，生产智能化产品，延伸智能化服务，推进大规模定制，重点在智能手机、机器人、先进制程芯片、新型显示、无人化装备、新计算终端等领域，采取"优势产品+标杆工厂"模式建设一批"优品智造"标杆工厂。以专业化基地聚合隐形冠军企业的发展模式，打造科学仪器、机器人等特色产业集群。建设智能制造系统创新中心等平台，提升智能制造关键零部件和系统自主创新能力。通过"智能+"推动实现规模以上工业企业智能化改造全覆盖，推动先进制造业企业向全要素、全流程、多领域智能协同运营转型，构建基于智能制造的竞争新优势。

2. 实施"新智造100"工程。制定完善智能制造标准体系，加快一批细分行业智能制造标准的研制、示范和推广，开展智能制造成熟度贯标。推进"十百千万"升级计划，鼓励先进制造业企业部署应用5G、工业互联网等新型基础设施，对标行业示范标杆工厂实施数字化、网络化、智能化改造，打造形成一批支撑"北京智造"的优质企业群体。

专栏8

"新智造100"工程

立足新一代信息技术和先进制造业深度融合趋势，强化以示范带应用、以应用带集成、以集成带装备、以装备带智造，聚焦高端化、智能化优势产品，打造10个产值过百亿的标杆性"智慧工厂"，建设100个"智能工厂"，支持1000家规模以上先进制造业企业智能化改造升级，培育万亿级智能制造产业集群，培育10家收入超20亿元的智能制造系统解决方案供应商和30家智能制造单项冠军。

10家产值过百亿的标杆性"智慧工厂"：对标世界"灯塔工厂"和我国"智能制造标杆企业"，支持有国际影响力的领军企业打造具有样板效应和产业链带动作用的标杆性"智慧工厂"。

100个"智能工厂"：聚焦高精尖产业细分领域和细分产品，支持创建一批"智能工厂"和"数字化车间"，打造行业智能制造标杆示范，形成可复制、可推广的智能制造新经验、新模式。

1000家规模以上先进制造业企业：分行业、分层次持续推进千家规模以上先进制造企业实施智能化改造。支持企业围绕研发、设计、生产、管理、服务等关键环节，开展核心价值链、关键工艺与工序段、生产单元与产线、车间与工厂的持续改造，不断提升设备互联、数据共享、资源优化、科学决策水平，分步建设智能产线、数字化车间/"智能工厂""智慧工厂"，实现制造企业数字化、网络化、智能化的逐步升级。

万亿级智能制造产业集群：围绕"优势产品+标杆工厂"发展模式，优化智能制造创新链和产业链。通过挖掘智能化应用场景，以智能手机、机器人等优势产品为重点，培育智能化产品和服务集群，打造"智能+"产业生态。

(三) 促进高端制造服务化

1. 进一步促进服务型制造发展。实施服务型制造领航工程，在工业设计、定制化服务、节能环保、供应链管理等重点领域遴选、培育一批示范企业、项目和平台。加快"共享工厂"示范推广，鼓励生产企业通过工业互联网共享生产订单的方式设立虚拟联合工厂，满足企业共性制造需求。支持制造业企业由产品设备生产商向智能化产品与服务提供商转型，延伸拓展产业链高价值服务环节，发展个性化定制、产品全生命周期管理等新模式，提升制造效率，做"制造的制造"，赋能北京先进制造业，辐射带动京津冀产业转型升级。

专栏9

服务型制造领航工程

持续开展服务型制造示范遴选，聚焦设计服务提升、制造效能提升、客户价值提升、服务模式创新等四个方面，围绕工业设计、定制化服务、节能环保、供应链管理、共享制造、协同生产、检验检测认证、总集成总承包等细分领域，遴选认定一批示范企业、示范项目和示范平台。推动企业生产经营重心从制造环节向制造和服务环节并重转变，企业利润中心由制造部门向服务部门延伸，引导制造业企业与工业互联网企业、信息技术服务企业协作，打造辐射京津冀供应链公共服务平台，建立以服务为纽带协同共赢的合作关系。力争到2025年，新增100家服务型制造示范企业、20个示范平台和一批示范项目，创建全国服务型制造示范城市。

2. 推动两业深度融合规范发展平台经济。紧抓"两区"建设战略机遇，推动先进制造业与现代服务业深度融合，应用新一代信息技术赋能新制造、催生新服务，进一步提高领军企业的规模能级和对产业链的影响力。聚焦工业云、协同办公与物流、分布式制造、集中采购等领域构建一批开放式创新服务平台，推动数字仿真设计、智慧出行服务等领域平台建设。力争到2025年，新增10个国际一流的平台型领军企业。

（四）实现发展方式绿色化

1. 加快产业绿色低碳转型。推动装备、汽车、电子、材料、医药、都市工业以及数据中心等传统行业绿色低碳化发展，鼓励企业对标国际先进水平实施绿色化技术改造。利用数字技术对能源物料、污染排放、废物处理与资源化利用等全过程智慧管控。鼓励再制造和资源综合利用，推动新能源汽车动力蓄电池高效梯次利用。

2. 全面建设绿色制造体系。对标国际国内先进水平动态完善重点领域能耗限额、用水定额、污染物排放、温室气体排放等地方标准，通过标准管理进一步提升绿色制造水平。鼓励企业、园区积极创建绿色工厂、绿色园区、绿色供应链，大力推行工业产品绿色设计，提升国际市场竞争力，规避低碳壁垒。促进企业、园区优先使用可再生能源，支持有条件的企业和园区率先探索碳中和实现路径。

（五）推进产品服务品质化

1. 提升高精尖产品供给质量。在消费品、装备、原材料等领域开展质量提升行动，加大质量升级技术改造和技术创新支持力度。围绕智能网联汽车、机器人、智能终端等领域开展产品与行业质量状况调查，对标国际优质品牌制定具有针对性的质量提升方案。支持重点企业对标国际先进水平实施质量攻关技术改造，加强可靠性设计、试验与验证技术开发应用，提升重点行业关键工艺过程控制水平，使产品的性能稳定性、质量可靠性和安全性等指标达到国际同类产品先进水平。

2. 健全协同有效的自主品牌提升机制。推动企业加强全面质量管理，争获全国质量标杆、北京市人民政府质量管理奖，引导企业提升产品和服务附加值，建立"高质、绿色、安全"的自主品牌形象。持续健全质量品牌发展市场机制，引导生产要素围绕高效率产业和优质自主品牌聚集。优化制造业质量品牌公共服务平台运作机制，提升服务中小微企业创建自主品牌的能力。健全质量监督检查机制，依法打击知识产权侵权、假冒伪劣和不正当竞争等行为。

3. 打造高精尖产业"北京标准"。探索以国家技术标准创新基地（中关村）建设为核心，在智能制造与装备等重点领域创建一批国家技术标准创新基地。鼓励企业和社会团体制定满足高层次市场需求的先进标准；培育企业标准"领跑者"，以先进标准促进全面质量提升；支持重点企业主导或参与制定团体标准、行业标准、国家标准、国际标准。

4. 进一步提升关键核心领域专利质量。推动PCT专利（专利合作条约）高质量发展。重视高价值专利培育，促进企业国际市场规划与PCT专利布局协调发展。推动智能传感器、移动通信终端等关键领域专利联盟及高质量专利池组建，建立产业领域内联合防御、风险分担、开放共享的知识产权协同运用机制等；支持专业专利运营机构探索适合本领域发展的专利运营模式。推进运营服务体系建设，完善知识产权价值实现机制，培育一批综合能力强、品牌效应突出的知识产权运营服务机构。

七、深化开放合作激发产业新活力

发挥"两区"建设政策叠加优势，积极融入新发展格局，完善高水平对外开放政策体系，深度参与全球产业链供应链重构重组，持续推动国际产能合作提质升级。

（一）高水平打造一批国际化产业园（片）区

1. 高水平推动自贸试验区高端产业片区建设。推动北京自贸试验区高端产业片区亦庄组团、大兴组团建设，加快数字化、网络化、智能化赋能，巩固扩大两个组团产业基础优势，引进一批高端研发和制造项目，将高端产业片区打造成为科技成果转换承载地、战略性新兴产业集聚区和国际高端功能机构集聚区。鼓励顺义区、昌平区、房山区等围绕主导产业方向提高产业链现代化水平，协同高端产业片区落地建设国际合作产业项目。

2. 高水平推动数字贸易示范区建设。以推动数字贸易开放创新发展为目标，以实现跨境数据安全有序流动为着眼点，推进规则探索、创新政策举措、突破制度瓶颈，增强北京在全球数字领域的先导性、话语权和影响力。依托中关村软件园国家数字服务出口基地、朝阳金盏国际合作服务区、自贸区大兴机场片区打造"三位一体"数字贸易试验区，支持中关村软件园国家数字服务出口基地打造"数字贸易港"和数字经济新兴产业集群、朝阳金盏国际合作服务区打造数字经济和贸易国际交往功能区、自贸区大兴机场片区打造数字贸易综合服务平台。

3. 高水平推动国际合作产业园建设。重点推动中日、中德等国际合作产业园建设，探索推进双向投资升级，吸引一批国际化经营的单项冠军、专精特新企业入驻，努力建成我国对日、对德开放合作的重要窗口。探索园区国际化建设运营模式，完善类海外环境，创新产业发展、人才引进、金融服务、知识产权保护等方面政策。鼓励全市产业园区提升开发运营国际化水平。

专栏10

加快建设中日、中德国际合作产业园

中日国际合作产业园（北京中日创新合作示范区）位于大兴区、北京经济技术开发区，将集成自由贸易试验区、国家服务业扩大开放综合示范区、中关村国家自主创新示范区等多重政策，突出服务日本中小企业，发展以生命健康、前沿智造和未来出行为先导的"三核"，以生物工程、材料科学、现代工艺、人工智能、能源应用为拓展的"五链"，以现代服务业为支撑的产业体系，为日韩企业和人才建设国

际化水平的类海外环境。

中德国际合作产业园（北京中德经济技术合作先行示范区）位于顺义区，将全力打造新时期中德经济技术合作的示范高地，聚焦新能源智能汽车、智能装备、工业互联网三大主导产业，发展生产性服务业一大特色支撑产业，构建"德国先进制造业的聚集地、中德隐形冠军发展的战略高地、中德国际交往与开放创新的重要窗口"。承接一批德国隐形冠军企业及科技服务平台，推进一批标志性项目落地。在智能制造、智慧城市、车联网等领域，陆续开放一批应用场景，推动德企核心技术、关键零部件、新产品在园区创新应用。建设特色小镇，构建类海外环境。

（二）高质量培育一批双向创新载体

1. 构建全球创新网络重要节点。加强与全球一流创新中心链接，畅通多元化国际交流合作通道。围绕创新药、智能网联汽车、智能装备、氢能等细分领域，支持设立境外投资基金、双边基金，引导国际知名企业、机构设立或与本市领军企业共建跨国科技成果转化中心，构筑全球互动的技术转移网络。重点在北京经济技术开发区和海淀、朝阳、顺义、大兴等区打造一批国际产业服务平台、技术创新交流中心、国际人才社区等国际化高端要素聚集平台。围绕5G、智能网联汽车、机器人、能源、航空航天打造具有全球影响力的产业合作交流平台。

2. 鼓励创新主体拓展海外市场。推动本市高精尖产品、技术和服务主动参与全球市场竞争，在竞争中提升产品质量，打造具有国际影响力的"北京智造""北京服务"品牌。鼓励企业通过收购兼并、联合经营、设立海外分支机构和研发中心等方式聚合海外优质产业资源，加快海外知识产权布局，参与国际标准研究和制定。支持企业通过对外直接投资、技术转让与许可等方式实施外向型技术转移，培育形成以技术、标准、品牌、质量、服务为核心的外贸竞争新优势。

（三）拓展重点领域国际合作广度和深度

1. 加快推动高端制造领域更高水平开放。促进智能网联汽车、医药健康、智能制造与装备等领域投资贸易便利化、自由化。智能网联汽车领域，依托高级别自动驾驶示范区设立政策先行区，对新技术、新产品、新模式应用进行创新性监管，探索建立"安全高效、创新包容、衔接顺畅、国际一流"的制度体系；医药健康领域，争取跨境远程医疗、国际合作研发审批、急需医疗器械和研发用材料试剂设备通关等改革试点实施；航空航天领域，争取航空器材包修转包修理业务口岸便利化、航材保税监管、航空口岸功能提升等改革试点实施；绿色能源领域，推进氢能技术研发、示范应用及产业化合作，建设国际氢能中心。

2. 探索推动信息技术领域开放。探索研究向外资开放国内互联网虚拟专用网业务（外资股比不超过50%）；以中关村海淀园为载体取消信息服务业务（仅限应用商店）外资股比限制；鼓励外资依法依规参与提供SaaS服务（软件即服务）；研究探索在国际商务服务片区完善相关法律制度和监管措施，以云计算平台建设为抓手，制定数据中心分级分类标准，健全不同市场主体参与数据中心建设的事前事中事后监管体系；鼓励国际知名开源软件代码库和开发工具服务商在京落地，支持开源社区交流平台、代码托管平台和应用服务平台建设。进一步在增值电信业务领域争取国家新支持政策。

3. 促进数据跨境安全合规开放与使用。以数据分级分类为突破口，加快推进数据的国内国际流通，重点推进价值大、安全级别低的数据先行对外开放。用好北京国际大数据交易所，稳妥推进数据跨境流动，释放数据价值。重点在中关村软件园国家数字服务出口基地、朝阳金盏国际合作服务区和自贸区大兴机场片区部分区域探索数据跨境传输监管创新机制，推动跨境数据流动试点。探索自贸试验区内跨境数据流动试点路径；分阶段推动跨境数据有序安全开放；逐步建立跨境数据流动规则，不断扩大国际合作范围。

八、保障措施

全面提升产业现代化治理能力和水平，深化财税、土地、人才等重点领域改革，营造有利于创新创业发展的环境，激发市场主体活力，为高质量发展注入新动能。

(一) 建设国际一流营商环境高地

坚持竞争中性原则，以市场准入、公平竞争、公正监管、产权保护等为重点，打造公平高效的市场环境，进一步完善民营企业困难协调解决和帮扶机制，进一步提升公共服务平台为中小微企业提供专业化服务的效能。健全平台经济治理体系，强化反垄断和防止资本的无序扩张，推动平台经济规范健康持续发展。全面推进企业投资项目承诺制改革。系统推进政务服务标准化、规范化、便捷化、智能化，深入推进"多规合一"，实现"一张蓝图"共享共用。绘制本市产业地图，服务各类投资主体，推动重大项目与空间资源、区域定位精准匹配。加快推进城市全域应用场景布局，支持高精尖技术产品优先在北京先行先试。

(二) 加强产业疏解整治促提升统筹

深入实施"疏解整治促提升"专项行动，更精准推进低效企业关停退出，更多手段推进存量企业绿色化发展、数字化转型和智能化提升。坚持和优化新增产业的禁止和限制目录，完善相关配套措施和实施细则。促进市区重大项目信息的集中管理，建立完善谋划、储备、新开工、续建、竣工"五个一批"动态项目清单，加强项目日常调度和跟踪服务。各区、各园区要切实履行高精尖产业项目落地的主体责任，围绕主导产业建立市场化产业促进和项目服务平台，组建专业化产业经理人团队和企业服务队伍，谋划培育重大高精尖产业项目。依法落实安全生产"一岗双责"要求，强化行业安全生产监管执法，从产业政策、技改提升等方面促进工业领域安全发展。

（三）加大产业空间保障力度

系统梳理全市现状工业用地，研究划定全市工业用地控制线，分级实施禁止调整、调整必补偿的措施，保留一定规模的工业用地，保障先进制造业发展空间。鼓励高精尖产业重点承载区实施产业用地标准化改革，推出一批完成区域综合评估、明确项目准入标准、市政配套完善的高精尖产业用地。加强耕地占补平衡指标市级统筹，支持重大项目落地。支持各区围绕主导产业建设标准厂房，变"项目等厂房"为"厂房等项目"。制定实施鼓励腾退空间和老旧厂房再利用政策，支持"腾笼换鸟"加快引入高精尖产业项目。

（四）提高资金基金使用效率

持续加大财政资金对高精尖产业的支持力度，提高产业资金政策的普惠性、易得性。依照法律规定对市政府确定的重大项目加大股权投资、贷款贴息等支持力度。加大对智能化绿色化技术改造、高精尖产业创新平台建设、"首台（套）、首试产、首流片、首批次"新产品和产业园区基础设施建设的支持力度，支持企业开展智能化绿色化诊断评估服务和数字化赋能服务。鼓励"链主"企业在京导入强链补链项目。加强现有产业引导基金统筹使用，建立市场化基金运作平台，吸引社会资本参与投资本市鼓励发展的重点产业。鼓励无政府引导基金出资的社会私募基金投资本市高精尖产业项目。鼓励对重大项目建立投贷联动服务机制，支持银行等金融机构针对高精尖企业需求研究开发专属融资服务产品。

（五）做好人才培养和引进

优化高精尖产业发展急需的领军人才、创新型科技人才和"大国工匠"引进政策，研究产业急需人才在京落户更加便利化政策。加强本市人才政策与产业布局统筹设计，研究引导产业人才到平原新城和生态涵养区企业就业的落户政策。围绕高精尖重点产业发展需求加大高校毕业生落户指标和人才引进指标支持力度。探索从课堂教育向专业化、定制化、细分化的职业教育延伸，尽可能满足产业智能化、融合化、国际化发展形成的大量复合型人才需求。

（六）强化规划统筹实施

积极争取国家部委支持北京发展高精尖产业。统筹做好高精尖产业发展的新闻宣传、政策解读和舆论引导，向社会释放更加强烈的高质量发展信号，提振企业在京发展信心。根据发展实际调整完善本市高精尖产业统计指导目录，加强高精尖产业统计监测，提升统计数据服务政府和企业的质量水平。全力以赴抓好规划贯彻落实，制定关于促进高精尖产业投资加快制造业高质量发展的措施，出台细分行业发展实施方案。加强对规划实施的跟踪监测和评估。

参考文献

[1] 安同良,周绍东,皮建才.R&D补贴对中国企业自主创新的激励效应[J].经济研究,2009,44(10):87-98,120.

[2] 白俊红.中国的政府R&D资助有效吗?来自大中型工业企业的经验证据[J].经济学(季刊),2011,10(4):1375-1400.

[3] 北京市人民政府网站.北京市"十四五"时期高精尖产业发展规划[EB/OL].2021-08-18.

[4] 蔡海生,陈艺,张学玲.基于生态位理论的富硒土壤资源开发利用适宜性评价及分区方法[J].生态学报,2020,40(24):9208-9219.

[5] 蔡跃洲,马文君.数据要素对高质量发展影响与数据流动制约[J].数量经济技术经济研究,2021,38(3):64-83.

[6] 春雨童,王传生,刘玉成.财税激励政策对高精尖产业发展的效用研究[J].首都经济贸易大学学报,2021,23(3):25-38.

[7] 邸月宝,赵立新.我国主要科技创新平台分类特征及总体分布[J].今日科苑,2020(2):18-24.

[8] 丁敬达,谢瑞霞.基于生态位宽度的学术期刊评价研究[J].情报理论与实践,2022,45(1):17-21.

[9] 董长根,甄翠敏,张亚楠.唐山市产业生态系统适应性水平综合评价[J].华北理工大学学报(社会科学版),2020,20(6):26-34.

[10] 杜江, 吴瑞兵. 融资约束、政府补贴与企业全球价值链升级——基于出口技术复杂度的实证分析 [J]. 河南师范大学学报（哲学社会科学版）, 2020, 47（1）: 64 - 70.

[11] 付奎, 张杰. 国家全面创新改革如何引领企业高质量发展——基于政策驱动和制度激励双重视角 [J]. 现代经济探讨, 2022（8）: 102 - 114.

[12] 郭玥. 政府创新补助的信号传递机制与企业创新 [J]. 中国工业经济, 2018（9）: 98 - 116.

[13] 杭州市科技局. 杭州创新指数介绍 [J]. 杭州科技, 2008, 39（4）: 9 - 11.

[14] 何帆, 刘红霞. 数字经济视角下实体企业数字化变革的业绩提升效应评估 [J]. 改革, 2019, 31（4）: 137 - 148.

[15] 黄速建, 肖红军, 王欣. 论国有企业高质量发展 [J]. 中国工业经济, 2018（10）: 19 - 41.

[16] 纪玉俊, 李超. 创新驱动与产业升级：基于我国省际面板数据的空间计量检验 [J]. 科学学研究, 2015, 33（11）: 1651 - 1659.

[17] 江涛, 郭亮玺. 政府研发补贴、融资约束与企业创新绩效——基于所有权性质视角 [J]. 商业经济与管理, 2021（2）: 44 - 55.

[18] 贾品荣. 塑造高精尖产业发展新优势 [N]. 经济日报, 2023 - 06 - 22.

[19] 贾品荣. 找准产业高质量发展的着力点 [N]. 光明日报, 2023 - 07 - 05.

[20] 贾品荣. 高精尖产业发展研究 [M]. 北京：经济科学出版社, 2021.

[21] 贾品荣. 努力以高精尖产业壮大实体经济发展新优势 [N]. 经

济参考报，2022-11-22.

[22] 贾品荣. 创新驱动"高精尖"产业发展 [N]. 光明日报，2021-11-05.

[23] 贾品荣，方力. 发挥科普在疫情防控中的重要作用 [N]. 人民日报，2020-02-12.

[24] 贾品荣，郭广生. 科学把握传统高能耗产业升级与新兴绿色产业培育的关系 [N]. 经济日报，2019-10-04.

[25] 贾品荣. 科技创新是京津冀低碳发展的新引擎 [N]. 光明日报，2018-06-02.

[26] 贾品荣，李科. 京津冀地区低碳发展的技术进步路径研究 [M]. 北京：科学出版社，2018.

[27] 贾品荣. 绿色发展：京津冀高能耗产业升级的有效路径 [N]. 光明日报，2018-12-08.

[28] 解学梅，刘晓杰. 区域创新生态系统生态位适宜度评价与预测：基于2009-2018中国30个省市数据实证研究 [J]. 科学学研究，2021，39（9）：1706-1719.

[29] 孔东民，刘莎莎，王亚男. 市场竞争、产权与政府补贴 [J]. 经济研究，2013，48（2）：55-67.

[30] 黎文靖，郑曼妮. 实质性创新还是策略性创新？——宏观产业政策对微观企业创新的影响 [J]. 经济研究，2016，51（4）：60-73.

[31] 李博，张志强，苏飞，等. 环渤海地区海洋产业生态系统适应性时空演变及影响因素 [J]. 地理科学，2017，37（5）：701-708.

[32] 李芹，刘志迎. 中国各省市技术创新指数研究 [J]. 科技进步与对策，2012，29（19）：47-50.

[33] 李旭雅. 基于组合赋权和TOPSIS法的山西省社会生态系统绿色

发展成效评价 [J]. 国土与自然资源研究, 2021, 41 (2): 21 - 25.

[34] 林道辉, 杨坤, 周荣美, 等. 可持续发展的定量评价与限制因子分析 [J]. 浙江大学学报 (理学版), 2001, 28 (1): 76 - 81.

[35] 刘虹, 肖美凤, 唐清泉. R&D 补贴对企业 R&D 支出的激励与挤出效应——基于中国上市公司数据的实证分析 [J]. 经济管理, 2012, 21 (4): 19 - 28.

[36] 毛其淋, 许家云. 政府补贴对企业新产品创新的影响——基于补贴强度"适度区间"的视角 [J]. 中国工业经济, 2015 (6): 94 - 107.

[37] 梅诗昈, 刘林青. 技术密集型制造业经济复杂性——国际比较及影响因素 [J]. 工业技术经济, 2018, 37 (11): 112 - 119.

[38] 聂辉华, 谭松涛, 王宇锋. 创新、企业规模和市场竞争: 基于中国企业层面的面板数据分析 [J]. 世界经济, 2008 (7): 57 - 66.

[39] 牛泽东, 张倩肖, 王文. 高技术产业的企业规模与技术创新——基于非线性面板平滑转换回归 (PSTR) 模型的分析 [J]. 中央财经大学学报, 2012 (10): 68 - 74.

[40] 孙哲远, 宋锋华, 李翔. 营商环境、产业多样化与区域经济复杂度——基于创新效率视角 [J]. 软科学, 2022, 36 (8): 17 - 23.

[41] 谭志东, 赵洵, 潘俊, 等. 数字化转型的价值: 基于企业现金持有的视角 [J]. 财经研究, 2022, 48 (3): 64 - 78.

[42] 汤铃, 李建平, 余乐安, 等. 基于距离协调度模型的系统协调发展定量评价方法 [J]. 系统工程理论与实践, 2010, 30 (4): 594 - 602.

[43] 田家林, 韩锋. 长三角地区生产性服务业群内生态位比较: 基于产业生态视角 [J]. 科技进步与对策, 2012, 29 (1): 46 -

53.

[44] 田新民,胡颖.以供给侧结构性改革推进"高精尖"产业结构的构建——以北京市为例 [J].经济与管理研究,2016,37 (8):32-42.

[45] 王定祥,黄莉.我国创新驱动经济发展的机制构建与制度优化 [J].改革,2019 (5):80-91.

[46] 王浩,刘敬哲,张丽宏.碳排放与资产定价——来自中国上市公司的证据 [J].经济学报,2022,9 (2):28-75.

[47] 王慧艳,李新运,徐银良.科技创新驱动我国经济高质量发展绩效评价及影响因素研究 [J].经济学家,2019 (11):64-74.

[48] 王羲,陈雪姣,曹晶,胡立可.数字化转型对企业高质量发展的影响——企业创新与风险承担视角 [J].科技进步与对策,2023,(05):1-10.

[49] 王小华,宋檬,杨亦兰.金融科技、金融监管与企业高质量发展 [J].财经问题研究,2023 (4):87-99.

[50] 王雪,施晓清.基于GIS的产业生态学研究述评 [J].生态学报,2017,37 (4):1346-1357.

[51] 王瑶,黄贤环.企业高质量发展的指标体系构建与实现路径 [J].统计与决策,2021,37 (12):182-184.

[52] 王一鸣.百年大变局、高质量发展与构建新发展格局 [J].管理世界,2020,36 (12):1-13.

[53] 王玉海,田建国,聂梅,等.北京市构建"高精尖"经济结构的提出背景、作用定位及其内涵界定研究 [J].领导之友,2017 (257):51-58..

[54] 魏敏,李书昊.新时代中国经济高质量发展水平的测度研究 [J].数量经济技术经济研究,2018 (11):3-20.

[55] 魏志华, 吴育辉, 曾爱民. 寻租、财政补贴与公司成长性——来自新能源概念类上市公司的实证证据 [J]. 经济管理, 2015, 37 (1): 1-11.

[56] 温科, 张贵. 京津冀三地区域创新生态发展评价及耦合研究: 生态位视角 [J]. 科技管理研究, 2020, 40 (10): 112-119.

[57] 温忠麟, 叶宝娟. 中介效应分析: 方法和模型发展 [J]. 心理科学进展, 2014, 22 (5): 731-745.

[58] 吴爱芝. 北京"高精尖"产业发展的现状与对策研究 [J]. 北京教育 (高教), 2019 (5): 81-83.

[59] 吴林海. 创新型城市评价指标体系研究综述与展望 [J]. 科技管理研究, 2008, 28 (1): 79-81.

[60] 许强, 丁帅, 安景文. 中关村示范区"高精尖"产业出口竞争力研究——基于出口技术复杂度 [J]. 现代管理科学, 2017 (9): 27-29.

[61] 闫俊周, 杜梦阁, 齐念念. 政府创新补贴、社会责任与企业高质量发展 [J]. 统计与决策, 2023, 39 (6): 161-166.

[62] 杨金玉, 彭秋萍, 葛震霆. 数字化转型的客户传染效应——供应商创新视角 [J]. 中国工业经济. 2022, (8): 156-174.

[63] 杨正一, 张杰. 北京市"高精尖"产业集聚水平及效应研究 [J]. 经营与管理, 2019 (1): 78-82.

[64] 尹夏楠, 孟杰, 陶秋燕. 高精尖产业科技资源配置效率动态演化研究——基于企业微观视角 [J]. 科技促进发展, 2020, 16 (11): 1325-1332.

[65] 袁淳, 肖土盛, 耿春晓, 等. 数字化转型与企业分工: 专业化还是纵向一体化 [J]. 中国工业经济, 2021 (9): 137-155.

[66] 云小鹏, 朱安丰, 郭正权. 高精尖产业发展的创新驱动机制分析 [J]. 技术经济与管理研究, 2021 (12): 22-26.

[67] 张彩江,陈璐.政府对企业创新的补助是越多越好吗?[J].科学学与科学技术管理,2016,37(11):11-19.

[68] 张光宇,刘苏,刘贻新,等.新型研发机构核心能力评价:生态位态势视角[J].科技进步与对策,2021,38(8):136-144.

[69] 张杰,陈志远,杨连星,等.中国创新补贴政策的绩效评估:理论与证据[J].经济研究,2015,50(10):4-17,33.

[70] 张西征,刘志远,王静.企业规模与R&D投入关系研究——基于企业盈利能力的分析[J].科学学研究,2012,30(2):265-274.

[71] 赵宸宇,王文春,李雪松.数字化转型如何影响企业全要素生产率[J].财贸经济,2021,42(7):114-129.

[72] 赵彦云,甄峰,吴翌琳.中国省区市创新能力动态趋势及决定因素[J].经济理论与经济管理,2008,20(4):49-60.

[73] 赵长轶,王莹.我国高技术产业生态位评价研究:基于省际面板数据的实证研究[J].决策咨询,2021,32(2):56-63.

[74] 中国政府网.科技部发布国家"十二五"科学和技术发展规划[EB/OL].(2011-07-14)[2021-11-09].http://www.gov.cn/gzdt/2011-07/14/content_1906693.htm.

[75] 周璞,刘天科,沈悦,等.基于生态位理论的国土空间功能发展绩效评价:以山西省主体功能区为例[J].中国国土资源经济,2021,34(9):40-46.

[76] BALDASSARRE B, SCHEPERS M, BOCKEN N, et al. Industrial symbiosis: Towards a design process for eco-industrial clusters by integrating circular economy and industrial ecology perspectives [J]. Journal of Cleaner Production, 2019, 216(4): 446-460.

[77] BALL V, LOVELL C, LUU H, et al. Incorporating environmental

impacts in the measurement of agricultural productivity growth [J]. Journal of Agricultural and Resource Economics, 2004, 29 (3): 436 – 460.

[78] BALLAND P A, BOSCHMA R, CRESPO J, et al. Smart specialization policy in the European Union: Relatedness, knowledge complexity and regional diversification [J]. Regional Studies, 2019, 53 (9): 1252 – 1268.

[79] BALLAND P A, JARA – FIGUEROA C, PETRALIA S, et al. Complex economic activities concentrate in large cities [R]. Papers in Evolutionary Economic Geography (PEEG), 2018.

[80] BALLAND P A, RIGBY D. The geography of complex knowledge [J]. Economic Geography, 2017, 93 (1): 1 – 23.

[81] BARON R M, & KENNY D A. The moderator-mediator variable distinction in social psychological research: Conceptual, strategic, and statistical considerations [J]. Journal of Personality and Social Psychology, 1986, 51 (6): 1173.

[82] BECKER B. Public R&D Polices and Private R&D Investment: A Summary of the Empirical Evidence [J]. Journal of Economic Surveys, 2015, 29 (5): 917 – 942.

[83] BONILLA – ALICEA R J, WATSON B C, SHEN Z H, et al. Life cycle assessment to quantify the impact of technology improvements in bike: Haring systems [J]. Journal of Industrial Ecology, 2020, 24 (1): 138 – 148.

[84] BOSCHMA R A, FRENKEN K. Why is economic geography not an evolutionary science? Towards an evolutionary economic geography [J]. Journal of Economic Geography, 2006, 6 (3): 273 – 302.

[85] C. – Y. Lee, H. – L. Wu, H. – W. Pao. How does R&D intensi-

ty influence firm explorativeness? Evidence of R&D active firms in four advanced countries [J]. Technovation, 2014, 34 (10): 582 – 593.

[86] CHÁVEZ J C, MOSQUEDA M T, GÓMEZ – ZALDÍVAR M. Economic complexity and regional growth performance: Evidence from the Mexican economy [J]. Review of Regional Studies, 2017, 47 (2): 201 – 219.

[87] CHEN A, ZHANG W, SHENG R, LIU Y, et al. Long – term partial replacement of mineral fertilizer with in situ crop residues ensures continued rice yields and soil fertility: A case study of a 27 – year field experiment in subtropical China [J/OL]. The Science of the Total Environment. 2021, 787, 147523. https://doi.org/10.1016/j.scitotenv.2021.147523.

[88] CHENJIAKUI, ABBAS, JAFFAR et al. Green technological innovation, green finance, and financial development and their role in green total factor productivity: Empirical insights from China [J]. Journal of Cleaner Production, 2023, 382, 135131. https://doi.org/10.1016/j.jclepro.2022.135131.

[89] COHEN W M, LEVINTHAL D A. Absorptive capacity: A new perspective on learning and innovation [J]. Administrative Science Quarterly, 1990, 35 (1): 128 – 152.

[90] COHEN, WESLEY M & LEVINTHAL, DANIEL A. Innovation and Learning: The Two Faces of R&D [J]. Economic Journal, Royal Economic Society, 1989, 99 (397): 569 – 596.

[91] CZARNITZKI D, LICHT G. Additionality of public R&D grants in a transition economy: The case of Eastern Germany [J]. Econ. Transit., 2006 (14): 101 – 131.

[92] CZARNITZKI D, HOTTENROTT H. R&D investment and financing constraints of small and medium-sized firms [J]. Small Business Economic, 2011, 36 (1): 65-83.

[93] DIMOS C, PUGH G. The Effectiveness of R&D Subsidies: A Meta-regression Analysis of the Evaluation Literature [J]. Research Policy, 2016, 45 (4): 797-815.

[94] ETHIRAJ S K. Allocation of inventive effort in complex product systems [J]. Strategic Management Journal, 2007, 28 (6): 563-584.

[95] FRITZ B S L, MANDUCA R A. The economic complexity of US metropolitan areas [J]. Regional Studies, 2021, 55 (7): 1299-1310.

[96] HAUSMANN R, HWANG J, RODRIK D. What you export matters [J]. Journal of Economic Growth, 2007, 12 (1): 1-25.

[97] HAUSMANN R, RODRIK D. Economic development as selfdiscovery [J]. Journal of Development Economics, 2003, 72 (2): 603-633.

[98] HIDALGO C A, Hausmann R. The building blocks of economic complexity [J]. PNAS, 2009, 106 (26): 10570-10575.

[99] HOBDAY, M. Complex system vs. mass production industries: A new innovation research agenda [R]. Paper Prepared for CENTRIM/SPRU/OU Project on Complex Product Systems, 1996.

[100] HOERL A, KENNARD R. Ridge regression: biased estimation for nonorthogonal problems [J]. Technometrics, 2000, 12 (1): 13.

[101] J. HONG, B. FENG, Y. R. WU, L. B. WANG. Do government grants promote innovation efficiency in China's high-tech industries? [J]. Technovation, 2016, 57: 4-13.

[102] J. WU K. R. HARRIGAN S. H. ANG Z. WU. The impact of imitation strategy and R&D resources on incremental and radical innovation: Evidence from Chinese manufacturing firms [J]. Technol. Tran., 2019, 44 (1): 210–230.

[103] JIADONG PAN, GAOBANG LIN, WEN XIAO. The heterogeneity of innovation, government R&D support and enterprise innovation performance [J]. Research in International Business and Finance, Volume 62, 2022, 101741, ISSN 0275–5319, https://doi.org/10.1016/j.ribaf.2022.101741.

[104] JIAO, H., T. WANG, and J. YANG. Team structure and invention impact under high knowledge diversity: An empirical examination of computer workstation industry [J]. Technovation, 2022 (114): 102–449.

[105] Johnes, J. Operational Research in Education [J/OL]. European Journal of Operational Research, 2015 (243): 683–696. doi: 10.1016/j.ejor.2014.10.043.

[106] JU, X., FERREIRA, F. A. F., WANG, M. Innovation, agile project management and firm performance in a public sector-dominated economy: Empirical evidence from high-tech small and medium-sized enterprises in China [J/OL]. Socio–Economic Planning Sciences, 2020 (72): 100779. https://doi.org/10.1016/j.seps.2019.100779.

[107] LAWSON C, LORENZ E. Collective learning, tacit knowledge and regional innovative capacity [J]. Regional Studies, 1999, 33 (4): 305–317.

[108] LI J and LIN Q. Threshold effects of green technology application on sustainable grain production: Evidence from China [J]. Front.

Plant Sci, 2023, 14: 1107970.

[109] LIN K. The impact of intellectual property protection on business performance of high-tech enterprises: The mediating effect of political-business relations [J]. Finance Research Letters, 2023: 103718. https://doi.org/10.1016/j.frl.2023.103718.

[110] LIU K., LIU X., LONG H., WANG D., ZHANG G. Spatial agglomeration and energy efficiency: Evidence from China's manufacturing enterprises [J]. Journal of Cleaner Production, 2022, 380: 135109. https://doi.org/10.1016/j.jclepro.2022.135109.

[111] LIU S., LEI P., LI X., LI Y. A nonseparable undesirable output modified three-stage data envelopment analysis application for evaluation of agricultural green total factor productivity in China [J]. The Science of the Total Environment, 2022, 838: 155947.

[112] LIU X., ZHANG X. Industrial agglomeration, technological innovation and carbon productivity: Evidence from China. Resources, Conservation and Recycling [J/OL]. 2021, 166: 105330. https://doi.org/10.1016/j.resconrec.2020.105330.

[113] LIU Y., FENG C. What drives the fluctuations of "green" productivity in China's agricultural sector? A weighted Russell directional distance approach [J]. Resources, Conservation and Recycling, 2019, 147: 201 – 213. doi: 10.1016/j.resconrec.2019.04.013.

[114] MASSINI S., PISCITELLO L., SHEVTSOVA Y., The complementarity effect of exporting, importing and R&D on the productivity of Ukrainian MNEs [J]. International Business Review, 2022, 32: 102055. https://doi.org/10.1016/j.ibusrev.2022.102055.

[115] MCDONALD G C. Ridge regression [J]. Wiley Interdisciplinary Reviews Computational Statistics, 2010, 1 (1): 93 – 100.

[116] MIN S., KIM J., SAWNG, Y. - W. The effect of innovation network size and public R&D investment on regional innovation efficiency [J]. Technological Forecasting and Social Change, 2022, 155: 119998. https://doi.org/10.1016/j.techfore.2020.119998.

[117] MO J., QIU L. D., ZHANG H., et al. What you import matters for productivity growth: Experience from Chinese manufacturing firms [J]. Journal of Development Economics, 2021, 152: 102677. https://doi.org/10.1016/j.jdeveco.102677.

[118] MORALES M E, DIEMER A, CERVANTES G, et al. "By-product synergy" changes in the industrial symbiosis dynamics at the Altamira-Tampico industrial corridor: 20 years of industrial ecology in Mexico [J]. Resources, Conservation and Recycling, 2019, 140 (1): 235-245.

[119] Oh D. A Global Malmquist-Luenberger Productivity Index [J]. Journal of Productivity Analysis, 2010 (34): 183-197.

[120] P. SHAN M. SONG X. JU. Entrepreneurial orientation and performance: Is innovation speed a missing link? [J]. Bus. Res., 2016, 69 (2): 683-690.

[121] PAN X., et al. "The effect of technology infrastructure investment on technological innovation €" € "A study based on spatial durbin model" [J]. Technovation, 2021, 107.

[122] PETRALIA S, BALLAND P A, MORRISON A. Climbing the ladder of technological development [J]. Research Policy, 2017, 46 (5): 956-969.

[123] PETTI C, RUBINI L, PODETTI S. Government Support and R&D Investment Effectiveness in Chinese SMEs: A Complex Relationship

[J]. Asian Economic Papers, 2007, 16 (1): 201 – 226.

[124] PREACHER K. J., & HAYES A. F. SPSS and SAS procedures for estimating indirect effects in simple mediation models [J]. Behavior research methods, instruments, & computers, 2004, 36 (4): 717 – 731.

[125] ROMER P M. Endogenous Technological Change [J]. Journal of Political Economy, 1990, 98.

[126] SCHERER F. M. Firm size, market structure, opportunity and the output of patented inventions [J]. American Economic Review, 1965 (55): 5.

[127] SHI X., LI L. Green total factor productivity and its decomposition of Chinese manufacturing based on the MML index: 2003 – 2015 [J]. Journal of Cleaner Production, 2019 (222): 998 – 1008.

[128] SOETE L. L. G. Firm size and innovation activity [J]. European Economic Review, 1979, 12 (4).

[129] SORENSON O, RIVKIN J W, FLEMING L. Complexity, networks and knowledge flow [J]. Research Policy, 2006, 35 (7): 994 – 1017.

[130] TONE K., TSUTSUI M. An epsilon-based measure of efficiency in dea: A third pole of technical efficiency [J]. European Journal of Operational Research, 2010 (207): 1554 – 1563.

[131] W. F. BOH, C. J. HUANG, A. WU. Investor experience and innovation performance: The mediating role of external cooperation Strat [J]. Manag. J., 2020, 41 (1): 124 – 151.

[132] WALKER A M, VERMEULEN W J V, SIMBOLI A, et al. Sustainability assessment in circular inter-firm networks: An integrated framework of industrial ecology and circular supply Chain manage-

ment approaches [J]. Journal of Cleaner Production, 2021, 286 (3): 125 – 457.

[133] WAN QUNCHAO, et al. Preferential tax policy and R&D personnel flow for technological innovation efficiency of China's high-tech industry in an emerging economy [J]. Technological Forecasting and Social Change, 174 (2022).

[134] WANG J., GAO X., JIA R., ZHAO, L., 2022. Evaluation Index System Construction of High – Quality Development of Chinese Real Enterprises Based on Factor Analysis and AHP [J/OL]. Discrete Dynamics in Nature and Society 2022, 1 – 12. https://doi.org/10.1155/2022/8733002.

[135] WEAVER W. Science and complexity [M]. Klir G J. Facets of Systems Science. Boston, USA: Springer, 1991.

[136] WU L., LOU B., HITT L. Data analytics supports decentralized innovation [J]. Management Science, 2019, 65 (10): 4863 – 4877.

[137] WU D., WANG Y., QIAN W. Efficiency evaluation and dynamic evolution of China's regional green economy: A method based on the Super – PEBM model and DEA window analysis [J]. Journal of Cleaner Production, 2020, 264: 121630.

[138] X. CHEN, Z. LIU, Q. ZHU. Performance evaluation of China's high-tech innovation process: Analysis based on the innovation value chain [J]. Technovation, 2018: 42 – 53.

[139] Ye, J., et al. How do R&D agglomeration and economic policy uncertainty affect the innovative performance of Chinese high-tech industry? [J]. Technology in Society, 2022, 69: 101957.

[140] YOON S, NADVI K. Industrial clusters and industrial ecology:

Building "eco-collective efficiency" in a South Korean cluster [J]. Geoforum, 2018, 90: 159 – 173.

[141] YU F, GUO Y, LE – NGUYEN K. The Impact of Government Subsidies and Enterprises' R&D Investment: A Panel Data Study From Renewable Energy in China [J]. Energy Policy, 2016, 89 (2): 106 – 113.

[142] ZHAO P., ZENG L., LI P., et al. China's transportation sector carbon dioxide emissions efficiency and its influencing factors based on the EBM DEA model with undesirable outputs and spatial Durbin model [J]. Energy, 2022, 238: 121934. doi: 10.1016/j.energy.2021.121934.